Dick Sutphen

Das Orakel in Dir

Das Orakel in Dir

Dick Sutphen

Aus dem Amerikanischen von Martin Rometsch

///////////////////////////////// SILBERSCHNUR 🦋 VERLAG

Alle Rechte vorbehalten.

Außer zum Zwecke kurzer Zitate für Buchrezensionen darf kein Teil dieses Buches ohne schriftliche Genehmigung durch den Verlag nachproduziert, als Daten gespeichert oder in irgendeiner Form oder durch irgendein anderes Medium verwendet bzw. in einer anderen Form der Bindung oder mit einem anderen Titelblatt als dem der Erstveröffentlichung in Umlauf gebracht werden. Auch Wiederverkäufern darf es nicht zu anderen Bedingungen als diesen weitergegeben werden.

Copyright der Originalausgabe © by Dick Sutphen, erschienen Pocket Books, New York
Titel der Originalausgabe: »The Oracle within«
Copyright der deutschen Ausgabe © 1993 Verlag »Die Silberschnur« GmbH
1. Auflage 1993, erschienen unter der ISBN 978-3-923781-73-7

ISBN: 978-3-89845-625-8
1. überarbeitete Auflage 2019

Gestaltung & Satz: XPresentation, Güllesheim
Umschlaggestaltung: XPresentation, Güllesheim; unter Verwendung verschiedener Motive von © contrastwerkstatt; www.adobestock.com
Druck: Finidr, s.r.o. Cesky Tesin

Verlag »Die Silberschnur« GmbH · Steinstraße 1 · D-56593 Güllesheim
www.silberschnur.de · E-Mail: info@silberschnur.de

Inhaltsverzeichnis

Einführung ... 13
Wie Sie dieses Buch als Orakel verwenden ... 17

1. Was ist, das ist ... 19
2. Standpunkt ... 20
3. Karma ... 21
4. Innehalten ... 22
5. Missgunst ... 23
6. Erleuchtung ... 24
7. Wahlmöglichkeiten ... 25
8. Dauerhafte Liebe ... 26
9. Manipulation ... 27
10. Lebensmuster ... 28
11. Der versteckte Schatz ... 29
12. Freiheit ... 30
13. Lebendigkeit ... 31
14. Was die Leute denken ... 32
15. Untätigkeit ... 33
16. Das Gesetz des Widerstands ... 34
17. Ein Problem ... 35
18. Risikobereitschaft ... 36
19. Drei Arten von Menschen ... 37
20. Liebe und Furcht ... 38
21. Vergänglichkeit ... 39
22. Bewusste Loslösung ... 40
23. Neubeginn ... 41
24. Über den Ärger ... 42
25. Karmische Selbstbestrafung ... 43
26. Mitgefühl ... 44

27. Urteil und Wahrheit	45
28. Jugendlichkeit	46
29. Bewusstheit	47
30. Problem / Chance	48
31. Glaube	49
32. Nahrung	50
33. Entschlossenheit	51
34. Zerrissenheit und Freude	52
35. Selbstwert	53
36. Fünf Übel	54
37. Im Jetzt leben	55
38. Nichts suchen	56
39. Handeln	57
40. Innere Stärke	58
41. Offenheit und Ehrlichkeit	59
42. Weisheit löscht Karma	60
43. Verantwortung	61
44. Irdische Leidenschaften	62
45. Das größte Geschenk	63
46. Unsicherheit	64
47. Eifersucht	65
48. Annehmen	66
49. Disharmonie	67
50. Chaos	68
51. Verhaltensänderung	69
52. Die Suche nach Glück	70
53. Der freie Wille	71
54. Äußere Dinge	72
55. Das Gesetz der Anziehung	73
56. Der Spiegel	74
57. Göttliche Ordnung	75
58. Begegnung	76
59. Dharma	77

60. Selbstbeherrschung 78
61. Andere ändern 79
62. Seifenopern 80
63. Aktion und Reaktion 81
64. Furcht und Beziehungen 82
65. Völlige Hingabe 83
66. Transformation 84
67. Grenzüberschreitung 85
68. Egoismus 86
69. Eigennutz 87
70. Dinge persönlich nehmen 88
71. Dankbarkeit und Selbstaufopferung 89
72. Hass 90
73. Ehrlich antworten 91
74. Vorherrschende Wünsche 92
75. Schutz 93
76. Wachstum 94
77. Befreiung 95
78. Urteilen 96
79. Die natürliche Ordnung 97
80. Revolution 98
81. Gleichgültigkeit 99
82. Ein Roboter 100
83. Überleben 101
84. Mäßigung 102
85. Kommunikation 103
86. Trinken Sie Ihre Tasse aus 104
87. Das Establishment 105
88. Notwendige Anstrengung 106
89. Vorbereitung 107
90. Beziehungen meistern 108
91. Bewusstheit ist 109
92. Das höhere Selbst 110

93.	Zyklen	111
94.	Außen und innen	112
95.	Selbsttäuschung	113
96.	Karmischer Lohn	114
97.	Eine Last tragen	115
98.	Besitzgier	116
99.	Unterdrücken/Ausleben	117
100.	Maya/Illusion	118
101.	Glück	119
102.	Sie werden, was Sie bekämpfen	120
103.	Emotionales Handeln	121
104.	Idole	122
105.	Wahres Lernen	123
106.	Persönlichkeitsveränderung	124
107.	Selbstverwirklichte Liebe	125
108.	Angst überwinden	126
109.	Unerfahrenheit	127
110.	Umwelt und Überzeugung	128
111.	Einsicht löscht Karma	129
112.	Das Gesetz der Erfahrung	130
113.	Suche nach Wahrheit	131
114.	Klare Absichten	132
115.	Ziele	133
116.	Der bewegte Geist	134
117.	Beschränkung	135
118.	Zeiteinteilung	136
119.	Wille kontra Vorstellungskraft	137
120.	Unterbewusstsein	138
121.	Die Wege der Übung	139
122.	Drei Pfeiler des Dharma	140
123.	Vergangene Ursachen	141
124.	Sympathie, Mitleid und Mitgefühl	142
125.	Wahrnehmung	143

126.	Energie ist unzerstörbar	144
127.	Genießen Sie den Augenblick	145
128.	Grundwerte	146
129.	Stressauslöser	147
130.	Harmonische Umwelt	148
131.	Energie	149
132.	Zentrierung	150
133.	Rechtschaffenheit	151
134.	Vollkommenes Gleichgewicht	152
135.	Nichtstun	153
136.	Meisterschaft	154
137.	Möglichkeiten, die Erleuchtung zu erlangen	155
138.	Zeit	156
139.	Der Furcht ins Auge blicken	157
140.	Erfolg	158
141.	Das Ziel ist erreicht	159
142.	Motivation	160
143.	Sinn	161
144.	Das Leben ist ein Spiel	162
145.	Selbstdisziplin	163
146.	Klar sehen	164
147.	Seelenfrieden	165
148.	Die Kraft des Gehirns	166
149.	Ausgewogenheit	167
150.	Höhere Grundsätze	168
151.	Glück	169
152.	Überzeugungen	170
153.	Ausweichen	171
154.	Emotionen	172
155.	Ziele und Werte	173
156.	Zeit zu handeln	174
157.	Beziehungen	175
158.	Selbstgespräche	176

159. Wohlstand 177
160. Sie sind vollkommen 178
161. Vorbereitungszeit 179
162. Einstellung 180
163. Wunschlosigkeit 181
164. Schuld 182
165. Tief atmen 183
166. Sein und Zugehörigkeit 184
167. Kollektive Kraft 185
168. Um etwas bitten 186
169. Ereignisse nicht persönlich nehmen 187
170. Wahnsinn und Stille 188
171. Schöpferisches Visualisieren 189
172. Selbstbild 190
173. Charisma 191
174. Gemeinschaftsgeist 192
175. Unter-Persönlichkeiten 193
176. Zwanghafte Gedanken 194
177. Die vier Energien 195
178. Scheinheiligkeit 196
179. Die Macht der Wahrheit 197
180. Stresssymptome 198
181. Gesellschaftliche Harmonie 199
182. Körper/Seele 200
183. Groll 201
184. Initiative/Reaktion 202
185. Vorurteile 203
186. Vereinte Kräfte 204
187. Loslassen und Gott vertrauen 205
188. Vier Wahlmöglichkeiten 206
189. Unsichtbare Einflüsse 207
190. Zeit zu handeln 208
191. Vollbringen Sie ein Wunder 209

192. Veränderungen ... 210
193. Was wollen Sie? ... 211
194. Die Ketten des Anhaftens ... 212
195. Die Starken sind geduldig ... 213
196. Übersinnliche Angriffe ... 214
197. Hindernisse ... 215
198. Rückzug ... 216
199. Liebende ... 217
200. Gleiches zieht Gleiches an ... 218
201. Erwartungen und Enttäuschungen ... 219
202. Akzeptieren Sie Ihre Entscheidungen ... 220
203. Probleme ... 221
204. Integration ... 222
205. Barrieren gegen die Freiheit ... 223
206. Familie ... 224
207. Vergleiche ... 225
208. Ihre Identität ... 226
209. Leiden ... 227
210. Dienst am Nächsten ... 228
211. Bürden ... 229
212. Losgelöst ... 230
213. Maler und Pinsel ... 231
214. Hindernisse ... 232
215. Direkt und indirekt ... 233
216. Der mittlere Weg ... 234
217. Erleuchtung und Täuschung ... 235
218. Nur Gott bleibt übrig ... 236
219. Unbewusstes Leiden ... 237
220. Dualität ... 238
221. Einfachheit ... 239
222. Gemeinsame Herkunft ... 240
223. Die Win-win-Methode ... 241
224. Isolation ... 242

225. Klatsch 243
226. Prüfen Sie Ihre Motive 244
227. Glaube und Charakterprojektion 245
228. Ihre Natur 246
229. Illusionen austauschen 247
230. Missverständnis 248
231. Kommunikation 249
232. Fortschritt 250
233. Die höchste Weisheit 251
234. Die zehn Gebote 252
235. Bewusst leben 253
236. Ein Wunschbaum 254
237. Die sechs Vollkommenheiten 255
238. Die karmische Prüfung 256
239. Ziel der Seele 257
240. Versuchung 258
241. Verantwortung 259
242. Gebundener und befreiter Geist 260
243. Akzeptieren Sie Ihre Natur 261
244. Ausdauer 262
245. Mehr Stille 263
246. Widersprüche 264
247. Unannehmbares 265
248. Inspiration 266
249. Tatsachen verändern Einstellungen nicht 267
250. Warum glauben? 268

Danksagung 270
Über den Autor 271

Einführung

Tarotkarten, das I Ging, Runen und Knochen, von einem Schamanen geworfen, sind esoterische Symbolsysteme, mit deren Hilfe die Wahrnehmung Ihres Überbewusstseins – jenen neunzig Prozent Ihres Geistes, die Sie gewöhnlich nicht nutzen – Eingang in Ihr Bewusstsein findet. An diesen Systemen ist nichts Magisches. Sie könnten auch selbst ein Orakel entwickeln, indem Sie bei Vollmond wahllos Kiefernnadeln auf einen gelben VW Golf werfen. Wenn Sie dann noch eine Methode ausarbeiten, mit der Sie den Fall der Nadeln deuten, können Sie das Wissen Ihres Überbewusstseins anzapfen.

Ein anderer Name für das Überbewusstsein ist »Höheres Selbst«. Damit ist jene allwissende Ebene des Geistes gemeint, die C. G. Jung als kollektives Unbewusstes bezeichnet hat – die Menschheit und die kosmische Ordnung in einem gemeinsamen Bewusstsein vereint. Die östliche Tradition, die Metaphysik, das frühere New Age und das heutige Neue Bewusstsein gehen davon aus, wir seien alle eins, also Teil des kollektiven Unbewussten und miteinander verbunden. Das erklärt, warum esoterische Symbolsysteme so oft zutreffende Antworten geben.

Die meisten Menschen behaupten, sie hätten schon einmal synchronistische Erlebnisse gehabt. Vielleicht denken Sie gerade an eine Freundin, mit der Sie seit Monaten nicht mehr gesprochen haben. Sie beschließen, sie anzurufen. Am Telefon sagt sie:»Ich kann es nicht glauben – ich sitze eben am Schreibtisch und schreibe einen Brief an dich!«Was ist geschehen? Als Ihre Freundin an Sie zu denken begann, wurde Ihr Überbewusstsein dessen gewahr und ließ ein wenig von seinem Wissen ins Bewusstsein»durchsickern«. Wahrscheinlich haben Sie an Ihre Freundin gedacht, weil sie auf Senden und Sie auf Empfangen eingestellt waren. Es ist unwahrscheinlich, dass sich der gleiche Vorfall am nächsten Tag wieder ereignen wird.

Was aber geschieht, wenn tausend Kilometer entfernt ein Fremder an Sie denkt? Wird Ihr Höheres Selbst es wissen? Ja, aber da es zwischen ihm und Ihnen keine»Verbindung«, keine Vertrautheit gibt, wird Ihr Bewusstsein nichts davon merken. Und wenn der Fremde die Absicht hätte, Sie zu besuchen – würde eine Tarotkarte es Ihnen verraten? Selbstverständlich! Ihr Höheres Selbst weiß alles, was Sie betrifft.

Als ich einmal für einen Freund die Tarotkarten legte, sagte ich zu ihm:»Du wirst dein Haus verkaufen und umziehen. Und du wirst mehr Geld verdienen.«

Er hatte damals keine Umzugspläne. Doch zwei Wochen später wurde ihm eine sehr gut bezahlte Position in einem anderen Bundesstaat angeboten. Er verkaufte sein Haus, und alles kam so, wie die Karten es vorhergesagt hatten. Warum? Weil derjenige, der ihn einstellte, damals schon beschlossen hatte, ihm das Angebot zu machen. Das Höhere Selbst meines Freundes wusste das und teilte es ihm durch das Symbolsystem des Tarots mit.

Ein anderes Mal legte ich einer Freundin die Karten und sah, dass ihr Mann eine Affäre hatte und dass die Ehe bald zerbrechen würde. Meiner Freundin gegenüber schwieg ich jedoch; aus ihrer Angst sollte keine»sich selbst verwirklichende Prophezeiung«werden, falls meine Auslegung falsch war. Doch alles geschah so, wie ich es vorausgesehen hatte. Ihr Höheres Selbst hatte es gewusst und in den Karten zum Ausdruck gebracht.

Warum ist die Trefferquote eines esoterischen Symbolsystems nicht hundertprozentig? Warum liegt es manchmal völlig daneben?

Weil die meisten Ereignisse nicht vorherbestimmt sind. Ein Symbolsystem liefert Informationen auf der Grundlage der Möglichkeiten, die zur Zeit der Deutung bestehen. Mein Freund hätte die Stelle, die man ihm anbot, aus freiem Willen ablehnen können. Doch der freie Wille existiert nur, solange Sie sich nicht im Hals des Trichters befinden. Stellen Sie sich einen Trichter mit großer Öffnung vor, die sich zu einem langen, engen Hals verjüngt. Solange Sie sich in der Trichteröffnung befinden, haben Sie einen freien Willen und können mit Ihrem Handeln die Ursache für eine spätere Wirkung schaffen. Wenn Sie aber in den Hals des Trichters geraten, spüren Sie allmählich die Folgen dessen, was Sie weiter oben verursacht haben. Im Hals ist es mit dem freien Willen vorbei.

Ein Beispiel: Ein verheiratetes Paar kann nicht in Frieden miteinander leben. Während der Streit an Schärfe zunimmt, befinden sich die beiden »in der Öffnung des Trichters« und können die zunehmend schlechter werdende Situation noch aus freiem Willen retten. Nehmen wir jedoch an, sie streiten so lange weiter, bis die Frau genug hat und beschließt, die Scheidung einzureichen. Der Mann will keine Scheidung, aber er befindet sich schon »im Hals des Trichters« und erlebt die Wirkung dessen, was er verursacht hat. Jetzt existiert in dieser Ehe kein freier Wille mehr.

Oder denken Sie an einen Mann, der zwanzig Jahre lang drei Päckchen Zigaretten täglich geraucht hat. Er befand sich lange in der Trichteröffnung. Er hätte das Rauchen aufgeben können, und seine Lungen wären gesund geworden. Er hatte den freien Willen. Wenn er stattdessen unheilbar an Krebs erkrankt, ist er im Trichterhals und muss die Folgen seines Handelns tragen.

Gehirnforscher behaupten, der menschliche Geist sei zweihundert- bis tausendmal leistungsfähiger als der größte jemals gebaute Computer. Das ist ein unglaubliches Leistungsvermögen! Selbst wenn er nur die gleiche Kapazität wie der größte je gebaute Computer hätte, wäre ich beeindruckt. Es fällt nicht schwer zu akzeptieren, dass der Geist manches Wunderbare vollbringen kann.

Bevor Sie weiterlesen, möchte ich, dass Sie sich einem kleinen Test unterziehen. Stellen Sie sich vor, Sie hätten die Fähigkeit, eine halbe Million Wörter pro Minute zu erfassen. Indem Sie die Seiten des Buches mehrere Male wie ein »Daumenkino« langsam vorwärts und rückwärts durchblättern, können Sie es im Überbewusstsein lesen. Bitte tun Sie das jetzt, und schauen Sie beim Blättern die Seiten kurz an – Ihr Höheres Selbst kennt jetzt den Inhalt des Buches. Wenn es Ihnen plausibel erscheint, dass Ihr Geist wenigstens die Leistungsfähigkeit eines kleinen Laptops hat, dürfte es Ihnen nicht schwerfallen zu akzeptieren, dass Ihr Höheres Selbst Sie veranlassen kann, eine Seite aufzuschlagen, die eine Verbindung zu Ihren derzeitigen Problemen hat. Dieses Buch ist ein positives esoterisches Symbolsystem – ein Orakel, das Ihnen nicht die Zukunft verrät, sondern Ihren freien Willen stärkt. Wenn Sie sich der unsichtbaren Kräfte bewusst sind, die Ihr Leben beeinflussen, können Sie ihm eine gezielte Richtung geben, um Ihre eigene Wirklichkeit zu erschaffen.

Das metaphysische Prinzip, das ich am meisten schätze, lautet: Weisheit löscht Karma. Anders ausgedrückt: Wenn Sie klug genug sind, sich zu ändern, können Sie wahrscheinlich das schmerzliche Leiden lindern, das Sie in der Zukunft – im Hals des Trichters – erwartet, und vielleicht wird es sogar gelöst. Beim Schreiben dieses Buches wurde ich von meinem höheren Selbst geleitet. Ich gebe die Erfahrung und das Wissen aus achtzehn Jahren metaphysischer Arbeit als esoterischer Forscher, Autor, Berater und Seminarleiter an Sie weiter. Selbst wenn Sie diese Seiten nie als Orakel benutzen, sind sie eine Fundgrube metaphysischer und humanistischer Philosophie.

Wie Sie dieses Buch als Orakel verwenden

Wenn Sie dieses Buch als Orakel befragen wollen, müssen Sie eine klare und präzise Frage stellen. Sollte Ihnen keine bestimmte Frage einfallen, fragen Sie einfach: »Was muss ich derzeit am dringendsten wissen?« Schließen Sie dann die Augen und atmen Sie tief ein und aus. Sie können sich (wie ich) einen Strahl aus weißem Licht vorstellen, der von oben herabkommt und in Ihr Scheitelchakra eindringt. Dieses Licht ist das universelle Licht der Lebensenergie, das Gotteslicht. Spüren Sie, wie es Ihren Körper bis zum Überströmen erfüllt und sich dann in der Gegend des Herzens sammelt? Visualisieren Sie, wie das Licht aus der Herzgegend hinausfließt und als schützende Aura Ihren Körper einhüllt. Sprechen Sie stumm folgende Worte: »Ich rufe die positiven Mächte des Universums und meine Führer und Lehrer. Schützt mich im weißen Licht eurer Liebe vor allen sichtbaren und unsichtbaren Dingen, Kräften und Elementen. Helft mir, Weisheit zu erlangen und mich weiterzuentwickeln. Ich danke euch im Voraus für eure Hilfe. Wie oben, so unten. Ich bitte darum, ich erflehe es, ich bekräftige es. So sei es!«

Denken Sie nun eine Weile über Ihr Problem nach, bevor Sie das Buch willkürlich öffnen, um die Botschaft Ihres Höheren Selbst zu lesen. Am Ende jedes Orakeltextes finden Sie Verweise auf weitere Texte des Buches, die zur Klärung Ihrer Situation beitragen können und die Sie durch dreimaliges Werfen einer Münze ermitteln.

Nachdem Sie den nächsten Text gelesen haben, können Sie die Münze noch einmal werfen, um zusätzliche Hinweise zu erhalten.

Bitten Sie aber an einem Tag nicht öfter als dreimal um die Klärung eines Problems, und stellen Sie jede Frage nur einmal! Diese Regel gilt für jedes Orakel. Wenn Sie nach drei Versuchen keine eindeutige Antwort erhalten haben, prüfen Sie, ob Ihre Absichten klar sind. Haben Sie Ihre Frage genau formuliert? Was möchten Sie wirklich wissen? Denken Sie auch daran, dass sich Ihre Aufrichtigkeit bei der Frage in der Antwort widerspiegelt.

Hin und wieder beantwortet das Buch Ihre Frage umfassender, als Sie erwartet haben. In diesem Fall sollten Sie akzeptieren, dass Ihr Höheres Selbst Ihre spirituellen Ziele und den Zweck Ihres irdischen Daseins kennt, auch wenn Sie sich dessen nicht bewusst sind. Wenn Sie die erste Botschaft mit jenen vergleichen, die Sie nach dem Werfen der Münze erhalten, werden Ihnen die Aussagen manchmal paradox vorkommen. Osho sagt: »Die Wahrheit ist paradox. Über das Paradoxe hinauszugehen heißt, über den Intellekt hinauszugehen. Wahres Verstehen ist immer transzendental.« Wenn die Botschaften also paradox zu sein scheinen, versuchen Sie, sie von einer höheren Ebene aus zu betrachten.

Wir alle urteilen nach unserer Erfahrung. Ich glaube, je mehr Sie mit dem Orakel in Ihrem Inneren arbeiten, desto eher werden Sie bereit sein, seine Weisheit anzuerkennen. Ich wünsche Ihnen spirituelle Erkenntnis, Ausgeglichenheit und Harmonie.

Dick Sutphen

1
Was ist, das ist

Ursache Ihrer Probleme ist Ihr Widerstand gegen das, was ist. Freiheit bedeutet, die Dinge so zu akzeptieren, wie sie sind. Erst wenn Sie die unveränderliche Wirklichkeit erkennen und anerkennen, vergeuden Sie Ihre seelische oder körperliche Energie nicht mehr bei der Anstrengung, das zu ändern, was sich nicht ändern lässt.

In einem Gebet heißt es: »Gott gebe mir die Gelassenheit zu akzeptieren, was ich nicht ändern kann, den Mut zu ändern, was ich ändern kann, und die Weisheit, das eine vom anderen zu unterscheiden.«

Das heißt nicht, dass Sie das Leben passiv erdulden sollen. Wenn Sie die Möglichkeit haben, etwas zu ändern, zögern Sie nicht, es zu tun. Aber Sie sollten erkennen, wogegen Sie machtlos sind, und Ihre Zeit nicht damit verschwenden, darüber zu klagen. Um nur ein paar Beispiele zu nennen: Die Schwerkraft existiert – so es ist eben. Ihr Ehepartner ist ruhig und stur – so er ist eben. Zu oft versuchen wir, andere Menschen zu ändern, und vergeuden damit unsere Zeit und Energie – ohne etwas zu erreichen. Wenn wir versuchen, andere zur Unterdrückung ihrer wahren Natur zu zwingen, ist uns kein dauerhafter Erfolg beschieden.

Meditieren Sie über Ihren Widerstand gegen das, was ist, und über den hohen Preis, den Sie als Folge Ihrer Erwartungen zahlen.

Um zusätzliche Hinweise zur Klärung Ihrer Situation zu erhalten, werfen Sie dreimal eine Münze.

3 x Kopf = 222   3 x Zahl = 157
1 x Kopf und 2 x Zahl = 232   2 x Kopf und 1 x Zahl = 181

2
Standpunkt

Die Wirklichkeit ist das, was Sie erleben, und die Erfahrungen, die Sie im Leben machen, hängen allein davon ab, wie Sie das, was geschieht, bewerten. Ihr Standpunkt bestimmt darüber, ob Sie das Leben als feindseliges Ereignis oder als friedvolle Einheit empfinden.

Ein Problem wird erst zu einem Problem, wenn Sie es als solches betrachten. Sie haben die Möglichkeit, Ihr Leben künftig mit anderen Augen zu sehen. Auch wenn es nicht leicht zu verstehen ist: Ihre Probleme tragen dazu bei, Zufriedenheit in Ihr Leben zu bringen. Ohne Probleme und Herausforderungen gäbe es kein Wachstum. Sie hätten nicht die Chance, Probleme zu lösen, und wären sich nicht bewusst, aus Ihrem Leben etwas machen zu können.

Wenn Sie keine Probleme hätten, würden Sie wahrscheinlich welche erfinden, um sich die Gelegenheit zu verschaffen, zu wachsen und zu lernen. Genau das tun Sie immer wieder: Sie erzeugen unbewusst Probleme, um sich neuen Herausforderungen stellen zu können.

Viele Probleme lassen sich durch eine Veränderung des Standpunktes lösen.

Meditieren Sie darüber, wie eine solche Veränderung Ihre derzeitigen Probleme lösen könnte.

Um zusätzliche Hinweise zur Klärung Ihrer Situation zu erhalten, werfen Sie dreimal eine Münze.

3 x Kopf = 6   3 x Zahl = 134
1 x Kopf und 2 x Zahl = 173   2 x Kopf und 1 x Zahl = 153

3

Karma

Sie müssen selbst entscheiden, ob Sie Karma – das Gesetz von Ursache und Wirkung – als philosophische Grundlage Ihres Lebens anerkennen. Zu behaupten, dass Sie Ihr Karma annehmen, ist eine Sache, eine andere ist es, Ihr Leben in diesem Bewusstsein zu leben. Karma existiert, oder es existiert nicht. Es gibt keinen Mittelweg.

Alles, was Sie denken, sagen und tun – auch die Motive, Absichten und Wünsche hinter jedem Gedanken und jeder Tat –, erzeugt oder löst Karma. Das unfehlbare Gesetz des Karmas wird unweigerlich die Folgen Ihrer Entscheidungen ausgleichen. Darum ist alles in Ihrem Leben karmisch: Ihr Körper, Ihre Beziehungen, Ihre Karriere, Ihr Erfolg ... alles.

Weder Gott noch die Herren des Karmas sind daran schuld, dass Sie leiden. Sie, und nur Sie, sind allein dafür verantwortlich! Machen Sie nie jemand anders Vorwürfe. Wenn Karma ein selbst geschaffenes, ausgleichendes Prinzip ist, dann hat jeder, der Ihnen jemals Schwierigkeiten bereitet hat, dies nur deshalb getan, weil diese Erfahrung für Sie notwendig war. Wie also können Sie andere für das verantwortlich machen, was Sie sich selbst zuzuschreiben haben?

Wenn Sie auf diese Prüfungen mit Liebe, positiven Gedanken und Mitgefühl reagieren, werden Sie sie bestehen und sich über Ihr Karma erheben. Reagieren Sie aber mit Wut, Vorwürfen oder negativen Gedanken, haben Sie versagt und müssen die Prüfung irgendwann wiederholen.

Um zusätzliche Hinweise zur Klärung Ihrer Situation zu erhalten, werfen Sie dreimal eine Münze.

3 x Kopf = 86   3 x Zahl = 75
1 x Kopf und 2 x Zahl = 110   2 x Kopf und 1 x Zahl = 18

4
Innehalten

Es ist Zeit, innezuhalten und über alles nachzudenken, was geschehen ist und möglicherweise noch geschehen wird. Warten Sie geduldig, während die Welt sich dreht und die Spieler agieren. Vieles verändert sich. Manches können Sie sehen, manches bleibt Ihrem Blick verborgen.

Ihre Wünsche werden von den Veränderungen eingeholt, und Sie haben zur Zeit wenig Einfluss darauf. Vergeuden Sie keine Energie, indem Sie versuchen, gegen den Strom zu schwimmen, und lassen Sie sich nicht von Emotionen leiten – sie sind nur Produkte Ihrer Angst. Andernfalls verstoßen Sie gegen das Gesetz der Resonanz, ziehen Unerwünschtes zu sich heran und verlängern seinen Einfluss auf Ihre Wirklichkeit.

Die Situation kann sich über ein paar Wochen oder Monate hinziehen; aber am Ende des Tunnels wartet das Licht auf Sie, wenn Sie imstande sind, es zu sehen. Letztlich werden Sie Erfolg haben, auch wenn er vielleicht nicht ganz Ihren Erwartungen entspricht. Machen Sie sich in der Zwischenzeit die Prinzipien bewusst, denen Sie selbst Gestalt verliehen haben: Karma ist die Grundlage Ihrer Wirklichkeit, und Ihr Widerstand dagegen ist die Ursache Ihres Leidens. Bewusste Loslösung befreit Sie von karmischen Folgen. Ihre Einstellung bestimmt, wie Sie Ihr Leben erleben.

Um zusätzliche Hinweise zur Klärung Ihrer Situation zu erhalten, werfen Sie dreimal eine Münze.

3 x Kopf = 99
1 x Kopf und 2 x Zahl = 121

3 x Zahl = 30
2 x Kopf und 1 x Zahl = 132

5
Missgunst

Sie müssen lernen, dass alles, was Sie anderen nicht gönnen, auch Ihnen nicht vergönnt sein wird. Was Sie tief in Ihrem Inneren glauben, verwirklicht sich in Ihrem Leben. Was Sie intensiv fühlen und was Sie sagen, wird Realität. Wenn Sie zum Beispiel reiche Menschen verachten, werden Sie nie zu den Reichen gehören. Wenn der Erfolg anderer Menschen Ihnen missfällt, wird Ihnen kein Erfolg beschieden sein. Und wenn Sie auf die liebevolle Beziehung eines anderen neidisch sind, bleibt Ihnen dieses Glück versagt.

Sie können nicht bekommen, worüber Sie sich ärgern. Ihre eigenen negativen Gefühle arbeiten gegen Sie. Ihre negative Einstellung programmiert eine Ursache und bewirkt eine Reaktion in Ihrem Unterbewusstsein – das Karma. Sinn des Karmas ist es, Ihnen eine Lektion zu erteilen. In diesem Fall heißt die Lektion: Was Sie anderen missgönnen, bleibt Ihnen selbst versagt. Das Karma versucht Ihnen zu zeigen, dass Ihre Einstellung auf Gefühlen basiert, die Sie überwinden müssen.

Meditieren Sie darüber, was das eben Gesagte mit Ihrer Frage zu tun hat. Überlegen Sie, was Sie tief im Inneren glauben und wie Ihre Einstellung Sie indirekt daran hindert, das zu bekommen, was Sie haben möchten. Was müssen Sie ändern, damit Ihre Wünsche erfüllt werden?

Um zusätzliche Hinweise zur Klärung Ihrer Situation zu erhalten, werfen Sie dreimal eine Münze.

3 x Kopf = 60 3 x Zahl = 121
1 x Kopf und 2 x Zahl = 226 2 x Kopf und 1 x Zahl = 89

6
Erleuchtung

Der Zenmeister Nansen war der Meinung, Erleuchtung sei nichts Jenseitiges. Er sagte: »Die Erleuchteten befreien sich nicht von der Welt, sondern von ihrem eigenen verblendeten Geist, welcher der Welt metaphysische Unterscheidungen aufzwingt. Eine Kuh ist eine Kuh, und wenn der Mond durchs Fenster scheint, scheint der Mond durchs Fenster.«

Vielleicht sollten Sie Ihre derzeitige Situation mit den Augen des Alltags betrachten. Auch wenn Sie danach streben, sich von unerwünschten weltlichen Dingen zu lösen, können Sie sich nicht von den Unwägbarkeiten auf der materiellen Ebene befreien, indem Sie Vorstellungen bejahen, denen Sie selbst Gestalt verliehen haben. Seelenfrieden erlangen Sie erst, wenn Sie sich mit der Realität, wie sie ist, abfinden und mit den Gegebenheiten eins werden. Wenn Sie die Geschehnisse nicht beherrschen können, dann ist es eben so. Vergeuden Sie keine Energie, indem Sie zu ändern versuchen, was nicht zu ändern ist. Geben Sie sich stattdessen Ihrem Erleben hin. Wenn Sie traurig sind, seien Sie ganz traurig. Wenn Sie wütend sind, seien Sie ganz wütend. Wenn Sie frustriert sind, seien Sie ganz frustriert. Lösen Sie sich dann davon, und führen Sie Ihr bisheriges Leben weiter.

Denken Sie darüber nach, was es Ihnen nützen kann, Ihr Problem mit den Augen des Alltags zu betrachten, und überlegen Sie, wie sich Ihre Wünsche erfüllen könnten, wenn Sie sich mit den Gegebenheiten abfinden.

Um zusätzliche Hinweise zur Klärung Ihrer Situation zu erhalten, werfen Sie dreimal eine Münze.

3 x Kopf = 56
1 x Kopf und 2 x Zahl = 74

3 x Zahl = 67
2 x Kopf und 1 x Zahl = 230

7
Wahlmöglichkeiten

Denken Sie über die folgende Geschichte nach: Ein Mann hielt eine Gans in einer Flasche. Er fütterte sie so lange, bis sie zu groß war, um durch den Flaschenhals hinausgelangen zu können. Wie aber kann er die Gans aus der Flasche holen, ohne sie zu töten oder die Flasche zu zerbrechen?

Dieses Zen-Koan bietet die Wahl zwischen zwei Alternativen, die beide gleich unmöglich sind. Zweck des Koans ist es, das grundsätzliche Dilemma des Lebens widerzuspiegeln – das Problem, über die gegensätzlichen Alternativen hinauszugehen, weil beide die Wahrheit verdunkeln. Das wahre Problem besteht nicht darin, die Gans aus der Flasche zu holen, sondern selbst die Flasche zu verlassen. Die Gans ist Sinnbild für den Menschen, die Flasche für seine Lebensumstände. Unser Flaschenhals ist unsere beschränkte Art und Weise, die Dinge zu sehen. Wir betrachten Situationen und Probleme als fremde Objekte, die uns im Wege stehen, und nicht als Erweiterung unseres Bewusstseins. Wir sind darauf programmiert zu glauben, dass unser Geist in uns wohnt und die wahrgenommene Welt draußen liegt. In Wahrheit ist unser Geist außen, und alles, was wir wahrnehmen, ist *in* unserem Geist. Anders ausgedrückt: »Die Gans ist schon draußen!«

Betrachten Sie Ihre derzeitigen Möglichkeiten als selbst geschaffene Erweiterungen Ihres Bewusstseins.

Um zusätzliche Hinweise zur Klärung Ihrer Situation zu erhalten, werfen Sie dreimal eine Münze.

| 3 x Kopf = 215 | 3 x Zahl = 121 |
| 1 x Kopf und 2 x Zahl = 69 | 2 x Kopf und 1 x Zahl = 127 |

8
Dauerhafte Liebe

Es gibt vier erprobte Schritte, um eine Beziehung heil und dauerhaft zu machen:

1. Unternehmen Sie möglichst viel gemeinsam. Gemeinsame Aktivitäten bilden eine stabile Grundlage für eine gute Beziehung. Damit ist etwas anderes gemeint als Sex und gemeinsames Fernsehen. Gehen Sie hinaus, und treiben Sie Sport; üben Sie ein gemeinsames Hobby aus; genießen Sie Geselligkeit mit anderen oder Ähnliches.
2. Geben Sie Dinge, die Ihnen wichtig sind und bei denen Sie Befriedigung finden, nicht auf. Auch individuelle Aktivitäten sind für die Persönlichkeitsentwicklung des Einzelnen wichtig. Fordern Sie sich immer wieder heraus, indem Sie Neues lernen und Ihr Selbstwertgefühl stärken.
3. Nehmen Sie sich Zeit für offene, aufrichtige Gespräche.
4. Arbeiten Sie an Ihren Schwierigkeiten. Kompromisse und gemeinsame Problembewältigung sind Voraussetzung für eine erfolgreiche, dauerhafte Beziehung.

Meditieren Sie über Ihre Partnerschaft und überlegen Sie, was Sie tun können, um sie zu festigen und zu beleben.

Um zusätzliche Hinweise zur Klärung Ihrer Situation zu erhalten, werfen Sie dreimal eine Münze.

3 x Kopf = 53	3 x Zahl = 232
1 x Kopf und 2 x Zahl = 73	2 x Kopf und 1 x Zahl = 177

9
Manipulation

Wenn Sie versuchen, andere Menschen zu beherrschen und zu manipulieren, erzeugen Sie Furcht und äußerst negative wechselseitige Reaktionen.

Es gibt acht Hauptarten der Manipulation: Das Einflößen von Schuldgefühlen will verletzen oder Herrschaft sichern. Wut wirkt besonders bei Menschen, die vor offener Aggression zurückschrecken. Kritik bringt das Gleichgewicht eines unsicheren Menschen ins Wanken, weil sie sein Denken und Handeln angreift. Vereinbarungen nehmen oft die Form einer unausgesprochenen Verpflichtung an: »Wenn ich dies für dich tue, musst du jenes für mich tun.« Schmollen ist ein häufiger manipulativer Trick, der in engen Beziehungen angewandt wird. Wenn wir Hilflosigkeit vortäuschen, bringen wir andere dazu, etwas zu tun, was wir wollen, aber angeblich nicht tun können. Necken sieht, oberflächlich betrachtet, liebevoll aus, ist aber eine Methode, auf indirektem Weg eine bestimmte Botschaft zu übermitteln. Fragen können den anderen manipulieren, wenn der Fragesteller die Antwort bereits kennt.

Meditieren Sie darüber, was diese Ausführungen mit Ihrem Problem zu tun haben. Wen versuchen Sie zu manipulieren oder zu beherrschen? Wer manipuliert Sie? Welche unbefriedigten Bedürfnisse haben Sie? Worin besteht Ihr disharmonisches Verhalten genau? Was können Sie unverzüglich tun, um mehr Harmonie zu erzeugen?

Um zusätzliche Hinweise zur Klärung Ihrer Situation zu erhalten, werfen Sie dreimal eine Münze.

3 x Kopf = 198   3 x Zahl = 155
1 x Kopf und 2 x Zahl = 135   2 x Kopf und 1 x Zahl = 44

10

Lebensmuster

Auch wenn Sie sich dessen wahrscheinlich nicht bewusst sind, haben Sie in der Vergangenheit starre Verhaltensmuster entwickelt. Um sie zu entdecken, suchen Sie als Erstes nach den Mechanismen in Ihrer Partnerbeziehung. Zum Beispiel: Ihr Partner kritisiert Sie, Sie verschließen sich und weigern sich, mit Ihm darüber zu sprechen. Oder: Wenn Sie keinen Zweifel mehr an der Liebe und Hingabe Ihres Ehepartners haben, beginnen Sie sich zu langweilen.

Es gibt weit verbreitete Verhaltensmuster, mit denen wir andere manipulieren: zum Beispiel Widerstand, Affären, Vernachlässigung. Meditieren Sie über Ihre partnerschaftlichen und sexuellen Verhaltensmuster.

Ein Beispiel für ein Karrieremuster: Sie erlauben sich nur ein begrenztes Maß an Erfolg und tun damit etwas, das ihn zunichtemacht. Oder Sie lassen so lange zu, dass sich Frustrationen ansammeln, bis eine Veränderung stattfindet. Meditieren Sie über Ihre Karriere.

Falls Sie starke Verhaltensmuster entdecken, die gegen Sie arbeiten, sollten Sie sich klarmachen, dass diese Ihr Leben so lange bestimmen werden, wie Sie es zulassen. Um Ihre Verhaltensmuster zu ändern, müssen Sie die schrecklichen Ketten der Illusion lösen, die Sie an eine unerwünschte Programmierung in der Vergangenheit fesseln. Als ersten Schritt müssen Sie sich Ihrer Verhaltensmuster bewusst werden und versuchen, sie mit den Augen eines reifen Menschen zu sehen.

Um zusätzliche Hinweise zur Klärung Ihrer Situation zu erhalten, werfen Sie dreimal eine Münze.

3 x Kopf = 122   3 x Zahl = 100
1 x Kopf und 2 x Zahl = 203   2 x Kopf und 1 x Zahl = 113

11
Der versteckte Schatz

Eine Zengeschichte aus dem Bukkyo Dendo Kyokai (Lehrgeschichten Buddhas) erzählt von einem Betrunkenen, der einschlief. Sein Freund blieb bei ihm, so lange er konnte. Als er gehen musste, verbarg er in der Kleidung des Schlafenden ein Schmuckstück für den Fall, dass dieser nach dem Aufwachen in Geldverlegenheit geraten würde. Als der Betrunkene seinen Rausch ausgeschlafen hatte, wanderte er arm und hungrig umher, denn er wusste nicht, dass sich ein Schmuckstück in seiner Kleidung befand. Monate später begegneten die beiden sich wieder, und der Freund erzählte dem armen Wanderer von dem Schmuck und riet ihm, danach zu sehen. Er war immer noch da – in einer versteckten Jackentasche.

Auch Sie wandern durchs Leben und leiden, ohne zu wissen, was in Ihrem Inneren verborgen ist: reines, erleuchtetes Bewusstsein. Die Antworten, nach denen Sie suchen, liegen in Ihnen selbst. Sie besitzen die Weisheit, sich über alles Leid zu erheben. Sie haben die Einsicht, Ihr Leben von der losgelösten Warte der bedingungslosen Liebe aus zu betrachten.

Meditieren Sie darüber, was diese Geschichte mit Ihrem Leben zu tun hat und wie Sie Ihr Wissen praktisch nutzen können.

Um zusätzliche Hinweise zur Klärung Ihrer Situation zu erhalten, werfen Sie dreimal eine Münze.

3 x Kopf = 94	3 x Zahl = 175
1 x Kopf und 2 x Zahl = 243	2 x Kopf und 1 x Zahl = 55

12
Freiheit

Sie suchen Ihre persönliche Freiheit und Freiheit von Ihrem Ich, denn das ist das letzte Ziel. Freisein vom Ego, von sich selbst, bedeutet Freiheit im wortwörtlichen Sinn – Freiheit von bedrückenden Umständen und Beziehungen, Freiheit, Erfüllung im Beruf zu finden, und Freiheit, seinem Leben Sinn zu geben.

Freisein vom Selbst heißt, sich über die Folgen aller auf Furcht gegründeten Emotionen zu erheben, wie Wut, Egoismus, Hass, Unterdrückung, Gier, Neid, Schuldgefühle, Unsicherheit, Vorurteile und Vorwürfe.

Akzeptieren Sie, dass Sie weder Ihr Körper noch Ihr Geist / Verstand sind, sondern eine völlig selbstbestimmte Seele, die auf Erden lebt, um ihr Karma abzutragen. Alles nicht abgetragene Karma führt zu unbewältigter Furcht. Furcht ist immer Furcht vor einem künftigen Verlust. Ihre Hauptängste sind Ihre bedeutsamsten karmischen Lektionen. Sie haben die Möglichkeit, diese Ängste auf Ihrer Suche nach Freiheit zu überwinden.

Die beste Methode, Ihre Furcht zu bewältigen, besteht darin, Ihr Leben zu meistern. Auch wenn Sie sich fürchten, handeln Sie trotzdem. Entscheiden Sie sich dafür, Ihre Furcht voll und ganz durchzustehen, und beobachten Sie alle Gefühle des Unbehagens in Ihrem Inneren. Wenn Sie die Furcht loslassen, lässt die Furcht Sie los, und Sie machen das Gesetz des Widerstands zunichte. Sie erheben sich über die Auswirkung der Furcht, und die Furcht verschwindet.

Um zusätzliche Hinweise zur Klärung Ihrer Situation zu erhalten, werfen Sie dreimal eine Münze.

3 x Kopf = 245   3 x Zahl = 46
1 x Kopf und 2 x Zahl = 174   2 x Kopf und 1 x Zahl = 223

13
Lebendigkeit

Ist Ihr Leben nicht so erfüllt, wie Sie es gerne hätten, sollten Sie baldigst prüfen, wie lebendig Sie sich fühlen. Lebendigkeit ist Erregung, Vergnügen an dem, was Sie tun. Sie ist jene Hochstimmung, Herausforderung, Freude und Lust, die das Leben lebenswert macht.

Haben Sie Freiheit und Lebendigkeit gegen Sicherheit eingetauscht? Verliert Ihr Leben an Schwung? Wenn ja, ist Ihr Leben wahrscheinlich so eintönig und langweilig geworden, dass Sie nach Orten suchen müssen, wo Sie sich verstecken können. Manche Menschen werden fernseh- oder computerspielsüchtige Stubenhocker, andere Workaholics, wieder andere verbringen ihre freie Zeit in der Kneipe oder sind dauernd auf der Suche nach neuen Zerstreuungen.

Sie müssen sich klarmachen, dass Ihr Geist Banalität und Langeweile nicht lange ertragen kann. Früher oder später wird er unbewusst für ein wenig Aufregung sorgen, um das Leben interessanter zu machen. Vielleicht provoziert er einen Streit mit dem Menschen, den Sie lieben; vielleicht macht er Sie krank, lässt Sie einen Unfall erleiden oder ruft andere Komplikationen hervor. Er kann Umstände herbeiführen, die Ihre Beziehung, Ihre Gesundheit oder Ihre Karriere zerstören, nur damit Sie die Chance haben, sie wiederaufzubauen.

Denken Sie daran, Ihr Leben hin und wieder mit neuen, anregenden Herausforderungen zu würzen, bevor Ihr Geist es für Sie tut. Wenn Sie lediglich Ihre Verpflichtungen anderen gegenüber erfüllen und sich immer mehr in Ihre Arbeit vergraben, ist dies keine anregende Herausforderung.

Um zusätzliche Hinweise zur Klärung Ihrer Situation zu erhalten, werfen Sie dreimal eine Münze.

3 x Kopf = 194   3 x Zahl = 99
1 x Kopf und 2 x Zahl = 247   2 x Kopf und 1 x Zahl = 198

14
Was die Leute denken

Sinn der Gesellschaft ist es unter anderem, die Menschen in ein einheitliches Schema zu pressen. Daher tragen alle eine Maske aus korrekter Kleidung und korrektem Benehmen. Sie werden zu angepassten Persönlichkeiten, die den Erwartungen der anderen entsprechen; sie machen sich so viele Gedanken darüber, »was die Leute über sie denken«, dass sie ihre eigene Identität verlieren.

Bringen Sie Ihre eigene Persönlichkeit zur Geltung, oder sind Sie so, wie andere Sie haben wollen? Manche Leute möchten nichts mit Ihnen zu tun haben, solange Sie nicht ihren Vorstellungen entsprechen. Wenn Sie darüber nachdenken, wird Ihnen klar, dass solche Beziehungen lediglich auf Ihrer Bereitschaft gründen, sich manipulieren zu lassen. Wenn Sie sich nicht anpassen, werden Sie zurückgewiesen. Die Erwartungen der anderen formen, beherrschen, verkrüppeln und lähmen Sie. Brauchen Sie Beziehungen dieser Art wirklich?

Prüfen Sie, ob Ihr Problem etwas damit zu tun hat, wie Sie auf das reagieren, was die Leute denken. Sollten Sie nicht endlich damit aufhören, Ihr wahres Wesen zu unterdrücken? Wenn Sie damit aufhören, was könnte schlimmstenfalls geschehen und was bestenfalls?

Um zusätzliche Hinweise zur Klärung Ihrer Situation zu erhalten, werfen Sie dreimal eine Münze.

3 x Kopf = 28	3 x Zahl = 87
1 x Kopf und 2 x Zahl = 135	2 x Kopf und 1 x Zahl = 125

15
Untätigkeit

Obwohl Sie ungeduldig darauf warten, dass etwas geschieht, ist jetzt nicht der richtige Zeitpunkt, etwas zu unternehmen. Bleiben Sie Ihren Mitmenschen gegenüber offen und zugänglich, denn diese können Ihnen zeigen, was Sie selbst möglicherweise nicht sehen. Sie haben es mit einigen mächtigen karmischen Realitäten zu tun, die behutsam durchlebt werden müssen. Ein anderer manipuliert das Geschehen hinter den Kulissen und wenn Sie aggressiv werden, wird der daraus entstehende Streit mit Sicherheit unerwünschte Folgen haben.

Untätigkeit bedeutet, geduldig, vorsichtig und zurückhaltend zu sein. Jetzt sollten Sie bewusst leben und Ihre Möglichkeiten zur Selbstverwirklichung testen. Über andere zu urteilen, ist immer ein Fehler. Sie sind nicht in der Lage, alle Kräfte voll und ganz zu begreifen, die das, was geschieht, in Gang gesetzt haben. Anderen Vorwürfe zu machen, ist ebenso falsch, weil das Karma die derzeitige Situation geschaffen hat, um alle Beteiligten zu prüfen. Wie können Sie die Prüfung bestehen? Indem Sie sich in Gedanken, Worten und Taten vom Grundsatz der bedingungslosen Liebe leiten lassen, während Sie Ihre Rolle in diesem Stück spielen.

Meditieren Sie, um alles, was geschieht, besser verstehen zu können und unter den derzeitigen Umständen ausgeglichen zu bleiben.

Um zusätzliche Hinweise zur Klärung Ihrer Situation zu erhalten, werfen Sie dreimal eine Münze.

3 x Kopf = 51
1 x Kopf und 2 x Zahl = 147

3 x Zahl = 173
2 x Kopf und 1 x Zahl = 31

16
Das Gesetz des Widerstands

Was Sie abwehren, ziehen Sie an. Solange Sie etwas abwehren und dagegen ankämpfen, sichern Sie ihm einen dauerhaften Einfluss auf Ihr Leben. Widerstand ist Furcht, die Sie karmisch auflösen müssen. Um die Furcht loslassen zu können, müssen Sie ihr so lange gegenübertreten, bis Sie gelernt haben, sich bewusst von allem zu lösen, was Ihnen negativ erscheint.

Sie müssen lernen, einer von außen auf Sie zukommenden Kraft so nachzugeben, dass sie ungefährlich für Sie wird, und ihr gleichzeitig eine andere Richtung geben, indem Sie sie von hinten anstoßen, statt sie von vorne abzuwehren. Ein Meister des Lebens leistet keinen Widerstand, und er versucht auch nicht, die Verhältnisse zu ändern, indem er sich gegen sie wehrt. Stattdessen schwimmt er mit dem Strom, unterwirft sich dessen Kraft und verändert entweder seine Richtung ein wenig oder lenkt ihn in die Gegenrichtung um, ohne sich ihm jemals entgegenzustemmen. Das heißt, das Leben meistern und doch mit ihm mitgehen.

Was hat diese Weisheit mit Ihrer Frage zu tun, und wie können Sie sie auf Ihre Situation anwenden?

Um zusätzliche Hinweise zur Klärung Ihrer Situation zu erhalten, werfen Sie dreimal eine Münze.

3 x Kopf = 85	3 x Zahl = 230
1 x Kopf und 2 x Zahl = 33	2 x Kopf und 1 x Zahl = 56

17
Ein Problem

Die Menschen haben miteinander eigentlich nur ein Problem: Furcht. Furcht ist die Ursache aller Störungen in großen und kleinen, internationalen und zwischenmenschlichen Beziehungen. Und es gibt nur eine einzige Furcht, das ist die Furcht, mit einer Situation nicht fertigzuwerden. Glauben Sie, dass Sie Zurückweisung fürchten? Im Grunde haben Sie nicht vor Zurückweisung Angst, sondern Sie fürchten, sie nicht zu ertragen. Haben Sie Angst vor Schlangen? Es ist nicht die Schlange, die Ihnen Angst einflößt, sondern Sie fürchten, die Begegnung mit ihr nicht zu verkraften.

Angenommen, Sie sind in einer Wüste und haben Angst, einer Schlange zu begegnen. Sie treffen tatsächlich auf eine Schlange, und jetzt fürchten Sie, von ihr gebissen zu werden. Sie beißt Sie, und nunmehr haben Sie Angst, sterben zu müssen. Jeder neue Aspekt Ihrer Furcht bezieht sich auf eine künftige Möglichkeit, nicht auf die jetzige Situation. Sie fürchten nie das, was ist, sondern Sie fürchten nur das, was sich ereignen könnte.

Furcht lähmt Sie und hält Sie vom Handeln ab, wenn Sie eigentlich handeln sollten. Furcht kann Sie daran hindern, sich für Wachstum zu entscheiden, wenn es für Sie sinnvoll wäre. Wenn Sie sich mit Ihrer Furcht abfinden und sie akzeptieren, machen Sie sich zu ihrem Gefangenen.

Meditieren Sie darüber, was die Furcht, Ihre derzeitige Situation nicht zu verkraften, mit Ihrer Frage zu tun hat, und überlegen Sie, ob die Angst, zu versagen, Sie davon abhält, Entscheidungen zu treffen, die Ihnen langfristig gesehen nützen würden.

Um zusätzliche Hinweise zur Klärung Ihrer Situation zu erhalten, werfen Sie dreimal eine Münze.

| 3 x Kopf = 250 | 3 x Zahl = 6 |
| 1 x Kopf und 2 x Zahl = 234 | 2 x Kopf und 1 x Zahl = 81 |

18
Risikobereitschaft

Das Leben ist eine Folge von Aufgaben, die Sie erfüllen müssen, während Sie Ihr Karma abtragen und Ihr Dharma erfüllen. Ohne kraftgebende Aktivität im Leben werden Sie deprimiert. Ohne Risikobereitschaft können Sie nicht wachsen.

Helen Keller, die taubblinde amerikanische Schriftstellerin, hat einmal gesagt: »Sicherheit ist zum größten Teil Aberglaube. Sie existiert weder in der Natur, noch wird sie der Menschheit als Ganzes zuteil. Gefahren aus dem Weg zu gehen, ist langfristig gesehen nicht sicherer als ausgesprochene Risikobereitschaft. Das Leben ist entweder ein gewagtes Abenteuer oder nichts.«

Zu dem Risiko, das Sie wollen, müssen Sie sich folgende wichtige Fragen stellen: Können Sie formulieren, warum Sie dieses Risiko eingehen wollen? Was kann bestenfalls geschehen, wenn Ihr Mut belohnt wird? Was bei einem Misserfolg? Fürchten Sie, Liebe, Macht oder Selbstachtung zu verlieren? Möchten Sie ein Risiko eingehen, um einem anderen Menschen einen Gefallen zu tun? Können Sie Ihr Ziel auch auf andere Weise erreichen? Brauchen Sie mehr Informationen, bevor Sie handeln? Kann Ihre Risikobereitschaft Ihnen zu einem ehrlicheren, freieren Leben verhelfen? Fördert sie Ihr Wachstum, und kann sie Ihre Lebensqualität verbessern?

Um zusätzliche Hinweise zur Klärung Ihrer Situation zu erhalten, werfen Sie dreimal eine Münze.

3 x Kopf = 123   3 x Zahl = 15
1 x Kopf und 2 x Zahl = 84   2 x Kopf und 1 x Zahl = 210

19
Drei Arten von Menschen

Nach dem Bukkyo Dendo Kyokai gibt es drei Arten von Menschen in der Welt. Die ersten sind jene, die wie in Stein gemeißelte Lettern sind: Sie geraten leicht in Zorn, und ihre zornigen Gedanken bleiben lange lebendig. Die zweiten gleichen Buchstaben, die in Sand geschrieben wurden: Auch sie werden zornig, aber ihre zornigen Gedanken vergehen rasch. Die dritten sind wie Buchstaben in fließendem Wasser: Sie bleiben unberührt von Beschimpfungen und unangenehmem Klatsch, und ihr Geist ist stets rein und ruhig.

Und es gibt noch drei weitere Arten von Menschen. Die ersten sind stolz, handeln überstürzt und sind nie zufrieden. Ihre Natur ist leicht zu verstehen. Dann gibt es jene, die stets höflich sind und besonnen handeln. Sie sind schwer zu verstehen. Und schließlich gibt es noch jene, die das Begehren völlig überwunden haben. Sie zu begreifen ist unmöglich.

Meditieren Sie darüber, was dies mit Ihrer Frage zu tun hat, welche Art Mensch Sie sind und welche Art Mensch Sie sein möchten.

Um zusätzliche Hinweise zur Klärung Ihrer Situation zu erhalten, werfen Sie dreimal eine Münze.

3 x Kopf = 236	3 x Zahl = 29
1 x Kopf und 2 x Zahl = 191	2 x Kopf und 1 x Zahl = 41

20
Liebe und Furcht

Furcht ist das Problem, und Liebe ist die Lösung. Liebe ist Kraft, und Furcht ist Schwäche. Denken Sie daran, und denken Sie über Ihre wichtigsten Beziehungen nach.

Viele von uns sind eifersüchtig, besitzergreifend und neidisch und behaupten, das seien Beweise ihrer Liebe. Kann aber ein besitzergreifender oder neidischer Mensch wirklich lieben, oder geht es ihm nur um sein eigenes Vergnügen, und handelt er somit aus Furcht? Wo Furcht ist, ist auch Aggression. Viele Liebesbeziehungen enthalten eine ganze Menge Aggression. Wenn eine Liebesbeziehung dem Egoismus dient, gründet sie auf dem Streben, Verluste zu vermeiden. Doch dies bringt das Gesetz des Widerstands ins Spiel: Wenn Sie gegen Verluste ankämpfen, beginnen Sie unwillkürlich das anzuziehen, was Sie zu verhindern hofften.

Die ideale Liebe ist bedingungslos, sie urteilt nicht, fordert nicht und beschuldigt nicht. Ihre Liebe würde nicht davon abhängen, ob Sie geliebt werden, und Sie würden von Ihrem Partner oder Ihrer Partnerin nicht verlangen, sich zu ändern und etwas zu sein, was er oder sie nicht ist. Sie hätten Freude am Glück des anderen. Nur wenn wir uns selbst lieben, können wir andere lieben. Um sich selbst lieben zu können, müssen Sie wissen und akzeptieren, wer Sie wirklich sind – unter der Maske Ihrer Furcht.

Um zusätzliche Hinweise zur Klärung Ihrer Situation zu erhalten, werfen Sie dreimal eine Münze.

3 x Kopf = 194	3 x Zahl = 247
1 x Kopf und 2 x Zahl = 74	2 x Kopf und 1 x Zahl = 19

21
Vergänglichkeit

Der Mensch leidet an der Gier, Dinge, die ihrem Wesen nach vergänglich sind, besitzen und behalten zu wollen, Das bezieht sich auf seine eigene Person, geliebte Mitmenschen und materielle Güter. Doch all das ist vergänglich, und sobald der Mensch versucht, es zu besitzen, entschlüpft es ihm. Es ist wie der Versuch, Wasser festzuhalten: Je fester man zupackt, desto schneller rinnt es durch die Finger.

Wer besitzt, ist selbst besessen. Er ist Sklave seiner Illusionen über das Leben. Der Habgierige leugnet das Recht der Menschen und der Dinge, zu leben und sich zu verändern. Somit ist der Besitzende in Wahrheit ein Verlierer.

Ein Meister des Lebens gibt das Verlangen nach Besitz auf, weil er versteht, dass niemand wirklich besitzen kann. Er greift nicht mehr nach Dingen, die im Strom des Lebens vorüberfließen. Stattdessen fließt er mit dem Strom und wird ein Teil von ihm, denn er erkennt, dass alle Dinge nichts weiter sind als Wellen im Wasser und dass der Versuch, sie zu fassen, vergebens ist.

Meditieren Sie darüber, was Sie zu besitzen versuchen, und über das Akzeptieren dessen, was ist.

Um zusätzliche Hinweise zur Klärung Ihrer Situation zu erhalten, werfen Sie dreimal eine Münze.

| 3 x Kopf = 80 | 3 x Zahl = 39 |
| 1 x Kopf und 2 x Zahl = 134 | 2 x Kopf und 1 x Zahl = 179 |

22
Bewusste Loslösung

Um ein Problem zu lösen, brauchen Sie es nicht zu beseitigen. Manchmal ist es besser, den Standpunkt zu wechseln. Wenn ein Problem Sie nicht mehr betrifft, haben Sie kein Problem mehr, auch wenn nach außen hin alles beim Alten geblieben sein mag.

Wenn eine verbale Beleidigung Sie aufregt, dann deshalb, weil Sie einige Dinge nicht auseinanderhalten: Von körperlicher Gewalt abgesehen, kann nichts, was andere sagen oder tun, Sie berühren. Einzig und allein, was Sie darüber denken, berührt Sie. Warum lassen Sie zu, dass das mangelnde innere Gleichgewicht eines anderen Ihr eigenes Gleichgewicht stört? Warum erlauben Sie einem fremden Problem, Ihr Problem zu werden? Indem Sie akzeptieren, was der andere sagt, verletzen Sie nur sich selbst.

Angenommen, der Mensch, der Ihnen am nächsten steht, ist oft warmherzig und liebevoll, und Sie sind gerne mit ihm zusammen, aber dieser Mensch kann auch egoistisch und egozentrisch sein. In diesen Situationen sollten Sie sich bewusst distanzieren und die Negativität von sich abprallen lassen, ohne darauf zu reagieren. Der andere hat das Recht, griesgrämig zu sein, und es ist Ihr Recht, sich davon nicht beeindrucken zu lassen. Nichts an der Situation hat sich geändert, nur Ihr Standpunkt.

Um zusätzliche Hinweise zur Klärung Ihrer Situation zu erhalten, werfen Sie dreimal eine Münze.

| 3 x Kopf = 74 | 3 x Zahl = 231 |
| 1 x Kopf und 2 x Zahl = 148 | 2 x Kopf und 1 x Zahl = 3 |

23

Neubeginn

Ein Neubeginn ist immer ein Schritt ins Unbekannte. Ihre derzeitige Umwelt mag chaotisch und konfus sein, aber aus ihr wird sich ein Zustand des Friedens und des Wachstums entwickeln. Dies ist mehr denn je eine Gelegenheit, an Ihren Grundsätzen festzuhalten und sich auf Ihr höheres Wissen zu verlassen. Lösen Sie die Probleme Schritt für Schritt, das Wichtigste zuerst. Es besteht kein Grund, sich von einer Situation oder einem Menschen überwältigt zu fühlen. Sie haben die Kraft und die Fähigkeit, die Unordnung zu beseitigen und eine bessere Basis für die Zukunft zu schaffen.

Neuanfänge sind eine ideale Gelegenheit, sich geistig von alten Anschauungen zu lösen. Die Mehrzahl der Menschen auf diesem Planeten kennt ihr Leben lang nur einen Geist, den gebundenen, der im Wandel der äußeren Verhältnisse hin und her schwankt – vom Positiven zum Negativen, von der Freude über Gleichgültigkeit zum Tiefpunkt der Emotionen: Depression, Wut, Feindseligkeit und Furcht.

Ein Geist, der frei ist, losgelöst von allem, bewegt sich lediglich vom positiven zum neutralen Zustand, falls sich die äußeren Verhältnisse ändern. Sie akzeptieren dann alles Glück und alle Freude, die das Leben zu bieten hat. Ihr Geisteszustand fällt nicht ins Negative zurück, weil Sie verstehen, dass Sie weder andere beherrschen noch unabänderliche Realitäten manipulieren können.

Um zusätzliche Hinweise zur Klärung Ihrer Situation zu erhalten, werfen Sie dreimal eine Münze.

| 3 x Kopf = 71 | 3 x Zahl = 212 |
| 1 x Kopf und 2 x Zahl = 130 | 2 x Kopf und 1 x Zahl = 187 |

24
Über den Ärger

Jedes Mal, wenn Sie sich ärgern, unterziehen Sie sich einem selbst verursachten karmischen Test, der zeigen soll, wie viel Sie gelernt haben und ob Sie in Zukunft noch einmal getestet werden müssen. Haben Sie auf die Situation gleichgültig oder mitfühlend reagiert? Zornig oder negativ? Solange Sie nicht gelernt haben, dass negative, auf Furcht gegründete Reaktionen sinnlos sind, werden Sie mit Sicherheit wieder in ähnliche Situationen geraten.

Seien Sie sich darüber im Klaren, dass Sie sich ärgern, weil Sie mit Anerkennung gerechnet haben oder andere beherrschen wollten, weil Sie den Beifall anderer suchten oder deren Aktionen und Reaktionen bestimmen wollten. Einfach ausgedrückt: Ihre Erwartungen gerieten in Konflikt mit dem, was ist. Sie könnten sich gar nicht über etwas ärgern, wenn Ihre Erwartungen nicht im Widerspruch zur jeweiligen Situation stünden.

Fragen Sie sich selbst: Woher nehme ich das Recht, von anderen zu erwarten, dass sie so sind, wie ich sie haben will? Sie möchten doch auch nicht, dass andere von Ihnen verlangen, nach ihren Vorstellungen zu leben, oder? Jedes Mal, wenn Sie in Zukunft bemerken, dass Sie sich ärgern, sagen Sie zu sich selbst: »Aha, meine Erwartungen stehen im Widerspruch zu dem, was ist.«

Um zusätzliche Hinweise zur Klärung Ihrer Situation zu erhalten, werfen Sie dreimal eine Münze.

3 x Kopf = 126
1 x Kopf und 2 x Zahl = 40

3 x Zahl = 16
2 x Kopf und 1 x Zahl = 68

25
Karmische Selbstbestrafung

Selbst verursachte karmische Probleme sind eine Methode Ihres Unterbewusstseins, Ihnen etwas beizubringen – so lange, bis Sie sich selbst vergeben können. Aber Sie werden sich erst vergeben, wenn Sie auf jeder Ebene Ihres Körpers und Ihres Geistes wissen, dass Sie Ihre Lektion gelernt haben und nie wieder den gleichen Fehler machen werden. Sie können durch Liebe und Weisheit lernen, am schnellsten aber lernen Sie, wenn Sie die Folgen Ihres Tuns unmittelbar erfahren. Darum bestehen Ihre Lektionen zum größten Teil aus Schmerzen.

Unter Schmerzen lernen Sie, dass Stress, falsche Ernährung und Bewegungsmangel krank machen. Doch wenn der unerwünschte Zustand noch nicht zu weit fortgeschritten ist, können Einsicht und eine Umstellung der Lebensweise eine Genesung bewirken. Unter Schmerzen lernen Sie, dass andere zu manipulieren, um von ihnen zu bekommen, was Sie haben wollen, zu Beziehungsproblemen führt. Wenn Sie lernen, dass dies zwecklos ist, lernen Sie, Beziehungen zu meistern.

Ängste aus früheren Leben können Ihren Erfolg im Beruf begrenzen. Wenn es Ihnen gelingt, durch die Beschäftigung mit der Metaphysik die Ursache Ihrer Programmierung herauszufinden und die Furcht zu überwinden, wird der Erfolg nicht ausbleiben.

Ihre Schwierigkeiten sind die karmischen Lektionen, die Sie lernen müssen. Einige waren vorherbestimmt, andere sind die Folge dessen, was Sie in diesem Leben getan haben.

Meditieren Sie darüber, wie weise es ist, Karma zu löschen.

Um zusätzliche Hinweise zur Klärung Ihrer Situation zu erhalten, werfen Sie dreimal eine Münze.

3 x Kopf = 229	3 x Zahl = 22
1 x Kopf und 2 x Zahl = 103	2 x Kopf und 1 x Zahl = 146

26
Mitgefühl

Mitgefühl ist tiefe Anteilnahme am Leiden anderer, begleitet vom Wunsch, Schmerz zu lindern und seine Ursachen zu beseitigen.

Wenn Sie für ein anderes menschliches Wesen Mitgefühl empfinden, können Sie ihm im Idealfall helfen, indem Sie Voraussetzungen schaffen, die seine Schmerzen lindern. Auch wenn Sie die Qual fremden Leidens miterleben, müssen Sie sich damit abfinden, dass Sie nichts tun können, um den Leidenden von seinen Schmerzen zu erlösen. Aus karmischer Sicht sind wir alle für uns selbst verantwortlich. So gesehen sind sogar Schmerzen auf unsere eigene Entscheidung zurückzuführen, und nur wir selbst können uns entscheiden, sie zu beseitigen.

Stellen Sie sich drei wichtige Fragen:

1. Ist der Betreffende bereit, die Verantwortung für seine Lage zu übernehmen?
2. Ist er bereit, etwas zu tun, um sie zu ändern?
3. Weiß er, was er zu tun hat?

Lautet die Antwort auf die beiden ersten Fragen Nein, können Sie nicht viel tun. Lautet Sie Ja, sind Sie möglicherweise imstande, dem leidenden Menschen bei der Überwindung seiner Schwierigkeiten zu helfen.

Um zusätzliche Hinweise zur Klärung Ihrer Situation zu erhalten, werfen Sie dreimal eine Münze.

3 x Kopf = 70   3 x Zahl = 131
1 x Kopf und 2 x Zahl = 208   2 x Kopf und 1 x Zahl = 62

27
Urteil und Wahrheit

Sie beurteilen alles von Ihrem Standpunkt aus. Sie nennen etwas richtig, falsch, moralisch, unmoralisch, ethisch oder unethisch. Vielleicht stimmen mehrere Menschen oder gar die Mehrheit mit Ihrer Meinung überein. Dadurch wird Ihr Urteil aber noch nicht wahr. Es ist nur Ihre Auffassung von Wahrheit. Unsere einhellige Meinung, dass etwas moralisch ist, kann die Wirklichkeit nicht verändern.

Es gibt keine allgemein gültige, richtige Wahrheit. »Wahrheit« existiert nur in Bezug auf Sie. Antoine de St.-Exupéry beschreibt es folgendermaßen: »Wahrheit ist nicht das, was wir herausfinden, sondern das, was wir erschaffen.«

Das Leben ist voll von philosophischen sogenannten Wahrheiten, die wir im Allgemeinen akzeptieren und nur selten infrage stellen. Doch in vielen Fällen schränken diese überholten Wahrheiten, Ideen, Ansichten und Moralvorstellungen unser Leben ein. Wenn Sie die Wahrheiten anderer Menschen als gültig ansehen, akzeptieren Sie Einschränkungen – und somit Fallen. Eine Behauptung, die nicht infrage gestellt wird, ist eine Falle, und sie wird Sie so lange versklaven, bis Sie sie infrage stellen.

Meditieren Sie über alle »Wahrheiten«, die Sie akzeptieren und die Ihre Entwicklung hemmen oder Ihr Leben schwieriger machen als nötig.

Um zusätzliche Hinweise zur Klärung Ihrer Situation zu erhalten, werfen Sie dreimal eine Münze.

3 x Kopf = 250	3 x Zahl = 22
1 x Kopf und 2 x Zahl = 117	2 x Kopf und 1 x Zahl = 164

28

Jugendlichkeit

Manchmal machen Sie sich Sorgen wegen Ihres Alters und fragen sich, wie es Ihre Verhältnisse und Pläne beeinflusst. Sie sollten sich klarmachen, dass Freude und Harmonie verjüngen und Negativität und Disharmonie alt machen. Trachten Sie stets danach, fröhlich zu sein und Ihr Lächeln zu bewahren, und Sie werden jung bleiben. Ihr Körper wird zwar nach den Gesetzen der Natur altern, aber Ihre Seele und Ihr Geist werden immer jung bleiben.

Bleiben Sie jugendlich, sind Sie unternehmungslustig und spüren bei allem, was Sie tun, freudige Begeisterung. Nur wer innerlich jung ist, geht Risiken ein, die das Leben lebenswert machen. Wenn Sie dagegen zulassen, dass Sie im Geiste alt werden, werden Sie sich vor Verlusten fürchten und Wachstumsmöglichkeiten und Herausforderungen gegen Sicherheit und Bequemlichkeit eintauschen. Die Angst vor Verlusten macht Sie zum Gefangenen, Sie verlieren Ihre Freiheit.

Nicht Ihr tatsächliches Alter ist entscheidend, sondern nur die Zeit, in der Sie innerlich jung, bewusst und wach sind. Streben Sie nach der Freude, die Sie bis ans Ende Ihres Lebens jugendlich erhält. Andere Menschen und alle Dinge außerhalb von Ihnen selbst können diese Freude nicht hervorrufen, sie wecken lediglich Gefühle, die mit dem Wandel der äußeren Verhältnisse kommen und gehen. Wahre Freude entsteht tief im Inneren, und zwar wenn Sie sich selbst sind, das heißt, wie Sie sein sollen, und Ihre Aufgabe hier auf Erden erfüllen.

Um zusätzliche Hinweise zur Klärung Ihrer Situation zu erhalten, werfen Sie dreimal eine Münze.

3 x Kopf = 239 3 x Zahl = 92
1 x Kopf und 2 x Zahl = 107 2 x Kopf und 1 x Zahl = 152

29

Bewusstheit

Der Grad Ihrer Bewusstheit misst sich daran, wie viel Sie von Ihrer eigenen Wahrheit wissen. Viele Ihrer Wahrheiten sind in den Speichern Ihres Unterbewusstseins verborgen. Das Unterbewusstsein enthält Wissen, Erkenntnis, Talente und Fähigkeiten – und Erinnerungen an jene vergangenen Ereignisse, die Schuldgefühle in Ihnen wecken. Da Sie keine bewusste Kenntnis davon haben, können Sie sie nicht bewältigen. Dennoch müssen Sie die Folgen dieser unerwünschten, verborgenen Programmierungen tragen.

Finden Sie heraus, was die Verwirklichung Ihrer Wünsche fördert und was sie behindert. Es ist nie schwer, Antworten zu finden, wenn Sie die richtigen Fragen stellen. Sie können sich vor diesen Fragen nicht länger verstecken. Meditieren Sie über Ihre unbewusste Programmierung. Bevor Sie zu Bett gehen, sollten Sie um Träume bitten, die Ihnen verstehen helfen, was Sie hemmt. Bitten Sie um unverschlüsselte, nicht symbolische Träume. Bitten Sie darum, dass Sie sich unmittelbar nach dem Aufwachen an diese Träume erinnern. Halten Sie Bleistift und Papier bereit, um Ihre Erkenntnisse aufzuschreiben.

Um zusätzliche Hinweise zur Klärung Ihrer Situation zu erhalten, werfen Sie dreimal eine Münze.

| 3 x Kopf = 115 | 3 x Zahl = 11 |
| 1 x Kopf und 2 x Zahl = 239 | 2 x Kopf und 1 x Zahl = 94 |

30
Problem / Chance

Haben Sie Ihre Frage als Problem betrachtet, als Sie darüber nachdachten? Manche Leute sehen ihre Probleme als schwierige und wichtige Probleme; sie klagen und sprechen unaufhörlich darüber, und je mehr sie dies tun, desto mehr programmieren sie ihr Unterbewusstsein mit dieser negativen Realität. Langfristig gesehen verschlimmern sie dadurch ihre Situation.

Betrachten Sie Ihre Probleme als Chance – als Möglichkeit, zu lernen und zu wachsen. Der einzige Unterschied zwischen problemorientierten und chancenorientierten Menschen ist die Einstellung. Wenn Ihre Probleme für Sie nichts weiter als gute Chancen sind, haben Sie keine Probleme mehr.

Motivationstests zeigen, dass Erfolg zu fünfzehn Prozent von der Begabung, vom Intelligenzquotienten oder von den Anlagen abhängt und zu 85 Prozent von der Einstellung. Die Einstellung unterscheidet die Erfolgreichen von allen anderen.

Meditieren Sie darüber, was dies für Ihre Frage bedeutet. Und denken Sie darüber nach, welche Einstellung Sie zu Problemen und Chancen haben.

Um zusätzliche Hinweise zur Klärung Ihrer Situation zu erhalten, werfen Sie dreimal eine Münze.

3 x Kopf = 135	3 x Zahl = 224
1 x Kopf und 2 x Zahl = 173	2 x Kopf und 1 x Zahl = 55

31
Glaube

Es gibt Zeiten im Leben, wo Ihr Glaube so stark sein muss, dass Sie sich mit den Umständen abfinden und alle Versuche aufgeben, sie zu ändern. Forcieren Sie die Ereignisse nicht. Wehren Sie sich nicht gegen das, was ist. Nehmen Sie es an. Glauben Sie daran, dass es für alles, was geschieht, Gründe gibt, die Sie nicht verstehen können. Beachten Sie, dass es nicht nur um Ihr eigenes Schicksal geht – es geht auch um andere Menschen. Glauben Sie daran, dass Sie eines Tages erfahren werden, warum die Dinge so und nicht anders geschehen.

Ihre Sorgen gründen auf Angst, auch wenn Sie sich dessen nicht bewusst sind. Angst kommt in vielen Emotionen zum Ausdruck – in Zorn, Egoismus, Hass, Unterdrückung, Neid, Gier, Unruhe, Schuldgefühlen, Unsicherheit, Eitelkeit, Groll und Vorurteilen. Vom Standpunkt des Höheren Selbst aus betrachtet, sind Sie hier auf Erden, um zu lernen, wie Sie sich von der Angst befreien und bedingungslose Liebe schenken können. Darum stellt Ihr derzeitiges Problem eine gute Gelegenheit dar, spirituell zu wachsen, sofern Sie Ihre Emotionen ins Positive wenden. Wenn Angst das Problem ist, bietet Liebe die Lösung. Meditieren Sie darüber, wie Sie in dieser Situation bedingungslos lieben können.

Vertrauen ist ein Teil des Glaubens. Vertrauen Sie sich selbst. Vertrauen Sie Ihrem Höheren Selbst. Vertrauen Sie Gott, und vertrauen Sie darauf, dass letztlich alles dem einen hohen Ziel dient.

Um zusätzliche Hinweise zur Klärung Ihrer Situation zu erhalten, werfen Sie dreimal eine Münze.

| 3 x Kopf = 10 | 3 x Zahl = 203 |
| 1 x Kopf und 2 x Zahl = 217 | 2 x Kopf und 1 x Zahl = 64 |

32

Nahrung

Nehmen Sie sich die Zeit, nicht nur sich selbst, sondern auch die Menschen, die Ihnen etwas bedeuten, zu nähren? Dazu gehört außer Essen, Kleidung und Wohnung auch die Berücksichtigung der emotionalen und seelischen Bedürfnisse – ihrer und die der anderen. Jeder Mensch möchte lieben und geliebt werden. Wir alle brauchen auch Schönheit, Musik, Unterhaltung und Hobbys. Ebenso wichtig sind spirituelle Bedürfnisse. Eine unterernährte Pflanze blüht nicht, und Spiritualität versorgt uns mit Nahrung aus der Quelle – mit übersprudelnder Energie, die uns zum Blühen bringt und die uns hilft, unsere Pflichten im Leben zu erfüllen.

Meditieren Sie über jeden Menschen in Ihrem Leben, der Sie braucht. Nähren Sie Ihre Beziehungen mit allem, was nützlich ist und Erfüllung bringt. Versorgen Sie sich selbst, indem Sie Ihre Bedürfnisse erforschen und Ihre Führer und Lehrer um Hilfe bitten, damit Sie verwirklichen können, was dem höheren Ziel dient. Untersuchen Sie Ihre Denkmuster. Betrachten Sie ein Glas als halb leer oder als halb voll? Sehen Sie in jeder Situation das Gute und Wertvolle? Oder verweilen Sie beim Negativen? Können Sie bedingungslos lieben und dadurch göttliche Liebe widerspiegeln?

Um zusätzliche Hinweise zur Klärung Ihrer Situation zu erhalten, werfen Sie dreimal eine Münze.

3 x Kopf = 211   3 x Zahl = 243
1 x Kopf und 2 x Zahl = 64   2 x Kopf und 1 x Zahl = 142

33
Entschlossenheit

Es ist an der Zeit, Entscheidungen zu treffen, bei denen es um Ihre Verpflichtungen geht. Wenn Ihre Absicht klar ist, zum Beispiel sich einem Menschen, einer Aufgabe oder einer Idee zu widmen, ordnet sich alles von selbst, sofern Ihr Ziel im Einklang mit dem Universum und dem Sinn Ihres Lebens steht. Sobald Sie sich diesem Ziel verpflichtet haben, geschieht alles wie durch Magie, als ob Sie ein Magnet wären, der anzieht, was er benötigt. Der Schlüssel zu dieser höchsten Macht ist Entschlossenheit. Je größer Ihr Wunsch ist und je mehr sie gefühlsmäßig hineingeben, desto mehr Kraft geben Sie jenen auf der »anderen Seite«, die Ihnen helfen können, und desto schneller kommen Sie ans Ziel.

Ihre erste Verpflichtung muss das Streben nach Selbsterkenntnis sein. Dann können Sie aufhören, mit einem Fuß in der Sicherheitszone zu leben und sich Ihrem Ziel nur halbherzig zu widmen. Wenn Sie sich nur teilweise engagieren, können Sie nur teilweise Freude erfahren. Totaler Einsatz macht totale Freude möglich. Vielleicht sind Sie hier auf Erden, um zu lernen, dass Ihr Leben das ist, was Sie daraus machen, und dass Sie es genießen sollen.

Arbeiten Sie an Ihrem Engagement, indem Sie die richtigen Fragen stellen. Es ist nie schwierig, Antworten zu finden, wenn Sie bereit sind, den Fragen nicht mehr auszuweichen.

Um zusätzliche Hinweise zur Klärung Ihrer Situation zu erhalten, werfen Sie dreimal eine Münze.

3 x Kopf = 164	3 x Zahl = 192
1 x Kopf und 2 x Zahl = 16	2 x Kopf und 1 x Zahl = 241

34
Zerrissenheit und Freude

Wie jeder Mensch auf diesem Planeten bestehen auch Sie aus Widersprüchen. Ein Teil von Ihnen möchte dies tun, ein anderer jenes. Von Begierden hin- und hergerissen, ist Ihre Persönlichkeit zersplittert und die Folge ist Stress.

Aber es gibt einen Weg, Ihr gespaltenes Sein zu heilen. Wenn Sie sich spirituell weiterentwickeln, nähern Sie sich immer mehr Ihrer Mitte, bis Sie schließlich Ihr Höheres Selbst und das kollektive Unbewusste erreichen. Das ist die göttliche Ebene. Tief aus Ihrer Mitte steigt Freude empor, und wenn Sie Freude empfinden, sind Sie nicht zerrissen. Um sich selbst zu heilen, ganz zu werden, brauchen Sie nur zu tun, was Sie gerne tun. Was würde geschehen, wenn Sie das, was Sie nicht gerne tun, nicht mehr täten? Sie würden stets in Ihrer Mitte ruhen, und Sie würden alles in Ihrem Leben genießen.

Seien Sie vernünftig, lernen Sie zu delegieren. Stecken Sie mehr Energie in die Dinge, die Sie gerne tun, um zum Beispiel mehr Geld zu haben, andere zu bezahlen, die dann für Sie die Dinge erledigen, die Sie nicht gerne tun. Vielleicht müssen Sie einen Teil Ihrer Sicherheit opfern, um mehr Freude zu haben. Wenn Ihnen der Gedanke, nur für Ihre Freude zu leben, widerstrebt, begrenzen Sie all Ihre Möglichkeiten im Leben. Meditieren Sie darüber, welchen Vorteil es hätte, nur noch zu tun, was Ihnen Freude macht. Überlegen Sie, welche Veränderungen Sie damit hervorrufen würden.

Um zusätzliche Hinweise zur Klärung Ihrer Situation zu erhalten, werfen Sie dreimal eine Münze.

3 x Kopf = 62	3 x Zahl = 118
1 x Kopf und 2 x Zahl = 171	2 x Kopf und 1 x Zahl = 93

35
Selbstwert

Sie sollten Ihr Selbstwertgefühl erforschen. Ein universelles Gesetz besagt, dass Sie nur das anziehen, was Sie Ihrer Meinung nach verdient haben. Ein starkes Selbstwertgefühl ist Voraussetzung für Glück und Erfolg, denn Sie sind der lebende Ausdruck Ihres Glaubens.

Ihr Glaube erzeugt die Gedanken und Gefühle, die Ihre Wirklichkeit erschaffen. Ihr derzeitiges Karma ist zu einem großen Teil die Frucht Ihrer Überzeugungen, und diese sind die Folge von Ereignissen in früheren Leben. Da Karma aber selbst verschuldet ist, kann nur Selbstvergebung es auflösen. Vergeben Sie sich selbst, indem Sie erkennen, was Sie über sich selbst denken, und es dann ändern. Wollen Sie Ihr Leben ändern, müssen Sie also zunächst Ihre Überzeugungen ändern.

Sind Sie beispielsweise beruflich nicht erfolgreich, aber möchten es sein, müssen Sie die Tatsache akzeptieren, dass ihr Glaube Sie daran hindert. Sie müssen verstehen, dass Sie nicht werden können, was Sie ablehnen. Wenn Sie erfolgreiche Menschen verabscheuen, werden Sie selbst nie Erfolg haben. Wenn Sie Feindseligkeit gegenüber reichen Menschen empfinden und sie für habgierig, unehrlich oder egoistisch halten, werden Sie selbst nie reich sein. Warum? Weil Ihr Leben sich stets nach Ihrem Selbstbild entwickelt. Meditieren Sie über Ihre Überzeugungen im Allgemeinen und über Ihr Selbstwertgefühl in Verbindung mit Ihrer Frage im Besonderen.

Um zusätzliche Hinweise zur Klärung Ihrer Situation zu erhalten, werfen Sie dreimal eine Münze.

| 3 x Kopf = 116 | 3 x Zahl = 91 |
| 1 x Kopf und 2 x Zahl = 246 | 2 x Kopf und 1 x Zahl = 12 |

36
Fünf Übel

Nach dem Bukkyo Dendo Kyokai gibt es fünf Übel in der Welt. Das erste ist Grausamkeit. Jede Kreatur kämpft gegen eine andere. Die Starken greifen die Schwachen an, die Schwachen betrügen die Starken, überall ist Streit und Grausamkeit. Das zweite Übel besteht darin, dass die Rechte der Individuen nicht eindeutig abgegrenzt sind. Jeder strebt danach, der Größte zu sein und sich auf Kosten anderer zu bereichern. Jeder betrügt und vernichtet den anderen. Das dritte Übel ist das Fehlen klarer Grenzen im Umgang der Geschlechter miteinander. Jeder hat hin und wieder unreine und lüsterne Gedanken, die ihn zu fragwürdigen Handlungen und Auseinandersetzungen verleiten. Das vierte Übel ist die Neigung der Menschen, ihre eigene Bedeutung auf Kosten anderer herauszustreichen, mit ihrem Verhalten ein schlechtes Beispiel zu geben und durch unehrliches Reden andere zu betrügen, zu verleumden und zu missbrauchen. Das fünfte Übel ist die Neigung der Menschen, Ihre Pflichten anderen gegenüber zu vernachlässigen. Sie denken zu sehr an ihre eigene Bequemlichkeit, an ihre eigenen Wünsche; sie vergessen die Vorteile, die sie genossen haben, und sie bereiten anderen Menschen Verdruss, der oft zu weiterem Unrecht führt.

Meditieren Sie darüber, was eines oder alle dieser Übel mit Ihrer Frage und mit Ihrem Leben zu tun haben könnten.

Um zusätzliche Hinweise zur Klärung Ihrer Situation zu erhalten, werfen Sie dreimal eine Münze.

3 x Kopf = 25	3 x Zahl = 13
1 x Kopf und 2 x Zahl = 133	2 x Kopf und 1 x Zahl = 170

37

Im Jetzt leben

Sie existieren jetzt, und jetzt ist alles, was ist. Das Jetzt liegt außerhalb der Zeit. Es gibt keine Vergangenheit, in der Sie unvollkommen waren, und es wird nie eine Zukunft geben, in der Sie vollkommen sein werden. Solange Sie nicht akzeptieren, dass Sie nur im gegenwärtigen Jetzt existieren, werden Sie glauben, dass eine illusionäre Zukunft Ihnen Erfüllung bringt, wenn Sie nur die richtigen Maßnahmen ergreifen. Dieser Glaube zerstört die Erfahrung des Jetzt, und Sie leben weiter in der Illusion.

Dieser Moment gilt. Nichts ist verborgen. Alle Ihre Berechnungen und Hoffnungen und Pläne, all Ihre Träume aus der Vergangenheit von dem, was eines Tages sein wird – was ist daraus geworden? Dieser Augenblick! Er ist alles, was ist. Ihr ganzes Leben lang haben Sie für die Zukunft geplant. Aber in der Zukunft werden Sie sich nicht der Zukunft bewusst sein. Nur jetzt sind Sie sich ihrer bewusst. Denn Sie existieren nicht in der Zeit, sondern Sie existieren in Ihrem Selbst.

Machen Sie von der zeitlichen Komponente Gebrauch, aber lassen Sie sich von ihr nicht zu Handlungen verleiten, die dazu bestimmt sind, in einer Zukunft der Illusion Erfüllung zu finden. Leben Sie im Jetzt – erfüllt, vollkommen, friedvoll und harmonisch. Sie haben die Macht und die Fähigkeit dazu.

Um zusätzliche Hinweise zur Klärung Ihrer Situation zu erhalten, werfen Sie dreimal eine Münze.

3 x Kopf = 161	3 x Zahl = 59
1 x Kopf und 2 x Zahl = 154	2 x Kopf und 1 x Zahl = 206

38
Nichts suchen

Es gibt nichts zu suchen und nichts zu finden. Sie sind bereits erleuchtet, und alle Weisheit der Welt wird Ihnen nicht geben, was Sie schon haben. Der wahrhaft weise Suchende strebt danach, sich dessen, was bereits ist, bewusst zu werden, und das wahre Selbst zu finden, das unter der Angst aller bisherigen Leben begraben liegt.

Die Antworten, die Sie suchen, finden Sie in sich selbst, wenn Sie erkunden, wer Sie wirklich sind. Wahrscheinlich glauben Sie sich bereits zu kennen – doch wenn es so wäre, würden Sie in Frieden und Harmonie leben; Sie würden akzeptieren, was ist; Sie würden unveränderbare Realitäten ohne Widerstand hinnehmen. Ihr Geist wäre losgelöst, und Sie würden alle Freuden des Lebens genießen. Alles Negative würde durch Sie hindurchfließen, ohne Ihnen zu schaden. Sie würden Ihr Karma als philosophische Grundlage der Realität akzeptieren, und Sie wüssten, dass alles genau so ist, wie es sein soll – obwohl Sie es verbessern können. Sie würden verstehen, dass die Wirklichkeit das ist, was Sie erleben, und dass die Art und Weise, wie Sie das Leben empfinden, davon abhängt, wie Sie die Geschehnisse sehen. Ihr Standpunkt ist der entscheidende Faktor; er bestimmt, ob Sie Ihr Leben als harmonisch oder unharmonisch empfinden.

Um zusätzliche Hinweise zur Klärung Ihrer Situation zu erhalten, werfen Sie dreimal eine Münze.

| 3 x Kopf = 175 | 3 x Zahl = 95 |
| 1 x Kopf und 2 x Zahl = 208 | 2 x Kopf und 1 x Zahl = 123 |

39
Handeln

Sie treten in einen ausgleichenden Zyklus ein, der Ihnen große Möglichkeiten eröffnet, aber auch einige Risiken birgt. Der Ausgang hängt von Ihnen ab. Ihre Gefühle und Emotionen erzeugen Ihre Gedanken, die sich in Ihren Taten verkörpern. Darum ist das Chaos außerstande, Sie zu stören, wenn Ihr Tun die Frucht positiver, harmonischer Gefühle ist.

Was Ihnen bevorsteht, hängt wesentlich davon ab, welche Freunde und Gefährten Sie sich suchen. Es lohnt sich, die Motive und Wünsche der Menschen, die Ihnen am nächsten stehen, unter die Lupe zu nehmen. Mischen Sie sich aber nicht in ihre Ziele und Träume ein. Lassen Sie sich bei wichtigen Entscheidungen nicht von Emotionen leiten, und seien Sie in geschäftlichen Angelegenheiten äußerst vorsichtig. Wenn Sie Probleme mit anderen haben, lösen Sie die Konflikte mit bedingungsloser Liebe.

Selbsttäuschung macht Sie selbst oft zu Ihrem schlimmsten Feind. Aber Sie können sich auch Ihr bester Freund sein. Jetzt ist es an der Zeit, aus der Dunkelheit ins Licht des Sichselbstverstehens zu treten. Überlegen Sie, was Sie bisher erreicht haben, und erarbeiten Sie einen Aktionsplan, der Ihnen hilft, Ihre Ziele zu fördern.

Um zusätzliche Hinweise zur Klärung Ihrer Situation zu erhalten, werfen Sie dreimal eine Münze.

3 x Kopf = 8 3 x Zahl = 139
1 x Kopf und 2 x Zahl = 248 2 x Kopf und 1 x Zahl = 28

40
Innere Stärke

Es gibt zur Zeit keine Kompromissmöglichkeiten. Sie müssen Ihren Standpunkt selbstsicher verteidigen, indem Sie direkt und ehrlich reagieren und sich von den negativen Seiten der Situation lösen. Seien Sie bestimmt und bestehen Sie auf Ihrem Recht; aber seien Sie nicht aggressiv, und verletzen Sie nicht die Rechte anderer.

Stützen Sie sich auf Ihre innere Stärke, und erforschen Sie Ihre Motive. Jede absichtliche Handlung erzeugt Karma. Darum sollten Sie darauf achten, dass Sie sich im Einklang mit den Motiven und Wünschen hinter Ihren Gedanken, Worten und Taten befinden. Wie in jeder Konfliktsituation haben Sie auch jetzt die Gelegenheit, spirituell zu wachsen oder aber karmische Schuld auf sich zu laden.

Bewältigen Sie die Situation in der Art des Wassers. Ein Fels ist in einer Hinsicht stark, Wasser in anderer Hinsicht: Es fließt über Hindernisse hinweg, um sie herum und durch sie hindurch, ohne gegen sie anzukämpfen, und mit der Zeit trägt es Felsen ab und verwandelt sie zu Sand. Obgleich uns der Fels als stärker erscheint, wird er eines Tages verschwunden sein, das Wasser aber fließt weiter.

Um zusätzliche Hinweise zur Klärung Ihrer Situation zu erhalten, werfen Sie dreimal eine Münze.

3 x Kopf = 160	3 x Zahl = 246
1 x Kopf und 2 x Zahl = 151	2 x Kopf und 1 x Zahl = 53

41
Offenheit und Ehrlichkeit

Sie fühlen sich oft gestört, wenn andere sich einmischen. Sie verabscheuen das Eindringen in Ihre Privatsphäre und den damit verbundenen Zeitverlust. Je mehr Sie sich gegen diese Störungen wehren, desto häufiger müssen Sie sie erdulden, denn was Sie verabscheuen, ziehen Sie an. Wenn Sie die Furcht untersuchen, die damit verbunden ist, werden Sie feststellen, dass Ihre Unfähigkeit, mit der Situation fertigzuwerden, die Furcht hervorruft.

Um das Problem zu lösen, brauchen Sie nur offen und ehrlich zu sagen, was Sie wollen und was Sie nicht wollen. Fürchten Sie nicht, die Gefühle anderer zu verletzen. Wenn jemand Sie nicht so akzeptiert, wie Sie sind, sondern Sie zu manipulieren versucht, brauchen Sie diesen Menschen nicht.

Sind Sie nicht offen und ehrlich, verdrängen Sie, und die Verdrängung wird sich bald in irgendeiner Form entladen: Sie werden Ihren Ärger an einem Mitmenschen auslassen oder Hautausschlag, Kopfschmerzen oder andere körperliche Beschwerden bekommen. Verdrängung ist nichts weiter als ein Ausdruck der Furcht. Furcht ist eine negative Programmierung des Unterbewusstseins, die negative Ereignisse in der Zukunft hervorbringt. Das Leben ist harmonischer, wenn Sie offen und ehrlich sind. Sie können einem anderen kein größeres Geschenk machen, als sich so zu geben, wie Sie wirklich sind, und zwar ganz.

Um zusätzliche Hinweise zur Klärung Ihrer Situation zu erhalten, werfen Sie dreimal eine Münze.

| 3 x Kopf = 73 | 3 x Zahl = 176 |
| 1 x Kopf und 2 x Zahl = 200 | 2 x Kopf und 1 x Zahl = 20 |

42
Weisheit löscht Karma

Ihr Problem eröffnet eine einzigartige Chance, zu wachsen und negatives Karma zu vermeiden, wenn Sie umsichtig vorgehen.

Sie haben die Möglichkeit, Ihre Lektionen durch Liebe und positives Handeln zu lernen und Ihr Leiden zu lindern. Offenbar lernen wir aber am schnellsten, wenn wir leiden, also die Folgen unseres Tuns unmittelbar erleben müssen. Aus schmerzvoller Erfahrung in vielen Leben lernen wir schließlich, was wir dürfen und was nicht.

Wenn wir beispielsweise versuchen, Menschen zu manipulieren, die uns nahestehen, schaffen wir damit Beziehungsprobleme. Wenn wir genügend Beziehungen ruiniert haben, werden wir eines Tages – in diesem Leben oder in einem künftigen – intuitiv verstehen, dass wir andere Menschen so nehmen müssen, wie sie sind, ohne sie nach unseren Vorstellungen umformen zu wollen.

Denken Sie über die folgenden Alternativen in allen Bereichen Ihres Lebens nach: Egoismus/Teilen, Habgier/Selbstlosigkeit, Unehrlichkeit/Ehrlichkeit, verurteilen/nicht verurteilen, festhalten/loslassen, Vorwürfe machen/Verantwortung übernehmen, erwarten/akzeptieren.

Meditieren Sie darüber, was überlegtes Handeln mit Ihrer Frage zu tun hat und was Sie tun können, um Karma zu löschen.

Um zusätzliche Hinweise zur Klärung Ihrer Situation zu erhalten, werfen Sie dreimal eine Münze.

3 x Kopf = 20G	3 x Zahl = 54
1 x Kopf und 2 x Zahl = 79	2 x Kopf und 1 x Zahl = 6

43
Verantwortung

Sie müssen der Frage nachgehen, wem Sie Vorwürfe machen, wenn etwas nicht nach Ihrem Kopf geht. Vorwürfe sind ein Ausdruck des Selbstmitleids und, karmisch gesehen, unberechtigt. Ihre vergangenen Gedanken, Worte und Werke haben Ihre gegenwärtige Realität geschaffen – die gute wie die schlechte. Anders gesagt: Glück und Erfolg sind ebenso selbst verursacht wie Unglück und Misserfolg.

Karma ist ein absolut gerechtes Prinzip. Es ruft die Ereignisse und Erfahrungen hervor, die Ihnen helfen, Ihre Lektion zu lernen. Da Sie alles, was Ihnen widerfährt, karmisch verursacht haben, können Sie anderen keine Schuld zuweisen. Wenn ein geliebter Mensch Sie verlässt, so wird damit Karma aus diesem Leben oder aus einem früheren Leben ausgeglichen. Wenn ein Geschäftspartner Sie betrügt, gleicht er damit aus, was Sie in einer anderen Zeit und an einem anderen Ort getan haben. Wenn es in Ihrem Leben jemanden gibt, der Ihnen auf die Nerven geht, so ist dies nur eine Prüfung. Wenn Sie darauf angemessen reagieren, haben Sie Ihre Lektion gelernt und werden künftig wohl keine Prüfungen dieser Art mehr durchmachen müssen. Wenn Sie allerdings unangemessen reagieren, beschwören Sie damit ähnliche Prüfungen in der Zukunft herauf.

Sie und nur Sie allein sind für alles verantwortlich, was Ihnen widerfährt! Meditieren Sie über Ihre Selbstverantwortung, denn sie hat mit Ihrer Frage zu tun.

Um zusätzliche Hinweise zur Klärung Ihrer Situation zu erhalten, werfen Sie dreimal eine Münze.

3 x Kopf = 185	3 x Zahl = 151
1 x Kopf und 2 x Zahl = 25	2 x Kopf und 1 x Zahl = 204

44
Irdische Leidenschaften

Das Bukkyo Dendo Kyokai sagt: »Es ist unmöglich, sich von den Fesseln der irdischen Leidenschaften zu befreien. Angenommen, Sie fangen eine Schlange, ein Krokodil, einen Vogel, einen Hund, einen Fuchs und einen Affen – sechs Geschöpfe von sehr unterschiedlicher Natur. Sie binden sie mit einem starken Strick zusammen und lassen sie an der Leine gehen. Jede dieser sechs Kreaturen wird versuchen, auf ihre Weise zu ihrem Schlupfwinkel zurückzukehren: Die Schlange versucht, sich im Gras zu verstecken; das Krokodil strebt zum Wasser; der Vogel will sich in die Luft schwingen; der Hund sucht nach einem Dorf; den Fuchs zieht es in seinen Bau, und der Affe möchte auf einen Baum klettern. Da alle versuchen, ihren eigenen Weg zu gehen, wird es zum Kampf kommen, und da der Strick sie aneinanderbindet, schleift das stärkste Tier die anderen hinter sich her.

Wie die Geschöpfe in dieser Parabel wird der Mensch von den Begierden seiner sechs Sinne – Auge, Ohr, Nase, Zunge, Tastsinn und Gehirn – in verschiedene Richtungen getrieben und vom stärksten Trieb beherrscht. Wenn die sechs Kreaturen an einen Pfahl gebunden werden, versuchen sie, sich zu befreien, und wenn sie müde sind, legen sie sich neben dem Pfahl nieder. Und wenn der Mensch seinen Geist übt und beherrscht, werden die anderen fünf Sinne ihn nicht mehr belästigen.«

Meditieren Sie darüber, was diese Geschichte mit Ihrer Frage zu tun hat.

Um zusätzliche Hinweise zur Klärung Ihrer Situation zu erhalten, werfen Sie dreimal eine Münze.

3 x Kopf – 145	3 x Zahl = 73
1 x Kopf und 2 x Zahl = 81	2 x Kopf und 1 x Zahl = 35

45
Das größte Geschenk

Das größte Geschenk, das Sie einem anderen Menschen machen können, besteht darin, ihm Ihr wahres Ich zu zeigen. Auch wenn Sie sich dessen nicht bewusst sind, tragen Sie Masken, um zu verbergen, wer Sie wirklich sind. Jedes Mal, wenn Sie nicht sagen, was Sie sagen möchten, oder lächeln, wenn Sie nicht lächeln möchten, oder vorgeben, jemand zu sein, der Sie nicht sind, setzen Sie eine Maske auf. Der Grund dafür ist Angst. Es ist wichtig herauszufinden, wovor Sie Angst haben, und festzustellen, welchen Preis Sie dafür zahlen. Oft sind die Masken unnötig. Sie tragen sie nur aus Gewohnheit.

Es gibt Hunderte von Masken: Die Maske des Gestressten hilft Ihnen meist, etwas zu meiden – vielleicht unerwünschte persönliche Kontakte oder die häusliche Intimität. Die »Ach-ich-Ärmste(r)«-Maske gibt Ihnen etwas, worüber Sie reden können, und sorgt dafür, dass man Sie beachtet. Auch die Maske des geselligen Spaßmachers hilft Ihnen, echte Kontakte oder Intimität zu meiden, und verdeckt Ihre Unsicherheit. Übermäßig nette Menschen fühlen sich nicht wohl, wenn es anderen nicht gut geht, oder sie tragen diese Maske, um ihr Ego zu stärken.

Wenn Sie ehrlich und offen sind, brauchen Sie weder Masken zu tragen noch etwas zu verdrängen.

Meditieren Sie darüber, warum Sie Masken tragen, und machen Sie sich klar, dass eine Maske, die Schmerzen und Verluste abwehren soll, auch Freude abwehrt.

Um zusätzliche Hinweise zur Klärung Ihrer Situation zu erhalten, werfen Sie dreimal eine Münze.

3 x Kopf = 40	3 x Zahl = 159
1 x Kopf und 2 x Zahl = 53	2 x Kopf und 1 x Zahl = 246

46
Unsicherheit

Das Leben ist unsicher, und die Liebe ist unsicher. Während Ihres ganzen Lebens bewegen Sie sich stets vom Bekannten zum Unbekannten. Sie können gegen die Unsicherheit ankämpfen, aber das ist zwecklos. Unsicherheit gründet auf der Überzeugung, dass Sie nie genug haben: nie genug Liebe, nie genug Sex, nie genug Zeit, nie genug Macht, nie genug Erfolg, nie genug Zuwendung oder nie genug Sicherheit, dass Ihre Beziehung ewig dauern wird. Sie haben das Gefühl, dass etwas fehlt oder zeitlich begrenzt ist, und manchmal wissen Sie nicht einmal was.

Was aber wäre, wenn Sie totale Sicherheit erlangen könnten? Denken Sie darüber nach. Jeder, der ein wenig Sinn für Abenteuer, Spannung und Phantasie hat, würde sich langweilen. Ihr Leben wäre öde und banal. Es gäbe keine Herausforderungen, keine Lebendigkeit. Wenn Sie absolute Sicherheit hätten, würde die Langeweile wahrscheinlich Ihr Interesse an der Beziehung ersticken. Darum sind Ihre Ängste unlogisch: Wenn Sie bekämen, was Sie haben wollen, hätten Sie nichts davon.

Meditieren Sie über Ihr Bedürfnis nach Sicherheit, und erforschen Sie die Angst hinter diesem Wunsch. Bitten Sie darum, dass Ihnen die Ursachen Ihrer Angst in der Meditation oder im Traum offenbart werden.

Um zusätzliche Hinweise zur Klärung Ihrer Situation zu erhalten, werfen Sie dreimal eine Münze.

| 3 x Kopf = 16 | 3 x Zahl = 187 |
| 1 x Kopf und 2 x Zahl = 95 | 2 x Kopf und 1 x Zahl = 227 |

47
Eifersucht

Sie sind eifersüchtig? Sie haben panische Angst, dass der geliebte Mensch an der Beziehung nicht so interessiert ist, wie Sie möchten? Sie fühlen sich unvollkommen und glauben, nur die Beziehung könne Sie vollkommen machen? Denken Sie darüber nach. Sie müssen einsehen, dass Ihr Standpunkt unlogisch ist. Die Beziehung kann Sie nicht vollkommen machen. Übermäßig Eifersüchtige glauben oft, sie könnten ohne den anderen Menschen nicht weiterleben – doch das ist nicht logischer als die Hoffnung, durch den anderen vollkommen zu werden. Sie wissen, dass Sie überleben werden. Aber Ihre Eifersucht kann den geliebten Menschen vertreiben, denn Eifersucht ist immer maskierte Feindseligkeit.

Selbst wenn der geliebte Mensch tatsächlich untreu ist, müssen Sie sich damit abfinden, dass Sie ihn nicht ändern können, wenn er sich nicht ändern will. Manchmal ist eine Trennung die einzige Möglichkeit, verantwortungsbewusst gegenüber sich selbst zu sein. Wenn Sie aber beschließen, zusammenzubleiben, haben Sie keine andere Wahl, als den geliebten Menschen so zu akzeptieren, wie er ist.

Meditieren Sie im Lichte dieser Erkenntnis über Ihre Gefühle und über Ihre Fähigkeit, andere so zu nehmen, wie sie sind.

Um zusätzliche Hinweise zur Klärung Ihrer Situation zu erhalten, werfen Sie dreimal eine Münze.

3 x Kopf = 134	3 x Zahl = 205
1 x Kopf und 2 x Zahl = 101	2 x Kopf und 1 x Zahl = 63

48
Annehmen

Da Sie einen Menschen, der Ihnen auf die Nerven geht, nicht ändern können, bleibt Ihnen nichts anderes übrig, als ihn so zu akzeptieren, wie er ist. Er wird sich nicht ändern, das ist die Realität. Wenn Sie sich mit dem abfinden, was ist, werden Sie Frieden finden. Es ist unlogisch, sich zu ärgern, wenn es keinen Sinn hat. Die emotionale Belastung bewirkt lediglich eine negative Programmierung des Unterbewusstseins, die alles noch schlimmer macht.

Sie haben zwei Alternativen:

1. Sie regen sich über einen anderen auf, der sich nicht ändert.
2. Sie beschließen, sich nicht über einen anderen aufzuregen, der sich nicht ändert.

Das Ergebnis ist in beiden Fällen dasselbe, aber Sie haben die Wahl, Energie zu vergeuden oder nicht. Sie können sich von dem Problem lösen. Nur um recht zu behalten, weiter gegen etwas kämpfen, was Sie nicht ändern können, zerstört nicht den anderen, sondern Sie selbst.

Denken Sie darüber nach. Wenn Sie dann immer noch Schwierigkeiten haben, sich mit der Situation abzufinden, meditieren Sie über Ihr ungewöhnlich starkes Bedürfnis, recht zu behalten.

Um zusätzliche Hinweise zur Klärung Ihrer Situation zu erhalten, werfen Sie dreimal eine Münze.

| 3 x Kopf = 119 | 3 x Zahl = 136 |
| 1 x Kopf und 2 x Zahl = 42 | 2 x Kopf und 1 x Zahl = 24 |

49
Disharmonie

Die einzige Ursache karmischer Disharmonie ist Furcht. Furcht schließt alle Emotionen mit ein, die extrem negative Reaktionen auslösen oder Sie lähmen und vom Handeln abhalten, wenn Sie handeln sollten. Um die Furcht zu überwinden, kann eine der folgenden Maßnahmen (oder alle zusammen) notwendig sein:

1. Gestehen Sie sich die Existenz der Furcht ein.
2. Finden Sie heraus, warum Sie sich fürchten.
3. Stellen Sie fest, welche karmische Handlung notwendig ist, um die Furcht zu beseitigen (zum Beispiel Selbstvergebung oder Buße).
4. Schauen Sie der Furcht ins Gesicht und erleben Sie sie ohne Einschränkung.

Stellen Sie sich folgende wichtige Fragen zu Ihrer Furcht: Wem machen Sie Vorwürfe? Wen versuchen Sie zu beherrschen? Wer oder was macht Sie angespannt oder furchtsam? Gegen wen oder was kämpfen Sie an? Wen hassen Sie, oder wer ist Ihnen wirklich unsympathisch? Verlangen Sie nach Rache? Wer oder was macht Sie wütend? Auf wen sind Sie eifersüchtig? Wessen Zuneigung brauchen Sie? In welcher Hinsicht sind Sie besonders habgierig? Wo sind Sie besonders gehemmt? Was ruft Stress in Ihnen hervor? Wer oder was frustriert Sie? Wen beneiden Sie? Wen oder was möchten Sie unbedingt besitzen? Wer oder was macht Sie unsicher? Leiden Sie an Phobien?

Meditieren Sie darüber, was Ihre Frage und Ihre Bereitschaft, sie zu beantworten und Ihr Problem durch Handeln zu lösen, mit Ihrer Furcht zu tun haben.

Um zusätzliche Hinweise zur Klärung Ihrer Situation zu erhalten, werfen Sie dreimal eine Münze.

3 x Kopf = 174	3 x Zahl = 244
1 x Kopf und 2 x Zahl = 83	2 x Kopf und 1 x Zahl = 104

50
Chaos

Sie befinden sich zur Zeit inmitten eines Wirbelsturms. Ihre Umgebung ist chaotisch geworden, weil Sie sich mit immer mehr Dingen befassen und immer mehr Zeit, Energie und Platz brauchen, um die Ordnung zu bewahren. Das Chaos wird von Ihren persönlichen Beziehungen ausgelöst, oder es ist die Folge all dessen, was Sie interessiert oder womit Sie sich beschäftigen. Sie müssen sich aber damit abfinden, dass Sie einiges aufgeben müssen, um das zu bekommen, was Sie haben wollen.

Da Ihr Terminkalender voll ist, müssen Sie in einem Bereich Opfer bringen, um Platz in einem anderen zu schaffen. Es gibt nichts umsonst. Zur Zeit möchten Sie Ordnung und Seelenfrieden haben, weil die äußeren Umstände die Herrschaft über Sie erlangt haben. Der Schlüssel zum Erfolg ist Klarheit in Bezug auf Ihre Wünsche. Wenn Sie nicht genau wissen, was Sie wollen, wie können Sie dann erwarten, es zu bekommen? Sobald Sie Ihr Ziel deutlich vor Augen sehen, können Sie damit beginnen, auf Dinge zu verzichten, die Ihnen nichts bringen. Verlassen Sie sich dabei nicht auf andere, Sie müssen es selbst tun. Achten Sie sorgfältig auf Einzelheiten, und fangen Sie an, die Realität zu erschaffen, die Ihren Wünschen entspricht.

Meditieren Sie darüber, was diese Gedanken mit Ihrer Frage zu tun haben. Planen und visualisieren Sie eine friedliche, harmonische Umgebung.

Um zusätzliche Hinweise zur Klärung Ihrer Situation zu erhalten, werfen Sie dreimal eine Münze.

| 3 x Kopf = 176 | 3 x Zahl = 106 |
| 1 x Kopf und 2 x Zahl = 65 | 2 x Kopf und 1 x Zahl = 77 |

51

Verhaltensänderung

Wie jeder Mensch auf diesem Planeten brauchen Sie das Gefühl, dass Sie sich selbst und anderen etwas bedeuten. Das erfordert angemessene Verhaltensnormen und die Bereitschaft, falsches Verhalten zu korrigieren. Wenn Ihr Verhalten nicht Ihren eigenen Normen entspricht, müssen Sie es ändern – andernfalls werden Sie sich unbewusst selbst bestrafen, indem Sie seelische Symptome hervorrufen, die Aggressionen oder körperliche Beschwerden auslösen können.

Prüfen Sie, ob Ihr Verhalten vorteilhaft für Sie ist. Falls es Disharmonie erzeugt, müssen Sie es ändern. Änderungen im Verhalten führen rasch zu einer Änderung der Einstellung, und das kann Sie ans Ziel Ihrer Wünsche bringen. Sie brauchen nicht Ihre Gefühle zu ändern, wenn Sie bereit sind, Ihr Verhalten zu ändern. Veränderung beginnt mit Aktivität. Karma bedeutet Handeln, und kluges Handeln löst Karma.

Sie können nur ändern, was Sie erkannt und akzeptiert haben. Da jedes unharmonische Verhalten auf Furcht zurückgeht, sollten Sie Ihre Selbsterforschung mit vier wichtigen Fragen beginnen:

1. Wovor fürchte ich mich wirklich?
2. Welche unbefriedigten Bedürfnisse habe ich?
3. Wodurch erzeuge ich Disharmonie?
4. Wie kann ich durch eine Verhaltensänderung mehr Harmonie schaffen?

Um zusätzliche Hinweise zur Klärung Ihrer Situation zu erhalten, werfen Sie dreimal eine Münze.

3 x Kopf = 170   3 x Zahl = 169
1 x Kopf und 2 x Zahl = 202 2 x Kopf und 1 x Zahl = 126

52
Die Suche nach Glück

Sie wünschen sich so sehr, glücklich zu sein, aber können Sie Glück finden, indem Sie danach suchen? Wahres Glück kommt von innen; es ist die natürliche Folge dessen, was Sie im Leben tun. Je mehr Freude Sie anderen bereiten, desto mehr Freude kommt zu Ihnen zurück. Wenn das, was Sie bisher getan haben, nicht das Glück hervorgebracht hat, nach dem Sie sich sehnen, ist es an der Zeit, Ihre Strategie zu ändern. Hören Sie auf zu suchen. Hören Sie auf, sich zu sehnen. Geben Sie. Seien Sie gütig. Geben Sie – sich selbst und das, was Sie haben. Geben Sie es ohne Bedingungen, und Sie werden es hundertfach zurückbekommen. Alles im Leben kehrt zu Ihnen zurück.

Unter Ihrer Angst und Unsicherheit liegt Ihre wahre Natur verborgen: reine Freude. In der äußeren Welt gibt es nichts, was Sie erlangen können; aber in Ihrem Inneren ist etwas, was Sie vergessen haben – Ihr wahres Wesen, das, was Sie sind und was Sie Ihrer Bestimmung nach sein sollen.

Sobald Sie Ihr Glück mit dem Glück anderer vergleichen, werden Sie leicht unzufrieden. Dieser Vergleich ist sinnlos, da er von Ihrem Ego ausgeht. Sie können nicht wissen, was andere vom Leben haben. Jeder Mensch ist einzigartig. Wer alles zu haben scheint, ist vielleicht außerstande, sich an etwas Einfachem zu erfreuen, so wie Sie vielleicht die ersten Frühlingsblüten genießen. Wenn Sie aufhören, Vergleiche anzustellen, werden Sie Ihr wahres, von Freude erfülltes Wesen erleben können.

Um zusätzliche Hinweise zur Klärung Ihrer Situation zu erhalten, werfen Sie dreimal eine Münze.

| 3 x Kopf = 156 | 3 x Zahl = 34 |
| 1 x Kopf und 2 x Zahl = 168 | 2 x Kopf und 1 x Zahl = 193 |

53

Der freie Wille

Obwohl viele Ereignisse in Ihrem Leben astrologisch vorherbestimmt sind, haben Sie immer den freien Willen, die Folgen zu mildern oder völlig aufzuheben. Der Weg, den Sie gehen, hängt von zwei Faktoren ab:

1. Wie Sie bis zu dem vorherbestimmten Ereignis gelebt haben. Handeln Sie ehrlich und mitfühlend, verzeihen anderen und sind positiv und liebevoll, können Sie das Gesetz der Gnade anrufen, das dem Gesetz des Karmas übergeordnet ist.
2. Wie weit Sie sich selbst verwirklicht haben. Je bewusster Sie sind, desto weniger werden Sie von äußeren Ereignissen berührt, denn Ihre Bewusstheit versetzt Sie in die Lage, negative Energie durch sich hindurchfließen zu lassen, ohne dass sie Ihnen schadet.

Unabhängig von den Ereignissen haben Sie stets die Möglichkeit, die Reaktion darauf frei zu wählen. Ihre Reaktion zeigt, ob Sie in der Zukunft weitere Lektionen benötigen.

Überlegen Sie, was diese Gedanken mit Ihrer Frage zu tun haben und wie Sie Ihre Reaktionen auf die Schwierigkeiten in Ihrem Leben verbessern können.

Um zusätzliche Hinweise zur Klärung Ihrer Situation zu erhalten, werfen Sie dreimal eine Münze.

| 3 x Kopf = 47 | 3 x Zahl = 62 |
| 1 x Kopf und 2 x Zahl = 115 | 2 x Kopf und 1 x Zahl = 166 |

54
Äußere Dinge

Das Bukkyo Dendo Kyokai erzählt eine Geschichte aus einer Zeit, als Buddha in der Stadt Kosambi weilte.

In dieser Stadt lebte ein Mann, der Buddha hasste und der schlechte Menschen bestach, damit sie falsche Gerüchte verbreiteten. Unter diesen Umständen fiel es Buddhas Jüngern schwer, genügend Essen zu erbetteln, und sie mussten in dieser Stadt viel leiden.

Ananda sprach zu Buddha: »Wir sollten nicht an einem Ort wie diesem bleiben. Es gibt andere und bessere Städte, in die wir gehen können. Lass uns diese Stadt verlassen!«

Der Erhabene erwiderte: »Angenommen, die nächste Stadt ist wie diese, was sollen wir dann tun?«

»Dann gehen wir in eine andere.«

»Nein, Ananda«, erklärte der Erhabene, »das wäre eine endlose Wanderschaft. Wir bleiben hier und ertragen geduldig alle Beschimpfungen, bis sie aufhören; dann gehen wir an einen anderen Ort. In dieser Welt gibt es Gewinn und Verlust, Schande und Ehre, Lob und Tadel, Leid und Freude. Der Erleuchtete bleibt von diesen äußeren Dingen unberührt; sie vergehen so rasch, wie sie gekommen sind.«

Meditieren Sie darüber, was diese Geschichte mit Ihrer Frage zu tun hat und wie Sie bestimmten Situationen aus dem Weg gehen, statt sie zu meistern.

Um zusätzliche Hinweise zur Klärung Ihrer Situation zu erhalten, werfen Sie dreimal eine Münze.

3 x Kopf = 61	3 x Zahl = 14
1 x Kopf und 2 x Zahl = 70	2 x Kopf und 1 x Zahl = 101

55

Das Gesetz der Anziehung

Energie folgt der Aufmerksamkeit, das heißt, Ihre Energie fließt dort hin, wohin Ihre Aufmerksamkeit geht. Sie ziehen an, was Sie sind und worauf Sie sich konzentrieren. Sind Sie negativ, ziehen Sie Negatives an und durchleben es. Sind Sie liebevoll, ziehen Sie Liebe an und erfahren sie. Sie können nur anziehen, was Sie besitzen. Wenn Sie Frieden und Harmonie in Ihr Leben bringen wollen, müssen Sie friedlich und harmonisch werden.

Prüfen Sie, was Sie in jedem der folgenden Bereiche erstreben:

1. In Ihrer wichtigsten Beziehung.
2. In Ihrem Liebesleben.
3. In Ihrem Verhältnis zur Familie.
4. In Ihren Freundschaften.
5. Im Beruf.
6. In Ihrem Streben nach Erfolg.
7. In Geldangelegenheiten.
8. In Ihrem schöpferischen Wirken.
9. In Ihrer Freizeit.
10. In Ihrer Spiritualität.

Falls Sie mit einem dieser Bereiche unzufrieden sind, können Sie das Gesetz der Anziehung anwenden, um die gewünschten Veränderungen herbeizuführen. Das bedeutet, Sie müssen in dem betreffenden Bereich mehr positive Energie einsetzen und sich intensiver um Erfolg bemühen. Vielleicht müssen Sie sich sogar ändern, damit Sie die Qualität widerspiegeln, die Sie anziehen möchten. Meditieren Sie darüber, inwiefern das Gesetz der Anziehung zu Ihrer Frage passt und zu Ihrem Willen zur Veränderung, um das Erstrebte zu erlangen.

Um zusätzliche Hinweise zur Klärung Ihrer Situation zu erhalten, werfen Sie dreimal eine Münze.

3 x Kopf = 107	3 x Zahl = 166
1 x Kopf und 2 x Zahl = 216	2 x Kopf und 1 x Zahl = 18

56
Der Spiegel

Ihre Mitmenschen fungieren als Spiegel, in denen Sie sich selbst sehen können. Die Charakterzüge anderer Menschen – positive wie negative –, auf die Sie ansprechen, finden Sie auch in sich selbst. Die Spiegel wirken in vierfacher Weise:

1. Was Sie an anderen bewundern, liegt auch in Ihnen.
2. Was Ihnen an anderen missfällt und heftige Abwehrreaktionen in Ihnen auslöst, ist mit Sicherheit auch in Ihnen vorhanden.
3. Von dem, was Ihnen an anderen missfällt, fürchten Sie, Sie könnten es selbst haben.
4. Was Ihnen an Ihnen selbst missfällt, stößt Sie auch bei anderen ab.

Sie haben beschlossen, sich auf der irdischen Ebene zu inkarnieren, um zu lernen, wie Sie sich von den Folgen der Furcht befreien können. Diese Furcht spiegelt sich immer in Ihren Reaktionen auf andere Menschen wider. Gelingt es Ihnen, sich von Ihrer Furcht zu lösen, werden Sie eher fähig sein, bedingungslos zu lieben.

Untersuchen Sie, was der Spiegel Ihnen über Ihr derzeitiges Leben sagt. Was können Sie lernen, wenn Sie sich in anderen Menschen sehen?

Um zusätzliche Hinweise zur Klärung Ihrer Situation zu erhalten, werfen Sie dreimal eine Münze.

3 x Kopf = 177   3 x Zahl = 96
1 x Kopf und 2 x Zahl = 38   2 x Kopf und 1 x Zahl = 14

57
Göttliche Ordnung

Wenn Sie die göttliche Ordnung verstehen wollen, brauchen Sie sich nur die Harmonie der Natur anzusehen, denn sie ist Teil der göttlichen Ordnung. Alles ist so, wie es sein soll, auch wenn die Menschheit weit davon entfernt ist zu erkennen, dass sie in völliger Harmonie leben könnte. Es gibt keine Zufälle. Ihre Energie, in Gedanken, Worte, Emotionen und Taten umgewandelt, verursacht alles, was geschieht. Sie haben somit immer ausreichend Gelegenheit, zu lernen und Ihr Karma abzutragen. Genauso entsteht durch die kollektiven Gedanken, Worte, Emotionen und Taten der anderen unser aller Umwelt.

Wenn genügend Seelen ihre Energie auf Frieden konzentrieren, werden wir Frieden haben. Wenn die Mehrzahl der Seelen mit Wut erfüllt ist, können daraus Kriege entstehen. Die Menschheit bildet als Ganzes eine Einheit. Und ebenso wie die überwiegende Mehrheit unserer vielen in uns vorhandenen Subpersönlichkeiten unser Leben bestimmt, so werden auch die überwiegenden Gedankenausrichtungen der Menschheit unser Gruppenkarma bestimmen.

Meditieren Sie darüber, was die göttliche Ordnung mit Ihrer Frage zu tun hat und wie Sie diese Erkenntnisse nutzen können, um das Richtige zu tun und das Gewünschte zu bekommen. Denken Sie auch an Ihre kollektiven Gedanken, Worte, Emotionen und Taten. Sind sie alles in allem friedlich und liebevoll, neutral oder zornig und negativ?

Um zusätzliche Hinweise zur Klärung Ihrer Situation zu erhalten, werfen Sie dreimal eine Münze.

3 x Kopf = 34	3 x Zahl = 138
1 x Kopf und 2 x Zahl = 89	2 x Kopf und 1 x Zahl = 28

58

Begegnung

Der Kosmos bringt viele von uns zusammen, die gleiche Interessen, Anliegen oder Ziele haben – Menschen, mit denen wir in früheren Leben verbunden waren. Wenn Sie Ihre Energie mit der Energie anderer verbinden, können Sie sich und dem größeren Ganzen besser dienen. Vielleicht fühlen Sie sich zu bestimmten Menschen besonders hingezogen. Wehren Sie sich nicht dagegen, es ist so bestimmt. Wenn sich eine Gruppe von Gleichgesinnten herauskristallisiert, bemühen Sie sich um Einigkeit und hüten Sie sich vor Disharmonie. Sie könnte zu neuer karmischer Schuld führen und das Interesse am gemeinsamen Ziel schwächen.

Die Menschen, die in diesem Leben für Sie wichtig sind, hatten auch in früheren Leben eine große Bedeutung für Sie. Sie haben sich jetzt zur gleichen Zeit inkarniert, um voneinander zu lernen und neue Wege zu finden, wie sie ihr schöpferisches Potenzial ausdrücken können. Unsichtbare Helfer, Ihr eigenes Unterbewusstsein, Ihre Intuition und Ihre außersinnlichen Fähigkeiten leiten Sie, wenn es darum geht, einander wiederzufinden. Sobald Sie mit Ihren Gefährten zusammen sind, kommen ungelernte Lektionen aus der Vergangenheit ans Licht, damit sie durchgearbeitet werden und letztlich das Karma aller Beteiligten ausgleichen und deren Dharma erfüllen.

Solange Sie nicht aus der Vergangenheit gelernt haben, müssen Sie sie immer wieder durchleben. Lernen heißt, sich erinnern und die Vergangenheit überwinden.

Um zusätzliche Hinweise zur Klärung Ihrer Situation zu erhalten, werfen Sie dreimal eine Münze.

3 x Kopf = 117   3 x Zahl = 18
1 x Kopf und 2 x Zahl = 203   2 x Kopf und 1 x Zahl = 194

59
Dharma

Karma ist das vorherbestimmte Schicksal des Menschen, Dharma ist das rechte Tun. Beim Kartenspiel wäre Karma das Blatt, das Ihnen zugeteilt wird, und Dharma die Art und Weise, wie Sie das Blatt spielen. Sie sind nicht an ein bereits festgelegtes Schicksal gebunden. Sie können die Karten geschickt oder ungeschickt einsetzen. Erfolg oder Misserfolg hängen also von Ihnen ab. Was Sie lernen, wonach Sie streben, welche Fähigkeiten Sie erwerben – alles bestimmt letzten Endes darüber, was Sie aus Ihrem Leben machen. Was Ihnen zugeteilt wird, ist nicht allein entscheidend.

Sie können Dharma auch als Verpflichtung gegenüber sich selbst und der Gesellschaft auffassen. Wenn Sie Ihrer Natur folgen, erfüllen Sie Ihre Aufgabe auf Erden und gelangen auf eine höhere Bewusstseinsebene. Ihr Karma schult Sie durch Erfahrung, um den Charakter hervorzubringen, den Sie benötigen, um Ihr Dharma zu erfüllen. Natürlich steht es Ihnen immer frei, Ihr Dharma nicht zu erfüllen.

Wie steht Ihre Frage in Verbindung mit der karmischen Notwendigkeit, Ihr Dharma zu erfüllen? Meditieren Sie darüber, und bitten Sie um Aufklärung in Ihren Träumen.

Um zusätzliche Hinweise zur Klärung Ihrer Situation zu erhalten, werfen Sie dreimal eine Münze.

3 x Kopf = 174	3 x Zahl = 77
1 x Kopf und 2 x Zahl = 202	2 x Kopf und 1 x Zahl = 14

60

Selbstbeherrschung

In Ihrem Herzen wissen Sie jederzeit, was richtig ist, doch Ihre Sinne möchten sich in diesem Moment wohlfühlen. Sie haben eine Diät begonnen, aber Sie sehnen sich nach etwas Süßem, und darum essen Sie einen leckeren Nachtisch. Momentan ist das angenehm, doch die langfristige Folge ist Übergewicht. Sie geraten in sexuelle Erregung und beginnen eine Affäre, die Ihr Leben aufregender macht, aber Ihre Ehe zerstören kann.

Ihre Sinne ziehen den sofortigen Genuss stets der langfristigen Befriedigung vor; sie interessieren sich nur für die unmittelbare Folge einer Tat, nicht für das, was danach kommt. Ihr Verhalten wird von der positiven oder negativen Verstärkung bestimmt, die dem Handeln unmittelbar folgt. Jedes Mal, wenn Sie Ihren Sinnen nachgeben, wächst die Wahrscheinlichkeit, dass Sie künftig wieder schwach werden.

Lassen Sie sich vom Wunsch Ihrer Sinne nach sofortiger Befriedigung beherrschen, gerät Ihr Leben auf die schiefe Bahn. Sie können sie nur im Zaum halten, wenn Sie verstehen, wie sie gegen Sie arbeiten. Erst dann können Sie Absprachen mit sich selbst treffen und einhalten. Entweder Sie haben Erfolg im Leben, oder Sie suchen nach Ausreden, um zu erklären, warum Sie nicht erfolgreich sind.

Um zusätzliche Hinweise zur Klärung Ihrer Situation zu erhalten, werfen Sie dreimal eine Münze.

3 x Kopf = 153	3 x Zahl = 79
1 x Kopf und 2 x Zahl = 212	2 x Kopf und 1 x Zahl = 49

61
Andere ändern

Der Mensch, den Sie ändern möchten, ist so, wie er ist, in Ordnung. Das Problem sind Sie selbst. Manchmal ist ein Wechsel der Umgebung die einzig mögliche verantwortungsbewusste Lösung. Wenn Sie Ihre Beziehung jedoch aufrechterhalten wollen, können Sie das Problem nur lösen, indem Sie Ihren Standpunkt ändern, denn Ihre Reaktionen auf das, was der andere sagt und tut, rufen das Problem hervor. Es ist nicht der andere, der Sie veranlasst zu reagieren, sondern Sie reagieren, weil Sie meinen, er solle sich ändern. Sie möchten jemanden so umformen, dass er Ihren Vorstellungen entspricht.

Sie glauben zwar, Sie müssten sich ärgern, aber Sie sind durchaus imstande, damit aufzuhören, wenn Sie einsehen, dass der Ärger sinnlos ist, und Sie nicht mehr reagieren. Jetzt, in diesem Augenblick, spielen Sie die Rolle des Opfers und warten immer noch auf eine Veränderung. Aber Menschen ändern sich nicht – wenn sie sich nicht ändern wollen.

Andere haben das Recht, so zu sein, wie sie sind, und Sie haben das Recht, sich nicht daran zu stören. Wenn Sie Ihren Standpunkt ändern, können Sie auch Ihre Einstellung zu diesem Teil Ihres Lebens ändern. Sobald das Problem Sie nicht mehr belästigt, haben Sie kein Problem mehr, selbst wenn nicht die Situation, sondern nur Ihr Blickwinkel sich geändert hat.

Um zusätzliche Hinweise zur Klärung Ihrer Situation zu erhalten, werfen Sie dreimal eine Münze.

| 3 x Kopf = 225 | 3 x Zahl = 196 |
| 1 x Kopf und 2 x Zahl = 166 | 2 x Kopf und 1 x Zahl = 49 |

62
Seifenopern

Wir alle verfügen über Seifenopern, rührselige Klagegeschichten, die wir in der einen oder anderen Form so oft wiederholen, bis wir sie erzählen können, ohne zu denken. Es sind Tonbänder, die wir bei jeder Gelegenheit abspielen.

Hier sind einige Beispiele: »Ich bin unterbezahlt, und man würdigt meine Arbeit nicht genügend.« »Meine Freundin und ich haben ein astrologisches Problem, weil ein Widder eben nicht zu einem Steinbock passt.« »Ich habe ein schlechtes Karma.« »Mein Mann nimmt mich nie irgendwohin mit.« »Meine Frau gibt mir nicht genug Sex.« »Mein Mann will immer nur Sex.« »Meine Frau versteht mich nicht.« »Es ist eben mein Schicksal. Meine Eltern hatten nie Geld, also werde ich auch nie welches haben.«

Wer Sie gut kennt, kennt auch Ihre Seifenopern. Man hat sie so oft gehört, dass man sie wahrscheinlich Wort für Wort wiederholen könnte, umgekehrt ebenso. Welches ist Ihre beliebteste Seifenoper, Ihre häufigste Klage? Wann lassen Sie sie ablaufen, und wer ist das bevorzugte Publikum? Der Ehepartner, Freunde, Mitarbeiter, Verwandte, Fremde, Ihre Kinder?

Es ist Zeit, sich klarzumachen, dass Sie jedes Mal, wenn Sie jemandem Ihre Seifenoper erzählen, Ihr Unterbewusstsein mit negativer Energie laden. Jeder negative Gedanke setzt eine Ursache-Wirkung-Reaktion in Gang, die dafür sorgt, dass Sie die betreffende negative Erfahrung auch in Zukunft machen werden. Meditieren Sie darüber, was diese negativen Gedankenmuster mit Ihrer Frage zu tun haben.

Um zusätzliche Hinweise zur Klärung Ihrer Situation zu erhalten, werfen Sie dreimal eine Münze.

3 x Kopf = 234	3 x Zahl = 206
1 x Kopf und 2 x Zahl = 57	2 x Kopf und 1 x Zahl = 178

63

Aktion und Reaktion

Das Bukkyo Dendo Kyokai sagt: »Jedes Mal, wenn ein Mensch einen Gedanken in die Tat umsetzt, löst er damit eine Reaktion aus. Wenn jemand Sie beschimpft, sind Sie versucht, ebenso zu reagieren oder sich zu rächen. Sie sollten sich vor dieser natürlichen Reaktion hüten. Sie ist genauso unsinnig, wie gegen den Wind zu spucken. Es schadet niemand, außer Ihnen selbst. Das Unglück trifft immer den, der seinen Gelüsten nach Rache nachgibt.

Sie sollten sich vom Egoismus befreien und ihn durch den aufrichtigen Wunsch, anderen zu helfen, ersetzen. Wenn Sie einen anderen Menschen glücklich machen, inspirieren Sie ihn, ebenfalls jemanden glücklich zu machen. Mit einer einzigen Kerze können Sie Tausende von Kerzen entzünden, ohne das Leben der Kerze zu verkürzen. Sie werden nicht weniger glücklich, wenn Sie Ihr Glück mit anderen teilen.«

Da Ihre Frage einen Gedanken betrifft, den Sie gerade in die Tat umsetzen wollen, sollten Sie die möglichen Folgen sorgfältig gegeneinander abwägen. Wie werden Sie auf die Reaktionen anderer reagieren? Könnten Sie sich dadurch selbst Schaden zufügen? Wie können Sie andere in diesem Fall glücklich machen?

Meditieren Sie darüber und über ein Resultat zum Besten aller Beteiligten.

Um zusätzliche Hinweise zur Klärung Ihrer Situation zu erhalten, werfen Sie dreimal eine Münze.

3 x Kopf = 152	3 x Zahl = 7
1 x Kopf und 2 x Zahl = 44	2 x Kopf und 1 x Zahl = 205

64

Furcht und Beziehungen

Meistens ist das, was als Liebe gilt, Furcht. Sie zeigt sich in Eifersucht, Habsucht, Neid, Frustration, Sorge. Das alles ist nicht Liebe. Sie glauben sicherlich, man müsste verliebt sein, um eine erfolgreiche Beziehung eingehen zu können. Aber bei den meisten Menschen haben Beziehungen nichts mit Liebe zu tun.

Machen Sie sich eines klar: Je mehr Sie sich gegeneinander wehren, desto enger binden Sie sich. Die Bindung mag zwar eine negative sein, dennoch ist es eine Bindung. Solange Sie gegen etwas ankämpfen, sind Sie daran gefesselt, und sein Einfluss auf Ihr Leben bleibt bestehen. Wenn Sie mit Ihrem Partner streiten, tun Sie dies in der Annahme, er habe ein Interesse an Ihnen, weil er sich sonst nicht zu einer Reaktion herablassen würde.

Sie sollten untersuchen, was Ihnen diese Beziehung nützt. Welche Furcht hat den Streit ausgelöst? Welche unbefriedigten Bedürfnisse haben Sie beide? Was tun Sie beide, um die Disharmonie hervorzurufen? Wie können Sie beide mehr Harmonie schaffen? Was soll zwischen Ihnen beiden geschehen (entscheidend ist, was Sie sich tief im Herzen wünschen)?

Um zusätzliche Hinweise zur Klärung Ihrer Situation zu erhalten, werfen Sie dreimal eine Münze.

3 x Kopf = 34
1 x Kopf und 2 x Zahl = 2

3 x Zahl = 143
2 x Kopf und 1 x Zahl = 244

65
Völlige Hingabe

Osho erzählte eine Geschichte über den Goldrausch in Colorado. Menschen strömten aus der ganzen Welt herbei, um reich zu werden. Ein Multimillionär verkaufte alles, was er besaß, um einen ganzen Berg zu kaufen und ein umfangreiches Unternehmen nach dem neuesten Stand der Schürftechnik finanzieren zu können. Lange Zeit arbeitete er hart, ohne Gold zu finden. Schließlich geriet er in Panik und fürchtete, sein Vermögen verschleudert zu haben und am Ende mittellos dazustehen.

Darum bot er den Berg und sein Unternehmen zum Kauf an und hoffte, wenigstens einen Teil seines Geldes zu retten. Seine Familie fragte ihn: »Wer wird das alles kaufen, wenn er sieht, dass du gescheitert bist?«

Aber es kam tatsächlich ein Käufer, und kaum war der Vertrag unterzeichnet, fragte der ursprüngliche Eigentümer: »Warum haben Sie diesen Berg gekauft, obwohl ich kein Gold gefunden habe und er mich beinahe ruiniert hätte?«

»Niemand kann im Leben alles im Voraus wissen«, erwiderte der Käufer. »Vielleicht haben Sie nicht tief genug gegraben.« Einige Wochen später stieß er auf Gold – nur dreißig Zentimeter unter den bisherigen Grabungen. Der frühere Eigentümer kam, um seinem Nachfolger zu seinem Glück zu gratulieren. Aber der neue Eigentümer sagte: »Es war kein Glück. Sie haben nicht alles gegeben, was Sie geben konnten. Sie haben resigniert, als Sie tiefer hätten graben sollen.«

Meditieren Sie darüber, was Ihre Fähigkeit, sich mit völliger Hingabe Ihren Zielen zu widmen, mit Ihrer Frage zu tun hat.

Um zusätzliche Hinweise zur Klärung Ihrer Situation zu erhalten, werfen Sie dreimal eine Münze.

3 x Kopf = 120	3 x Zahl = 85
1 x Kopf und 2 x Zahl = 158	2 x Kopf und 1 x Zahl = 46

Transformation

Sie möchten Ihr Leben transformieren. Transformation bedeutet im wörtlichen Sinne, die von der Form auferlegten Grenzen zu überschreiten. Sie ist eine Methode, dieselbe Form mit einem anderen Wesen zu erfüllen. Einen Pfirsich in eine Birne zu verwandeln, wäre keine Transformation. Aber einen Pfirsich in einen Pfirsich zu verwandeln, der wie eine Birne schmeckt, wäre eine Transformation. Für einen transformierten Menschen bleibt die Welt so, wie sie immer war. Auch die unmittelbaren Lebensumstände ändern sich nicht. Was sich geändert hat, ist der Standpunkt, den dieser Mensch gegenüber den Verhältnissen einnimmt, und die Art und Weise, wie er die Welt sieht. Die Verhältnisse selbst bleiben gleich.

Was müssen Sie tun, um eine Transformation herbeizuführen?

1. Akzeptieren Sie das Karma als philosophische Grundlage der Realität. Damit erkennen Sie an, dass alles so ist, wie es sein soll, obgleich Sie die Macht haben, es zu ändern.

2. Akzeptieren Sie das, was ist. Das bedeutet, alles, was Sie nicht ändern können, widerstandslos hinzunehmen. Ihr Widerstand gegen das, was ist, hat dazu geführt, dass Sie leiden.

Wenn Sie sich mit diesen Gegebenheiten abfinden, transformieren Sie Ihre Einstellung und können sich bewusst vom Negativen lösen. Dann wird die negative Energie einfach durch Sie hindurchfließen, ohne Ihnen zu schaden.

Um zusätzliche Hinweise zur Klärung Ihrer Situation zu erhalten, werfen Sie dreimal eine Münze.

3 x Kopf = 69	3 x Zahl = 15
1 x Kopf und 2 x Zahl = 236	2 x Kopf und 1 x Zahl = 48

67
Grenzüberschreitung

Sie und nur Sie haben die Grenzen gezogen, an die Sie jetzt stoßen. Fortschritte und Wachstum scheinen blockiert zu sein, und es hat sich allgemeine Schwäche ausgebreitet. Es ist wichtig, dass Sie die Widerstände und Grenzen erkennen und ihre Ursachen ausfindig machen. Falls alte karmische Schuld die tiefere Ursache ist, seien Sie sich dessen bewusst, dass richtiges Handeln Karma auslöscht. Sie brauchen unter alten Fehlern nur so lange zu leiden, bis Sie daraus gelernt haben. Wenn Sie aufmerksam sind, werden sich bald Gelegenheiten bieten, die Grenzen zu überschreiten. Zögern Sie nicht, wenn die Zeit gekommen ist, denn es kann lange dauern, bis Sie wieder die Chance haben, sich zu befreien.

Welchen sinnvollen Tätigkeiten können Sie nachgehen, während Sie darauf warten, dass die kosmischen Kräfte Ihnen wieder ihre Gunst schenken? Wie können Sie sich auf die neuen Herausforderungen vorbereiten, die auftreten werden, wenn die jetzigen Bedingungen den neuen Möglichkeiten Platz gemacht haben?

Meditieren Sie, um Kraft zu sammeln, und nehmen Sie bereitwillig die Hilfe Ihrer Führer und Lehrer an.

Um zusätzliche Hinweise zur Klärung Ihrer Situation zu erhalten, werfen Sie dreimal eine Münze.

| 3 x Kopf = 229 | 3 x Zahl = 42 |
| 1 x Kopf und 2 x Zahl = 141 | 2 x Kopf und 1 x Zahl = 27 |

68
Egoismus

Jeder ist egoistisch. Sie handeln immer im eigenen Interesse. Vielleicht möchten Sie nicht so sein, aber so sind Sie.

Selbst wenn Sie sich für Ihre Kinder aufopfern, versuchen Sie damit nur, Ihren Vorstellungen von einem guten Vater oder einer guten Mutter zu entsprechen. Sie könnten nicht mit dem Gedanken leben, ein schlechter Vater oder eine schlechte Mutter zu sein.

Warum helfen Sie einem Freund? Vielleicht deswegen, weil Sie den egoistischen Wunsch verspüren, Ihr Freund möge für Sie da sein, wenn Sie sich jemals in einer ähnlichen Situation befinden sollten. Warum riskieren Sie Ihr Leben, um einen Fremden zu retten? Vielleicht weil Sie nicht mit dem Gedanken leben könnten, feige zu sein. Spenden für wohltätige Zwecke sind für Menschen mit Geld eine Methode, Schuldgefühle und die Angst vor dem Verlust zu lindern.

Richtig, in dieser Welt müssen Sie geben, um zu bekommen. Spielen Sie aber nicht den Selbstlosen, um Ihr Selbstwertgefühl zu steigern, denn wenn Sie Anerkennung und Wertschätzung erwarten, rufen Sie ebenfalls Probleme hervor. Hören Sie nicht auf, anderen zu helfen, sondern hören Sie lediglich auf, sich als Märtyrer zu fühlen und sich Illusionen über die Beweggründe Ihrer Hilfsbereitschaft zu machen. Sie finden Ihr wahres Selbst, wenn Sie Ihr falsches Selbst aufgeben. Der erste Schritt besteht darin zu akzeptieren, dass Sie stets im eigenen Interesse handeln.

Um zusätzliche Hinweise zur Klärung Ihrer Situation zu erhalten, werfen Sie dreimal eine Münze.

3 x Kopf = 145 3 x Zahl = 103
1 x Kopf und 2 x Zahl = 76 2 x Kopf und 1 x Zahl = 7

69
Eigennutz

Achten Sie darauf, sich nicht selbst zu täuschen und sich nicht von anderen täuschen zu lassen, wenn es um Ihre Interessen geht. Sie müssen dabei mit drei Arten von Menschen rechnen:

1. Menschen mit Selbsterkenntnis. Denen ist klar, dass sie immer im eigenen Interesse handeln.
2. Menschen, die zwar wissen, dass sie in ihrem eigenen Interesse handeln, aber versuchen, es vor Ihnen zu verheimlichen.
3. Menschen, die sich die Wahrheit nicht eingestehen und aufrichtig daran glauben, dass sie die Interessen anderer Leute über ihre eigenen stellen.

Geschäfte sollten Sie nur mit der ersten Gattung tätigen, also mit Menschen, die offen zugeben, wie das Spiel des Lebens gespielt wird. Der zweite Typ versucht, Sie zum Narren zu halten. Der dritte Typ hält sich selbst zum Narren und versucht außerdem, Sie hinters Licht zu führen.

Alles, was Ihnen im Leben Freude macht und was Sie haben möchten – Erfolg, Liebe, Freundschaft, Freiheit, materielle Dinge –, kostet Sie Zeit, Energie, Geld oder sonstige Opfer. Akzeptieren Sie diese Kosten im Voraus, dann haben Sie nichts zu bereuen, wenn die Rechnung fällig wird.

Fragen Sie sich, was das mit Ihrer Frage zu tun hat. Welchen Preis müssen Sie wirklich dafür zahlen, um das zu bekommen, was Sie wollen?

Um zusätzliche Hinweise zur Klärung Ihrer Situation zu erhalten, werfen Sie dreimal eine Münze.

3 x Kopf = 225	3 x Zahl = 90
1 x Kopf und 2 x Zahl = 162	2 x Kopf und 1 x Zahl = 17

70
Dinge persönlich nehmen

Sie nehmen die Dinge oft zu persönlich und ärgern sich ohne Grund. Erinnern Sie sich, wann Sie sich zum letzten Mal über jemanden geärgert haben? Hätte Ihr Gegenüber sich in derselben Situation genauso verhalten, wenn nicht Sie, sondern jemand anders Gegenstand seines Ärgers gewesen wäre? Selbstverständlich! Sein Verhalten war also nicht persönlich gemeint, und es wäre töricht, sich persönlich angegriffen zu fühlen.

Da es unmöglich ist, einen anderen Menschen zu ändern, sollten Sie ihn, falls Sie die Beziehung fortsetzen wollen, so akzeptieren, wie er ist. Schließlich haben auch Sie das Recht, so zu sein, wie Sie sind, selbst wenn Ihr Denken oder Verhalten nicht den allgemeinen Vorstellungen entspricht. Wir sind alle freie Menschen, die so, wie sie sind, Achtung und Respekt verdienen. Wenn Ihr Verhalten jemanden stört, hat er das Recht wegzugehen. Das Gleiche gilt für Sie.

Meditieren Sie darüber, was diese Erkenntnis mit Ihrer Frage zu tun hat und wie Sie die Wärme und die Freude genießen können, die Ihre Beziehung Ihnen schenkt, wenn Sie sich vom Negativen lösen.

Um zusätzliche Hinweise zur Klärung Ihrer Situation zu erhalten, werfen Sie dreimal eine Münze.

3 x Kopf = 18	3 x Zahl = 186
1 x Kopf und 2 x Zahl = 55	2 x Kopf und 1 x Zahl = 129

71
Dankbarkeit und Selbstaufopferung

Das Bukkyo Dendo Kyokai erzählt dazu die folgende Geschichte. In einem Bambushain lebte einst ein Papagei zusammen mit vielen anderen Vögeln und Tieren. Eines Tages entstand durch die Reibung der Bambusrohre aneinander ein Funke, und ein Feuer brach aus. Die Vögel und die anderen Tiere gerieten in Panik. Der Papagei hatte Mitleid mit den verängstigten und leidenden Wesen und wollte ihnen all die Freundlichkeit vergelten, die er im Bambuswäldchen erfahren hatte. Darum tat er sein Bestes, um ihnen zu helfen. Er tauchte in einen nahe gelegenen Tümpel, flog über das Feuer und schüttelte sich, um mit den Wassertropfen die Flammen zu löschen. Das tat er mehrere Male mit großem Eifer. Sein Herz war erfüllt von Mitgefühl und Dankbarkeit.

Ein himmlisches Wesen nahm seine Güte und Opferbereitschaft wahr. Es kam herab und fragte: »Du meinst es gut, aber glaubst du wirklich, mit ein paar Tropfen Wasser dieses große Feuer löschen zu können?« Der Papagei antwortete: »Es gibt nichts, was Dankbarkeit und Opferbereitschaft nicht vollbringen könnten. Ich werde es immer wieder versuchen und im nächsten Leben weitermachen.« Das Himmelswesen war beeindruckt von der Einstellung des Papageis und half ihm. Gemeinsam gelang es ihnen schließlich, das Feuer zu löschen.

Meditieren Sie darüber, was Mitgefühl, Dankbarkeit und Opferbereitschaft mit Ihrer Frage und Ihrem Leben zu tun haben.

Um zusätzliche Hinweise zur Klärung Ihrer Situation zu erhalten, werfen Sie dreimal eine Münze.

3 x Kopf = 144	3 x Zahl = 98
1 x Kopf und 2 x Zahl = 90	2 x Kopf und 1 x Zahl = 35

72
Hass

Wenn Menschen hassen, halten sie stets nach Verbündeten Ausschau, und je weniger der Hass gerechtfertigt ist, desto stärker ist der Wunsch, Gleichgesinnte zu finden. Je mehr Unrecht dem Menschen geschieht, den sie hassen, desto heftiger wird ihr Hass. So ist der Mensch!

Wer hasst, muss sein Schuldgefühl zum Schweigen bringen, und das tut er, indem er sich einredet, dass das Opfer Strafe verdient. Er kann nicht gleichgültig bleiben oder Mitleid empfinden, wenn ein anderer ungerecht behandelt wird; er muss hassen und verfolgen, um sich nicht der Selbstverachtung preiszugeben. Hass kann einem trostlosen Leben Sinn geben. Darum sollten Sie begreifen, dass Ihr Gegner Mitleid verdient.

Wenn Sie sich über ihn ärgern, dann deshalb, weil Sie seinem Problem gestatten, Sie aus der Ruhe zu bringen. Sie können einen hasserfüllten Menschen nicht ändern, aber Sie können Ihre Reaktion ändern. Wenn Sie nicht mehr nach Anerkennung oder Herrschaft streben, können Sie Wut und Groll abbauen und auf Schuldzuweisungen verzichten. Die ideale, reife Reaktion besteht darin, die negative Energie durch sich hindurchfließen zu lassen, ohne davon berührt zu werden. Kümmern Sie sich nicht darum, und widmen Sie sich weiter Ihrem Leben.

Meditieren Sie darüber, was ein möglicher Widersacher mit Ihrer Frage zu tun hat und wie Sie sich über diese Situation durch positives Denken und Handeln erheben können.

Um zusätzliche Hinweise zur Klärung Ihrer Situation zu erhalten, werfen Sie dreimal eine Münze.

3 x Kopf = 121	3 x Zahl = 23
1 x Kopf und 2 x Zahl = 138	2 x Kopf und 1 x Zahl = 241

73
Ehrlich antworten

Sie müssen Ihre Rechte, Wünsche, Bedürfnisse und Gefühle deutlicher äußern. Es ist Ihr Recht, Ihre Selbstachtung zu bewahren und ehrliche Antworten zu geben, selbst wenn Sie damit einem anderen wehtun – solange Sie bestimmt, aber nicht aggressiv auftreten. Leider lernen wir schon als Kinder, Probleme auf indirekte, oft unehrliche Weise zu lösen. Wir unterdrücken unsere wahren Gefühle auf Kosten unserer Selbstachtung und unseres körperlichen Wohlbefindens.

Wenn Sie nicht für Ihre Rechte eintreten, schaden Sie damit langfristig Ihren Beziehungen und Ihrer seelischen und körperlichen Gesundheit. Wer die Initiative ergreift, verringert seine Furcht und stärkt sein Selbstwertgefühl. Ihre Selbstachtung ist das Produkt dessen, was Sie im Leben tun, und je häufiger Sie tun, was Sie selbst respektieren, desto mehr stärken Sie Ihre Selbstachtung.

Bestimmtes Auftreten wird oft fälschlich für Aggression gehalten. In Wirklichkeit bestehen Sie jedoch nur auf Ihren Grundrechten. Aggression verletzt die Rechte anderer mit Gewalt, und dafür gibt es weder eine Notwendigkeit noch eine Entschuldigung.

Wann sollten Sie bestimmter auftreten? Gegenüber wem sollten Sie sich durchsetzen? Wann fangen Sie damit an?

Um zusätzliche Hinweise zur Klärung Ihrer Situation zu erhalten, werfen Sie dreimal eine Münze.

| 3 x Kopf = 195 | 3 x Zahl = 72 |
| 1 x Kopf und 2 x Zahl = 95 | 2 x Kopf und 1 x Zahl = 130 |

74
Vorherrschende Wünsche

Eine starke Emotion dominiert immer eine schwächere. Jeder Gedanke, den Sie wahrnehmen, ist ein Katalysator, der Vorstellungen verwirklichen kann, auch wenn nicht alle Ideen Realität werden. Es kommt nicht darauf an, welchen Ideen Sie bewusst den Vorzug geben oder welche objektiv gesehen wertvoller sind. Die stärkere Emotion löscht die schwächere aus und beeinflusst nach und nach alles, was Sie tun.

Der Wunsch ist der Vater der Kreativität. In östlichen Schriften heißt es, Gott habe die Welt geschaffen, weil ein starker Wunsch in ihm entstanden sei – ein Verlangen, schöpferisch zu sein, sich auszudrücken, sich auszudehnen. Ein wahres, starkes, von allen Dingen befreites Verlangen nach reiner Liebe und reinem Mitgefühl ist beispielsweise mit dem Zustand der Erleuchtung verbunden.

Meditieren Sie über Ihre vorherrschenden Wünsche. Manchmal verwirklichen wir Ideen, ohne es zu wollen, weil wir zu oft daran denken.

Meditieren Sie über Ihre Wünsche, die kurzfristigen und langfristigen, die Familie, Freunde, Beziehungen, Beruf, Erfolg, Spiritualität, Wachstum, soziales Bewusstsein und alle anderen Aspekte des Lebens betreffen. Bringen Ihre vorherrschenden Wünsche Sie Ihren Zielen näher?

Um zusätzliche Hinweise zur Klärung Ihrer Situation zu erhalten, werfen Sie dreimal eine Münze.

3 x Kopf = 240	3 x Zahl = 64
1 x Kopf und 2 x Zahl = 31	2 x Kopf und 1 x Zahl = 179

75
Schutz

Die Ursache Ihrer Schwierigkeiten liegt in Ihnen selbst: Sie sind sich Ihrer Situation nicht genügend bewusst. Sie werden aber sicher und geschützt sein, wenn Sie nach innen gehen und mit sich, der Welt und allen, die darauf leben, Frieden schließen. Sie sind der Probleme und Schwierigkeiten müde, die Teil Ihres Lebens sind. Sie müssen nun innehalten und sich selbst fragen, was Sie suchen. Sie sollten erkennen, dass Sie die Macht haben, Ihre Schwierigkeiten als Chance zu sehen, wenn auch als versteckte. Was Ihnen zurzeit widerfährt, ist nichts weiter als eine Chance zu lernen, wie Sie mit dem Leben zurechtkommen. Je früher Sie dies lernen, desto eher befreien Sie sich von den Folgen Ihrer Probleme.

Sie sind Ihr eigener Schutz auf der stürmischen See des Lebens. Der Frieden wird sich wieder einstellen – nicht indem Sie die Umstände, auf die Sie keinen Einfluss haben, verändern, sondern durch Ihre Reaktion auf diese Umstände. Akzeptieren Sie, was Sie nicht ändern können, und ändern Sie, was Sie ändern können. Manchmal ist es schwierig, den Unterschied zu erkennen, doch Sie sind dazu imstande. Ja, es gibt viele Dinge, die Sie tatsächlich nicht ändern können. Und wenn Sie sie schon nicht ändern können, dann können Sie sie genauso gut akzeptieren. Dann finden Sie Frieden.

Um zusätzliche Hinweise zur Klärung Ihrer Situation zu erhalten, werfen Sie dreimal eine Münze.

3 x Kopf = 155	3 x Zahl = 134
1 x Kopf und 2 x Zahl = 196	2 x Kopf und 1 x Zahl = 45

76
Wachstum

Ein vages Gefühl der Unzufriedenheit macht Ihnen zu schaffen. Sie möchten etwas ändern, aber Sie sind noch nicht bereit, es zu tun. Sie wissen jedoch, dass es ohne Unzufriedenheit kein Wachstum gibt. Tief in Ihrer Mitte, auf der Ebene Ihres Höheren Selbst, wissen Sie auch, was für Sie am besten ist: das Streben nach mehr Bewusstsein. Sie sollten niemals so selbstzufrieden werden, dass es keine Herausforderungen mehr für Sie gibt. Die meisten Menschen können nur wachsen, weil Unzufriedenheit sie anspornt. Untersuchen Sie genau, was Ihnen nicht gefällt, denn das wird Ihnen zeigen, was Sie bald hinter sich lassen werden, und Sie vielleicht in eine neue Richtung lenken.

Meditieren Sie über Ihre Unzufriedenheit und deren Ursache. Oft warten wir, bis es zu spät ist. Die Folge sind zerstörte Beziehungen und Karrieren. Hätten die Beteiligten rechtzeitig gehandelt, wäre vielleicht noch etwas zu retten gewesen. Es ist daher besser, sorgfältig zu entscheiden, was Sie wollen, und sich dann mit Ihren Wünschen an den Menschen zu wenden, der etwas zu ihrer Erfüllung beitragen kann.

Um zusätzliche Hinweise zur Klärung Ihrer Situation zu erhalten, werfen Sie dreimal eine Münze.

3 x Kopf = 160	3 x Zahl = 227
1 x Kopf und 2 x Zahl = 195	2 x Kopf und 1 x Zahl = 3

77
Befreiung

Trennen Sie sich ohne Bedauern und Groll von allem, was nicht mehr nützlich und zweckmäßig ist: von einer unglücklichen Vergangenheit, von Büchern, von einer Philosophie, von Kleidern, von einer Überzeugung, von Ihrer Lebensweise oder von einer Vereinsmitgliedschaft. Genießen Sie den Augenblick. Wenn Sie etwas aufgeben, was Sie nicht mehr brauchen, werden Sie frei und können etwas Neues lernen, ohne an Altes gebunden zu sein.

Wenn Sie sich von wertlosen Dingen trennen, öffnen Sie die Tür zu neuen Abenteuern. Doch allzu oft finden wir Sicherheit in dem, was uns vertraut ist, und die Angst hindert uns am Wachsen. Nietzsche rahmte die Worte »Lebe gefährlich!« ein und hängte den Spruch an die Wand. Die Worte sollten ihn daran erinnern, wie groß seine Angst war.

Meditieren Sie über die Aspekte Ihres Lebens, mit denen Sie immer noch ringen, obgleich sie Ihnen nichts mehr nützen. Überlegen Sie, ob es nicht besser wäre, sie aufzugeben, Ihrem natürlichen Drang zu folgen und frei zu sein, um neue Erfahrungen zu machen, auf die Sie sich heute schon freuen.

Um zusätzliche Hinweise zur Klärung Ihrer Situation zu erhalten, werfen Sie dreimal eine Münze.

3 x Kopf = 143	3 x Zahl = 60
1 x Kopf und 2 x Zahl = 51	2 x Kopf und 1 x Zahl = 144

78
Urteilen

Sie müssen aufhören, über sich selbst und andere Urteile zu fällen. Wir alle besitzen ein Ego-Selbst, das ständig denkt und urteilt, wie auch ein natürliches Selbst. Nur wenn der Geist ruhig ist, kann zwischen diesen beiden Aspekten unserer Persönlichkeit Harmonie herrschen. Ist Ihr Geist ruhig und Sie strengen sich nicht an, alles richtig zu machen, können Sie am Arbeitsplatz, im Sport oder bei der außersinnlichen Wahrnehmung am meisten leisten. Die besten Ergebnisse erzielen Sie, wenn Sie tun, was Ihnen von Natur aus liegt.

Im Zen wird diese Einstellung *muga* genannt. Es ist bewusstes Tun ohne das Gefühl »ich tue es«. Sie hören auf, zu rechnen oder über Gewinn und Verlust nachzudenken. Sie tun einfach Ihr Bestes, indem Sie sich einer inneren Führung anvertrauen, die Sie trägt, ohne sich anstrengen zu müssen.

Nicht urteilen heißt nicht, Fehler oder Irrtümer zu ignorieren. Sie schalten weder Ihren Verstand ab, noch hören Sie auf zu überlegen, was richtig und was falsch ist. Nicht zu urteilen bedeutet, die Dinge so zu sehen, wie sie sind, ohne sie mit dem Etikett »gut« oder »schlecht« zu versehen. Stattdessen akzeptieren Sie, dass Fehler ein Teil des Lernprozesses sind, und berichtigen sie rasch. Meditieren Sie darüber, was die Notwendigkeit, nicht zu urteilen, mit Ihrer Frage zu tun hat.

Um zusätzliche Hinweise zur Klärung Ihrer Situation zu erhalten, werfen Sie dreimal eine Münze.

3 x Kopf = 66	3 x Zahl = 107
1 x Kopf und 2 x Zahl = 244	2 x Kopf und 1 x Zahl = 197

79

Die natürliche Ordnung

Das Bukkyo Dendo Kyokai erzählt eine Geschichte vom Streit zwischen dem Kopf und dem Schwanz einer Schlange, wer von ihnen beiden wichtiger sei. Der Schwanz sagte zum Kopf: »Immer gibst du die Richtung an. Das ist nicht fair. Du solltest hin und wieder mir die Führung überlassen.« Der Kopf antwortete: »Es ist das Gesetz der Natur, dass ich der Kopf bin. Ich kann nicht mit dir tauschen.«

Der Streit ging weiter, bis der Schwanz sich eines Tages um einen Baum wand und den Kopf daran hinderte, weiterzukriechen. Der Kopf war des Streites müde und ließ dem Schwanz seinen Willen. Da keine Augen sie mehr führten, fiel die Schlange in eine Feuergrube und starb.

In der Natur herrscht stets Ordnung, und alles hat seinen Platz. Wird diese Ordnung gestört, kommt es zu Katastrophen.

Meditieren Sie darüber, was diese Geschichte mit Ihrer Frage zu tun hat, und versuchen Sie, die natürliche Ordnung in Ihrem Leben zu begreifen.

Um zusätzliche Hinweise zur Klärung Ihrer Situation zu erhalten, werfen Sie dreimal eine Münze.

3 x Kopf = 27	3 x Zahl = 157
1 x Kopf und 2 x Zahl = 229	2 x Kopf und 1 x Zahl = 195

80
Revolution

Um wirklich frei zu werden, müssen Sie sich von den einengenden Aspekten der Gesellschaft, der Religion und des Staates befreien – alle drei möchten nicht, dass Sie frei sind. Die Gesellschaft erwartet, dass Sie die anerkannten Masken einer bestimmten Kleidung und eines bestimmten Verhaltens tragen. Die Religion erwartet, dass Sie glauben und spenden, was man Ihnen vorschreibt. Und der Staat versucht, mehr und mehr Kontrolle über Ihr Leben zu erlangen. Wenn Sie die Erwartungen anderer akzeptieren, unterdrücken Sie Ihr wahres Wesen, unterliegen der Angst und geben Ihre Freiheit auf.

Wollen Sie Ihre persönliche Revolution in Gang setzen, sollten Sie sich zunächst von Ihrer alten Programmierung befreien und entscheiden, was *Sie* wollen – nicht, was Ihr Ehepartner, Ihr Chef, Ihre Gesellschaft, Ihre Religion oder Ihre Regierung Ihnen vorschreiben. Was wollen Sie? Machen Sie sich klar, dass es Ihr göttliches Recht ist, das Leben zu genießen.

Am Ende der Revolution befreien Sie sich von sich selbst, indem Sie sich über die Angst erheben, die Sie davon abhält zu werden, was Sie werden können. Damit befreien Sie sich auch von Abhängigkeit und fixen Ideen. Denken Sie über folgenden Ausspruch Albert Einsteins nach: »Wie viel ein Mensch wirklich wert ist, wird vor allem davon bestimmt, in welchem Umfang und in welchem Sinne er Freiheit vom Ich erlangt hat.«

Um zusätzliche Hinweise zur Klärung Ihrer Situation zu erhalten, werfen Sie dreimal eine Münze.

3 x Kopf = 113	3 x Zahl = 226
1 x Kopf und 2 x Zahl = 4	2 x Kopf und 1 x Zahl = 58

81
Gleichgültigkeit

Es ist Ihr Recht, sich um nichts zu kümmern. Das Leben ist schließlich voll von »Sie sollten ...«. Sie sollten sich bessern. Sie sollten sich am Hilfsprogramm beteiligen. Sie sollten sich um das Ozonloch, die bürgerlichen Freiheiten, das Recycling von Aluminiumdosen, die Stilllegung der Atomkraftwerke und Tante Marthas gebrochenes Bein kümmern. Ihre Mutter wird älter und meint, Sie müssten sich um ältere Leute im Allgemeinen kümmern. Der Elternbeirat ist der Meinung, Sie sollten an den monatlichen Sitzungen teilnehmen, und der Kinderschutzbund möchte, dass Sie sich über die Gewalt im Fernsehen Gedanken machen.

Fragen Sie Ihren Ehepartner, Ihre Kinder, Ihre Eltern, Ihre Schwiegereltern und Ihre Freunde, was Sie tun sollen, und Sie werden ganz verschiedene Antworten bekommen. Aber niemand kann Ihre Situation einschätzen, und niemand weiß, was für Sie am besten ist.

Wenn Sie alles täten, was Sie »sollen«, bliebe Ihnen keine Zeit mehr für anderes und für sich selbst. Es ist Ihr Recht zu entscheiden, ob Sie Verantwortung für die Probleme anderer übernehmen wollen. Bürden Sie sich nicht alle möglichen »Pflichten« auf. Sie, und nur Sie, entscheiden, wer Ihrer Fürsorge wert ist.

Meditieren Sie über den Druck, dem Sie zurzeit ausgesetzt sind. Er schadet Ihnen mehr, als Ihnen bewusst ist. Es ist angebracht, einige Entscheidungen zu treffen und Ihre eigenen Bedürfnisse offen auszusprechen.

Um zusätzliche Hinweise zur Klärung Ihrer Situation zu erhalten, werfen Sie dreimal eine Münze.

3 x Kopf = 32	3 x Zahl = 116
1 x Kopf und 2 x Zahl = 215	2 x Kopf und 1 x Zahl = 156

82

Ein Roboter

Trotz unseres Geistes/Verstandes handeln wir häufig wie Maschinen, wie Roboter. Jeder von uns hat Tasten wie ein Computer, und wenn sie gedrückt werden, verwandeln wir uns in Roboter und reagieren automatisch. Ein Roboter kann nicht selbst entscheiden, was er tut. Seine Drähte und Schaltkreise sind so konstruiert, dass er auf Knopfdruck von einem Programm gesteuert wird. Wenn man wie ein Roboter funktioniert, hat unser Leben nicht die Qualität, die es haben könnte.

Was Sie nicht wahrnehmen, können Sie nicht ändern. Sie können jedoch Ihre automatischen Reaktionen ausfindig machen und lernen, sich darüber hinwegzusetzen. Es ist Zeit, dass Sie damit aufhören, »auf Automatik zu schalten«, wenn jemand oder etwas versucht, Sie zu steuern. Untersuchen Sie stattdessen, was diese Reaktion auslöst. Was veranlasst Sie, schnell in Zorn zu geraten? Was ist Ihnen peinlich? Was ärgert Sie an dem Menschen, den Sie lieben? Was missfällt Ihnen am Arbeitsplatz? Wovor haben Sie Angst? Lassen Sie sich davon leiten, was andere Leute von Ihnen denken? Das sind nur einige Situationen, in denen Ihnen die Knie zittern mögen – eine irrationale Reaktion, die wohl kaum in Ihrem Interesse liegt. Es handelt sich nur um alte Programme, nicht um natürliche Reaktionen auf das, was ist. Überlegen Sie, wie Sie Ihre »Tasten« ausfindig machen und sie außer Kraft setzen können, um nicht wie ein Roboter zu reagieren.

Um zusätzliche Hinweise zur Klärung Ihrer Situation zu erhalten, werfen Sie dreimal eine Münze.

3 x Kopf = 109
1 x Kopf und 2 x Zahl = 8

3 x Zahl = 143
2 x Kopf und 1 x Zahl = 191

83
Überleben

Es ist besser, das Spiel zu gewinnen, als auf Prinzipien zu beharren, dem Stolz nachzugeben oder unbedingt recht behalten zu wollen und dadurch zu verlieren. Doch Ihr Unterbewusstsein – eine Datenbank, die wie ein Computer arbeitet – hat ein vorrangiges Ziel, nämlich zu überleben. Es erreicht dieses Ziel, indem es die Gegenwart mit der Vergangenheit vergleicht. Im Wesentlichen rät Ihnen Ihr computerähnliches inneres Leitsystem, so weiterzuleben wie bisher.

Sie haben bisher überlebt, und Ihr Leitsystem weiß, dass Ihnen dies gelungen ist, weil Sie seinem Programm gefolgt sind. Nach der Computerlogik muss das System recht haben. Ihr Bewusstsein weiß, dass Sie nicht immer recht haben, Ihr Unterbewusstsein nicht. Es reagiert nur auf sein Programm, und obwohl Sie recht haben, verlieren Sie das Spiel. Wenn Sie herausgefordert werden, reagieren Sie entrüstet. Eine Taste wird gedrückt, und Sie reagieren sofort.

Aber Sie reagieren nicht auf das, was ist, sondern folgen der Logik Ihres Unterbewusstseins. Es wäre besser, wenn Sie sich Ihrer Programmierung bewusst würden. Die Starken sind geduldig, und Sie müssen Ihre Neigung bekämpfen, schnell zu reagieren. Unterdrücken Sie nichts – nehmen Sie sich nur einige Augenblicke Zeit, um die programmierten Reaktionen zu überwinden, die der Situation nicht angemessen sind. Dann ist es an der Zeit, das Spiel zu gewinnen.

Um zusätzliche Hinweise zur Klärung Ihrer Situation zu erhalten, werfen Sie dreimal eine Münze.

3 x Kopf = 14	3 x Zahl = 50
1 x Kopf und 2 x Zahl = 130	2 x Kopf und 1 x Zahl = 155

84
Mäßigung

Buddha empfahl Mäßigung in allen Dingen. Das Universum versucht zur Zeit, die Extreme in Ihrem Leben auszugleichen. Leisten Sie seinen Bemühungen keinen Widerstand, sondern akzeptieren Sie sie, und sorgen Sie für Ausgewogenheit in Ihrem Verhalten und in Ihren Einstellungen. Beseitigen Sie alle Exzesse im Umgang mit dem Gegenstand Ihrer Frage. Mäßigen Sie Ihre Gedanken, Worte und Taten.

Das Leben erzeugt Spannungen zwischen gegensätzlichen Kräften, und Sie haben ständig damit zu tun, zwischen den verschiedenen Bereichen Ihres Lebens – Freude und Leid, Erfolg und Scheitern, Aufregung und Langeweile – ein Gleichgewicht herzustellen. Um sich unverzüglich von der gegenwärtigen Situation zu lösen, können Sie beschließen, das Ergebnis nicht zu manipulieren und nicht auszuwählen. Lehnen Sie sich zurück und beobachten Sie, was geschieht. Der Beobachter versteht, dass er mit seinen emotionalen Reaktionen nicht identisch ist, und wenn eine Emotion emporzusteigen beginnt, sagt er: »Diese Emotion bin ich nicht. Sie ist eine Angstreaktion, die von meinem Bedürfnis nach Herrschaft oder Entscheidungsgewalt ausgelöst wurde. Ich brauche aber weder zu herrschen noch zu entscheiden. Ich brauche mich mit dieser Emotion nicht zu identifizieren.«

Meditieren Sie über die Notwendigkeit, sich zu mäßigen, und die Möglichkeit, ein friedvoller Beobachter zu werden.

Um zusätzliche Hinweise zur Klärung Ihrer Situation zu erhalten, werfen Sie dreimal eine Münze.

3 x Kopf = 136	3 x Zahl = 188
1 x Kopf und 2 x Zahl = 16	2 x Kopf und 1 x Zahl = 150

85
Kommunikation

Die Hauptursache der Probleme zwischen den Menschen ist der Mangel an Kommunikation. Der eine weiß nicht, wie der andere fühlt, weil beide nicht darüber gesprochen haben. Vielleicht zeigt Ihr Ehepartner nicht, welche emotionalen Bedürfnisse er hat, obwohl er alles dafür geben würde, von Ihnen ein »Ich liebe dich« zu hören. Wenn Sie diese Worte nicht sagen, steigen in ihm vielleicht Zweifel an der Beziehung auf. Eine negative Programmierung des Unterbewusstseins ist die Folge.

Meditieren Sie darüber, was Ihre Frage mit der Kommunikation zwischen Ihnen und den Menschen zu tun hat, die Ihnen nahestehen. Was können Sie tun, um die Kommunikation zu verbessern?

Um zusätzliche Hinweise zur Klärung Ihrer Situation zu erhalten, werfen Sie dreimal eine Münze.

3 x Kopf = 180	3 x Zahl = 49
1 x Kopf und 2 x Zahl = 87	2 x Kopf und 1 x Zahl = 233

86

Trinken Sie Ihre Tasse aus

Die wohl berühmteste Zen-Geschichte handelt von Nanin, einem japanischen Meister. Einmal besuchte ihn ein Universitätsprofessor und stellte ihm Fragen über Zen. Nanin servierte ihm Tee. Er füllte seine Tasse und goss immer mehr Tee nach. Der Professor beobachtete die Überschwemmung, bis er sich nicht mehr zurückhalten konnte. »Die Tasse läuft über«, sagte er, »es geht nichts mehr hinein!«

Nanin erwiderte: »Wie diese Tasse sind auch Sie voll von eigenen Meinungen und Vermutungen. Wie kann ich Ihnen Zen erklären, bevor Sie Ihre Tasse geleert haben?«

Selbstverwirklichung heißt, sich von alten Mustern zu befreien, und nicht, sich neues Wissen anzueignen. Ihr Leben lang wurden Ihnen Irrtümer, falsche Ansichten, Überzeugungen und Moralvorstellungen eingetrichtert, die Ihr Leben einengen. Solange Sie nicht damit beginnen, diese Fallen infrage zu stellen, werden Sie von ihnen blockiert. Wenn Sie erkennen, dass sich niemand wirklich darum kümmert, was Sie denken, und niemand Sie rettet, können Sie auf diese törichten Auffassungen verzichten und weiterleben – in der Erkenntnis, dass Ihr Leben nur den Sinn hat, den Sie ihm geben.

Um zusätzliche Hinweise zur Klärung Ihrer Situation zu erhalten, werfen Sie dreimal eine Münze.

3 x Kopf = 192 3 x Zahl = 65
1 x Kopf und 2 x Zahl = 71 2 x Kopf und 1 x Zahl = 125

87
Das Establishment

Vielleicht wäre es gut für Sie, Ihre Abhängigkeit vom »Establishment« – der Regierung, den großen Konzernen, den Amtskirchen und den Medien – auf ein Minimum zu reduzieren. Alle diese Institutionen versuchen, Sie geistig zu manipulieren, zu beherrschen und zu versklaven. Sie fordern Anpassung. Diese führt zu Unterdrückung und tötet die Kreativität. Ihre Botschaft lautet:»Trag den richtigen Anzug, unseren Haarschnitt, handle nach unseren Regeln, und wir akzeptieren dich.« Doch wenn Sie Ihr wahres Ich unterdrücken, werden Sie zum Heuchler und ducken sich aus Furcht.

Das Establishment ist nicht sonderlich selbstverwirklicht. Es möchte Sie glauben machen, dass alle Antworten außerhalb von Ihnen selbst liegen. Sogar die Kirche möchte, dass Sie draußen nach Antworten suchen, beim Priester oder in ihren Geboten. Ist es ein Wunder, dass sich das Establishment von einer Philosophie bedroht fühlt, die Sie ermutigt, Antworten in Ihrem Inneren zu suchen?

Das Establishment ist nicht für Sie da, sondern für das Establishment. Die Gesellschaft braucht Ihren Körper. Er soll arbeiten, Geld verdienen, Produkte kaufen, Steuern zahlen und ihrem Wohl dienen. Sie braucht Ihren Körper, aber sie fürchtet Ihre Seele. Wenn Ihre Seele frei ist, könnten Sie das Diktat des Establishments zurückweisen.

Meditieren Sie darüber, was Ihre Frage mit diesen Diktaten zu tun hat.

Um zusätzliche Hinweise zur Klärung Ihrer Situation zu erhalten, werfen Sie dreimal eine Münze.

| 3 x Kopf = 187 | 3 x Zahl = 41 |
| 1 x Kopf und 2 x Zahl = 161 | 2 x Kopf und 1 x Zahl = 36 |

88

Notwendige Anstrengung

Das Bukkyo Dendo Kyokai erzählt eine Geschichte von einem wohlhabenden, aber törichten Mann.

Eines Tages sah er das schöne zweistöckige Haus eines anderen und wurde neidisch. Er beschloss, sich ebenfalls solch ein Haus bauen zu lassen, denn er war der Meinung, er sei genauso reich wie der andere. Er rief einen Zimmermann und beauftragte ihn, das Haus zu bauen. Dieser war einverstanden und begann unverzüglich, das Fundament zu errichten, das Erdgeschoss, das erste Stockwerk und dann das zweite. Der reiche Mann beobachtete alles mit Verärgerung und sagte: »Ich will kein Fundament haben und kein Erdgeschoss und kein erstes Stockwerk, sondern nur ein schönes zweites Stockwerk. Bau es mir, rasch!«

Ein Narr denkt immer nur an das Ergebnis und wird ungeduldig, wenn er sich anstrengen muss, um es zu erreichen. Doch das Gute kann nicht ohne Anstrengung erworben werden, so wie man das zweite Stockwerk nicht ohne Fundament, Erdgeschoss und erstes Stockwerk bauen kann.

Erforschen Sie Ihren Wunsch nach Resultaten und Ihre Bereitschaft, sich darum zu bemühen. Sind Sie bereit, ein solides Fundament zu errichten? Haben Sie die notwendige Geduld?

Meditieren Sie darüber, was diese Geschichte mit Ihrer Frage und Ihrem Leben zu tun hat.

Um zusätzliche Hinweise zur Klärung Ihrer Situation zu erhalten, werfen Sie dreimal eine Münze.

3 x Kopf = 172	3 x Zahl = 235
1 x Kopf und 2 x Zahl = 3	2 x Kopf und 1 x Zahl = 149

89

Vorbereitung

Das Leben ist ein Ergebnis Ihrer Vorbereitungsmaßnahmen. Alles, was Sie jemals erlebt haben, hat die Person hervorgebracht, die Sie heute sind. Sie haben harte Zeiten und Leid erlebt und dabei einzigartige Erfahrungen gemacht, die nur Ihnen gehören. Ihre Probleme haben Ihr Leben sogar reizvoller gemacht, denn ohne Herausforderungen könnte Ihre Persönlichkeit nicht wachsen. Sie hätten keine Möglichkeit zu lernen, wie man mit Schwierigkeiten umgeht, und Sie würden nie erfahren, dass Sie fähig sind, Ihr Leben allein zu meistern.

Alle positiven, schönen Ereignisse in Ihrem Leben haben ebenfalls dazu beigetragen, die Person zu formen, die Sie heute sind. Jede Erfahrung von Liebe und Fürsorge, Wärme und Freude hat dabei mitgeholfen. Sie haben einzigartige Voraussetzungen, einzigartige Fähigkeiten, einzigartige Anlagen. Die Frage ist, wofür all dies eine Vorbereitung gewesen ist.

Meditieren Sie über diese Frage.

Um zusätzliche Hinweise zur Klärung Ihrer Situation zu erhalten, werfen Sie dreimal eine Münze.

3 x Kopf = 105	3 x Zahl = 151
1 x Kopf und 2 x Zahl = 38	2 x Kopf und 1 x Zahl = 206

90
Beziehungen meistern

In einer idealen Beziehung profitieren beide Partner von der Verbindung, indem sie einander helfen, alles zu werden, wozu sie fähig sind:

1. Liebe: Jeder Partner liebt den anderen so, wie dieser geliebt werden möchte.
2. Wertschätzung: Akzeptieren Sie die Einzigartigkeit des Partners, ohne ihn ändern zu wollen.
3. Hingabe: Widmen Sie sich der Beziehung ohne Einschränkung – körperlich, spirituell, emotional und finanziell. Zurückhaltung ist ein Zeichen dafür, dass Zweifel die Beziehung gefährden.
4. Unterstützung: Ermutigen Sie einander und stärken Sie das Selbstwertgefühl des Partners.
5. Loslassen: Lösen Sie sich von Kleinigkeiten.
6. Kommunikation: Teilen Sie sich offen mit; sprechen Sie über gemeinsame Bedürfnisse; schließen Sie Kompromisse, um Probleme zu lösen.
7. Zuhören: Seien Sie bereit, die Meinung des Partners anzuhören und zu achten, auch wenn Sie sie nicht teilen.
8. Trost: Seien Sie Freunde und Liebende. Machen Sie Ihre Einheit zu einem Zufluchtsort der Harmonie.
9. Harmonie: Streit entsteht nur, wenn Sie erwarten, dass alles nach Ihrem Kopf geht.
10. Zeit: Gemeinsame Unternehmungen sind die Bausteine einer guten Beziehung.
11. Verzicht auf Vorwürfe: Verzichten Sie auf diesen Ausdruck des Selbstmitleids, der im Widerspruch zum Gesetz des Karmas steht.
12. Spiritualität: Fördern Sie das spirituelle Wachstum des Partners.

Meditieren Sie darüber, welche Bedeutung diese Regeln für Ihr Problem und für Ihr Leben haben.

Um zusätzliche Hinweise zur Klärung Ihrer Situation zu erhalten, werfen Sie dreimal eine Münze.

3 x Kopf = 81	3 x Zahl = 213
1 x Kopf und 2 x Zahl – 168	2 x Kopf und 1 x Zahl – 30

91
Bewusstheit ist

Nach den alten Lehren über das Potenzial des Menschen hängt der Grad Ihres Bewusstseins davon ab, wie viel Sie von Ihrer eigenen Wahrheit wissen. Einige spirituelle Lehrer des Ostens sagen, Bewusstheit sei Beobachtung ohne Urteil, und sie könne Verständnis nur durch stilles Beobachten hervorbringen.

Wenn Sie etwas verstehen wollen, müssen Sie es beobachten, ohne zu kritisieren und ohne es als angenehm oder unangenehm zu empfinden. Seien Sie sich Ihres Körpers und Ihrer Gedanken bewusst. Erforschen Sie, was in Ihrem Inneren vorgeht. Die Beobachtung verändert Ihr Bewusstsein, und Übung versetzt Sie in die Lage, aufmerksam zu bleiben – ohne angespannt zu sein – und in entspannter Beobachtung zu verharren.

Wenn Sie wieder einmal verärgert sind, beobachten Sie sich selbst. Solange Sie nur beobachten, sind Sie nicht aufgewühlt. Sobald Sie aber Ihre Gemütserregung mit Etiketten wie Habgier, Zorn, Vorurteil und anderem versehen, werden Sie zum Beobachter und zum Beobachteten, und damit ändern Sie sofort den Charakter der Erfahrung. Sie analysieren sie und erinnern sich an sie, aber die Folge ist eine Trennung zwischen Ihnen und der Erfahrung. Wenn Sie nicht etikettieren, vermeiden Sie ein Urteil und streben nicht nach einem bestimmten Ergebnis. Stattdessen erleben Sie Bewusstheit.

Um zusätzliche Hinweise zur Klärung Ihrer Situation zu erhalten, werfen Sie dreimal eine Münze.

3 x Kopf = 158	3 x Zahl = 193
1 x Kopf und 2 x Zahl = 111	2 x Kopf und 1 x Zahl = 38

92

Das Höhere Selbst

Ihr Höheres Selbst könnte man als das kollektive Wissen um alles, was jemals war, ist und sein kann, beschreiben. Es ist die Einheit. Wenn es Ihnen gelingt, Zugang zu Ihrem Höheren Selbst zu finden, steht Ihnen alles Wissen zur Verfügung: Sie sind sich Ihrer vergangenen Leben und Ihres jetzigen Lebens bewusst, und Sie verstehen, welche Bedeutung diese Leben für Sie und alle, die Ihnen nahestehen, haben. Wie ist das möglich? Ganz einfach: Sie stehen in Verbindung mit dem Allumfassenden, dem Energiewesen, das wir »Gott« nennen.

Meditieren Sie über Ihr Höheres Selbst. Vertiefen Sie Ihren transformierten Zustand, indem Sie sich lebhaft vorstellen, wie Sie höher und höher steigen, wie Sie eine Treppe in die Wolken hinaufgehen oder wie Sie nach oben fliegen, bis Sie alle Ebenen Ihres Bewusstseins hinter sich gelassen haben und sich auf der Ebene des allwissenden Geistes befinden. Im Höheren Selbst empfinden Sie Ausgewogenheit, Harmonie und Frieden mit sich selbst, mit der Welt und mit allem, was darin ist. Rufen Sie Ihre spirituellen Führer und Lehrer herbei, und bitten Sie sie, Ihnen bei der Erlangung des angestrebten höheren Bewusstseins zu helfen – durch Visionen, inneres Wissen oder die Sprache der Gedanken. Formulieren Sie gedanklich Ihre Frage, und warten Sie auf die Antwort, die in Form eines Gedankens zurückkommt.

Um zusätzliche Hinweise zur Klärung Ihrer Situation zu erhalten, werfen Sie dreimal eine Münze.

3 x Kopf = 36
1 x Kopf und 2 x Zahl = 118

3 x Zahl = 39
2 x Kopf und 1 x Zahl = 32

93
Zyklen

Sie treten nach einer Periode der Stagnation in einen neuen Zyklus ein. Vielleicht haben Sie geglaubt, der Fortschritt sei in einigen Bereichen Ihres Lebens zum Stillstand gekommen. Nun aber, am Ende des alten Zyklus, wollen Sie nach vorne stürmen und etwas Sinnvolles tun, um Ihre Pläne zu verwirklichen. Beachten Sie jedoch, dass Sie sich erst ganz am Anfang dieses neuen Zyklus befinden. Alles ist gut und alles wird sich weiter verbessern, wenn Sie den Dingen ihren natürlichen Lauf lassen.

Jeder neue Zyklus bringt Hindernisse mit sich, die Sie ohne Widerstand bewältigen müssen. Wenn Sie sich durch diese Schwierigkeiten hindurcharbeiten, öffnen Sie die Tür zu neuen Beziehungen in Ihrem Leben. Hüten Sie sich davor, zu viel zu erwarten, denn dies führt zu Frustration. Es ist wichtig, dass Sie genau wissen, was Sie wollen. Wenn Sie unsicher sind, was Ihre Richtung oder Ihre angestrebten Ziele angeht, verpassen Sie womöglich den Zyklus, wenn er kommt. Achten Sie darauf, sich mit den richtigen Menschen zu umgeben, und bleiben Sie Ihren Grundsätzen treu.

Wenn Sie diese Zeit nutzen – mit positiven Motiven und Wünschen –, werden Sie größere Fortschritte machen, als Sie sich vorstellen können.

Um zusätzliche Hinweise zur Klärung Ihrer Situation zu erhalten, werfen Sie dreimal eine Münze.

3 x Kopf = 108	3 x Zahl = 85
1 x Kopf und 2 x Zahl = 184	2 x Kopf und 1 x Zahl = 200

94
Außen und innen

Auf der Suche nach Erleuchtung wandern viele Sucher von einer Organisation zur anderen oder von einer spirituellen Richtung zur anderen. Heute kennt irgendein Medium die Antwort, morgen ist es ein neuer Guru. Je eifriger der Suchende forscht, desto enttäuschter wird er, weil er außerhalb seiner selbst nach Antworten sucht.

Sie sind ein spirituelles Wesen. Unter allen Schichten der unbewussten, einprogrammierten Furcht wohnt eine erleuchtete Seele mit grenzenlosem Bewusstsein. Sie haben bereits das, was Sie suchen, in sich. Es ist wie das Graben nach einer Quelle – das Wasser liegt bereits unter Ihren Füßen, und Sie brauchen nur die Erde und die Steine zu entfernen, um es zu erreichen. In ähnlicher Weise müssen Sie auch die Schranke zwischen sich selbst und dem, was Sie haben möchten, überwinden.

Zugegeben, es ist anstrengender, nach innerem Bewusstsein zu streben, als sich magische Antworten von anderen Leuten zu holen. Aber die Antworten anderer müssen nicht unbedingt auf Sie zutreffen. Meditieren Sie also und lesen Sie, besuchen Sie unterschiedliche spirituelle Zusammenkünfte (sofern man Sie nicht vereinnahmen will), und dann erst entscheiden Sie, was Sie an sich selbst ändern müssten. Wenn Sie alle Mittel benutzen, die Ihnen zur Verfügung stehen, sind Sie gut ausgerüstet und können Ihre Realität selbst gestalten.

Um zusätzliche Hinweise zur Klärung Ihrer Situation zu erhalten, werfen Sie dreimal eine Münze.

3 x Kopf = 115	3 x Zahl = 89
1 x Kopf und 2 x Zahl = 6	2 x Kopf und 1 x Zahl = 220

95
Selbsttäuschung

Sie werden seelisch darunter leiden, wenn Ihre Überzeugungen widersprüchlich sind oder wenn Ihr Tun nicht Ihren Überzeugungen entspricht. Sie sind beispielsweise der Meinung, dass Rauchen Ihrer Gesundheit schadet, aber Sie rauchen weiter. Sie glauben, außereheliche Affären seien unmoralisch, aber Sie gehen weiter fremd. Eigentlich möchten Sie mit Ihren Kindern geduldiger sein, aber Sie schreien sie immer wieder an.

Das Gesetz der Dissonanz besagt: Wenn Ihr Reden und Ihr Handeln nicht miteinander vereinbar sind, versuchen Sie die daraus entstehenden Probleme zu lösen, indem Sie entweder Ihre Überzeugung oder Ihr Tun ändern. Der Raucher wird entweder zum Nichtraucher, oder er leugnet die Gesundheitsgefährdung. Der untreue Ehegatte hört entweder auf zu betrügen, oder er rechtfertigt sein Tun, indem er zum Beispiel behauptet: »Was meine Frau nicht weiß, kann ihre Gefühle nicht verletzen. Und wenn meine Bedürfnisse befriedigt werden, bin ich sogar ein besserer Partner für sie.« Die ungeduldige Mutter ändert entweder Ihr Verhalten, oder sie sucht nach einer Begründung dafür, beispielsweise: »Es ist besser, wenn ich schreie und meine Wut herauslasse, statt sie zu unterdrücken.«

Besteht zwischen Ihrem Tun und Ihren Überzeugungen ein Widerspruch? Wenn ja, was können Sie tun, um den Konflikt harmonisch zu lösen?

Um zusätzliche Hinweise zur Klärung Ihrer Situation zu erhalten, werfen Sie dreimal eine Münze.

| 3 x Kopf = 61 | 3 x Zahl = 143 |
| 1 x Kopf und 2 x Zahl = 148 | 2 x Kopf und 1 x Zahl = 238 |

96

Karmischer Lohn

Karma ist ein absolut gerechtes, sich über viele Leben erstreckendes Soll-und-Haben-System, das nur einem Zweck dient: dass man seine Lektionen lernt. Sie können die erfreulichen Dinge im Leben als Belohnung und die unerfreulichen als Strafe ansehen, doch dies setzt die Existenz einer urteilenden Autoritätsperson voraus. In Wirklichkeit beurteilen nur Sie selbst, was Sie erfahren müssen, um die Lektionen zu lernen, die Ihre Bewusstseinsebene anheben oder die Frequenz Ihrer Schwingungen erhöhen. Alle Lektionen sind nichts anderes als Tests.

Angenommen, es gelingt Ihnen, reich und berühmt zu werden. Aus einem bestimmten Blickwinkel gesehen, ist das eine selbst gewählte Belohnung – Sie hätten sie nicht bekommen, wenn Sie es nicht verdient hätten. Aber es ist auch ein Test, der Ihnen zeigen soll, welchen Gebrauch Sie von Ihrem Geld und Ihrem Ruhm machen. Manche Menschen benutzen beides, um im Luxus zu leben, andere dienen damit der Menschheit. Sie können sich leicht vorstellen, wer in einem künftigen Leben mit größerer Wahrscheinlichkeit reich und berühmt sein wird.

Andere Beispiele einer karmischen Belohnung sind liebevolle Eltern, Schönheit oder gutes Aussehen, angeborene Talente, ein reiches Erbe, eine sichere Umgebung und eine gute Ausbildung.

Meditieren Sie über Ihre karmischen Belohnungen und wie Sie sie besser nutzen können.

Um zusätzliche Hinweise zur Klärung Ihrer Situation zu erhalten, werfen Sie dreimal eine Münze.

3 x Kopf = 209   3 x Zahl = 147
1 x Kopf und 2 x Zahl = 20   2 x Kopf und 1 x Zahl = 123

97
Eine Last tragen

Zwei Zen-Mönche gingen einst miteinander auf Wanderschaft. Sie kamen an einen Bach, der durch den Regen stark angeschwollen war. Am Ufer stand eine gut gekleidete, schöne junge Frau. Offenbar wollte sie den Bach überqueren, fürchtete aber, ihr kostbares Gewand zu verderben. Ohne zu zögern, erbot sich einer der Mönche, die junge Frau auf seinem Rücken über den Bach zu tragen. Dankbar nahm sie sein Angebot an. Er half ihr, auf seinen Rücken zu klettern, trug sie schnurstracks hinüber und setzte sie drüben auf dem trockenen Boden ab.

Dann gingen die Mönche weiter. Doch der zweite Mönch begann dem anderen Vorwürfe zu machen: »Es ist nicht recht, eine Frau zu berühren, schon gar nicht eine so junge und hübsche. Es ist gegen unsere Vorschriften, einen so engen Kontakt zu haben. Wie konntest du nur gegen die Mönchsregeln verstoßen?«

Der Mönch, der die Frau getragen hatte, ging ein paar Minuten lang schweigend seines Weges, ehe er schließlich antwortete: »Ich habe sie am Ufer abgesetzt. Du aber trägst sie immer noch mit dir herum.«

Meditieren Sie darüber, was diese Geschichte mit Ihrer Frage zu tun hat und mit der unnötigen Wut, die Sie mit sich herumschleppen.

Um zusätzliche Hinweise zur Klärung Ihrer Situation zu erhalten, werfen Sie dreimal eine Münze.

3 x Kopf = 122	3 x Zahl = 232
1 x Kopf und 2 x Zahl = 79	2 x Kopf und 1 x Zahl = 5

98
Besitzgier

Wen oder was wollen Sie besitzen? Ihren Ehepartner oder Geliebten? Ihren Freund? Ihr Haus? Ihr Auto? Niemand kann einen anderen Menschen wirklich besitzen. In Wahrheit ist der Wunsch nach Besitz eine sich selbst erhaltende Geisteskrankheit. Der Besitzende hat den Wunsch, immer mehr zu besitzen – Geld, Macht, Menschen. Diese Besitzgier ist Ausdruck der Unsicherheit bei Menschen, die nie genug bekommen können.

Ist das Objekt der Habgier ein Mensch, empfindet dieser immer gemischte Gefühle. Er fühlt sich geschmeichelt, weil er als wertvoll angesehen wird, aber er sehnt sich auch nach Freiheit. Sie streben aber nur nach Besitz, weil Sie glauben, Ihnen fehle etwas. Selbst wenn Sie nicht wissen, was Ihnen fehlt, versuchen Sie verzweifelt zu verhindern, dass Sie etwas verlieren.

Welche Furcht liegt Ihrem besitzergreifenden Verhalten zugrunde? Welche unbefriedigten Bedürfnisse haben Sie? Wo führt Ihre besitzergreifende Art zu Disharmonie? Welche Sofortmaßnahmen können Sie ergreifen, um mehr Harmonie zu schaffen?

Um zusätzliche Hinweise zur Klärung Ihrer Situation zu erhalten, werfen Sie dreimal eine Münze.

| 3 x Kopf = 211 | 3 x Zahl = 243 |
| 1 x Kopf und 2 x Zahl = 63 | 2 x Kopf und 1 x Zahl = 142 |

99
Unterdrücken / Ausleben

Wir alle sind hier auf der Erde, um Angst abzubauen und zu lernen, bedingungslos zu lieben. Wenn wir etwas verdrängen oder unterdrücken, geschieht es aus Angst. Selbst die Masken, die Sie im Alltag tragen, sind ein Beweis für Ihre Verdrängung. Aber die Dinge, die Sie unterdrücken wollen, verschwinden dadurch nicht. Sie steigen immer dann an die Oberfläche, wenn Sie es müde sind, dagegen anzukämpfen. Da die Verdrängung disharmonisches Karma erzeugt, ist sie schlimmer als das Ausleben des Verlangens, vorausgesetzt, Sie schaden keinem anderen. Warum das so ist? Weil Sie auf Dauer dessen müde werden, was Sie ausleben. Der Dichter William Blake drückte es so aus: »Die Straße des übermäßigen Genusses führt zum Palast der Wahrheit.«

Bhagwan Shree Rajneesh (Osho) war der Meinung, seine Schüler könnten ihre sexuellen Begierden schneller überwinden, wenn sie sie nicht unterdrückten, sondern auslebten. Er wusste, dass verdrängte sexuelle Energie sich in Wut verwandeln kann, und ermutigte die Menschen, ihre Sexualität zu erforschen. Er sagte: »Sexualität ist eine gottgegebene Energie. Man kann also durch diese Erfahrung etwas lernen.«

Die esoterische Metaphysik lehrt, dass in Ihrer Seele, wenn Sie unterdrücken, was Sie sind, Schwingungsenergie erzeugt wird. Diese Energie muss zum Ausdruck kommen – wenn nicht in diesem Leben, dann im nächsten.

Was haben Unterdrückung und Ausleben mit Ihrer Frage zu tun?

Um zusätzliche Hinweise zur Klärung Ihrer Situation zu erhalten, werfen Sie dreimal eine Münze.

3 x Kopf = 164	3 x Zahl = 213
1 x Kopf und 2 x Zahl = 113	2 x Zahl und 1 x Kopf = 136

100
Maya / Illusion

Spirituellen Suchern wird oft gesagt, die Welt sei eine Illusion. Aber Sie sollten das nicht wörtlich nehmen. Es bedeutet nicht, dass Bäume, Städte oder Berge unwirklich sind, sondern es bedeutet, dass die Welt so ist, wie Sie sie interpretieren. Sie sehen die Welt durch Ihre Augen und reagieren Ihrer alten Programmierung entsprechend. Ihre Gedanken und Vorstellungen von der Welt erzeugen das Negative und das Positive, doch beides ist Illusion. Es ist nicht »das, was ist«, weil Ihr Nachbar eine andere Welt sieht und erfährt, Ihre Eltern wieder eine andere und Ihr Partner noch eine andere.

Buddhisten bezeichnen den Menschen oft als einen Magier, weil seine Träume die Welt erschaffen. »Gedanken sind Dinge, und sie erschaffen Dinge« ist ein metaphysisches Axiom, dem diese Vorstellung zugrunde liegt. Manche Metaphysiker lehren, dass Gott die wirkliche Welt sei, wir aber davon abgehalten werden, Ihn zu erfahren, weil wir unsere eigenen Standpunkte in derartigem Ausmaß erschaffen und projizieren, dass wir in einer Illusion leben.

Versuchen Sie, Fantasien und Wirklichkeit voneinander zu trennen, und meditieren Sie über alle Illusionen in Ihrem Leben, die Ihnen schaden.

Um zusätzliche Hinweise zur Klärung Ihrer Situation zu erhalten, werfen Sie dreimal eine Münze.

3 x Kopf = 152	3 x Zahl = 42
1 x Kopf und 2 x Zahl = 214	2 x Kopf und 1 x Zahl = 110

101
Glück

Was Ihre Frage betrifft, so werden die positiven Mächte des Universums Ihnen helfen, solange Ihre Wünsche nicht mit den Wünschen anderer in Konflikt geraten. Sie müssen sorgfältig darauf achten, dass Ihre Ziele im Einklang mit dem Kosmos stehen und Sie im Erfolg bescheiden bleiben. Wenn Ihr Ego aus dem Gleichgewicht gerät, reißt es alles andere mit, und Sie werden verlieren, was Sie gewonnen haben. Erforschen Sie das Motiv hinter Ihrem Wunsch.

Zurzeit unterstützen unsichtbare Helfer Sie in materiellen und familiären Angelegenheiten. Sie können leicht neue Kontakte knüpfen, aber wählen Sie Ihren Umgang sorgfältig aus. Jeder, der in den Bereich Ihrer Aura gelangt, hat Einfluss auf Sie. Darum sollten Sie sich nur mit positiven Menschen einlassen, die Sie inspirieren und motivieren. Ihre persönlichen Beziehungen profitieren von dieser günstigen Zeit, ebenso Ihre Kreativität.

Sie haben große Fähigkeiten, und der Zeitpunkt ist ideal. Gehen Sie sorgsam mit diesem Segen um und achten Sie auf Ausgewogenheit und Harmonie in Ihrem Leben. Danken Sie Ihren Helfern in der »anderen« Welt, die Sie in Ihrem Streben unterstützen.

Um zusätzliche Hinweise zur Klärung Ihrer Situation zu erhalten, werfen Sie dreimal eine Münze.

3 x Kopf = 42	3 x Zahl = 148
1 x Kopf und 2 x Zahl = 150	2 x Kopf und 1 x Zahl = 64

102

Sie werden, was Sie bekämpfen

Vom karmischen Standpunkt aus betrachtet, werden Sie das, was Sie bekämpfen. Wir befinden uns hier auf der physischen Ebene, um unser Dharma zu erfüllen, unser Karma abzutragen und unsere Schwingungsfrequenz zu erhöhen, indem wir konstruktiv – mit Liebe und Mitgefühl – handeln. Da alles Negative im Grunde auf Furcht zurückgeht, können Sie den Sinn Ihres Lebens auf seinen Wesenskern reduzieren, indem Sie Ihre Furcht überwinden und bedingungslos lieben.

Widerstand beruht stets auf Furcht. Lehnen Sie beispielsweise Araber, Punker, Schwule oder Ausländer ab, stehen diese Gruppen für Ängste in Ihrem Inneren. Erforschen Sie sich danach! Vielleicht fürchten Sie sich, weil Sie nicht bereit sind, Menschen zu akzeptieren, die anders sind als Sie. Aber Sie werden genau zu dem, was Sie bekämpfen. Im Idealfall lernen Sie durch Liebe und Weisheit. Haben Sie nicht genug Weisheit und Liebe, müssen Sie Ihre Lektion lernen, indem Sie die Folgen Ihrer Einstellungen und Ihrer Taten unmittelbar erfahren.

Vielleicht werden Sie im Jahre 2075 als arabischer homosexueller Punker wiedergeboren, der in ein anderes Land auswandert und Schwierigkeiten hat, sich anzupassen! Meditieren Sie darüber, was diese Theorie des Widerstands mit Ihrer Frage zu tun hat.

Um zusätzliche Hinweise zur Klärung Ihrer Situation zu erhalten, werfen Sie dreimal eine Münze.

3 x Kopf = 199	3 x Zahl = 236
1 x Kopf und 2 x Zahl = 105	2 x Kopf und 1 x Zahl = 140

103
Emotionales Handeln

Die Menschen handeln meist nach dem Gefühl. Sie erfinden zwar logische Begründungen, um ihr Tun vor sich und anderen zu rechtfertigen, doch diese Gründe sind nichts weiter als Vorwände, die kaum etwas mit den Tatsachen zu tun haben. Wir und andere fragen nach dem Warum; aber die Gründe sind unwichtig, selbst wenn wir sie herausfinden könnten. Sie sind verborgen in unseren Anschauungen, die das Produkt all unserer vergangenen Programmierungen sind.

Wenn Sie nach dem Warum fragen oder es zu erklären versuchen, demonstrieren Sie damit Ihren Mangel an Bewusstsein, verzichten auf Ihre Kraft und verringern Ihre Selbstachtung. Sie tun das, was Sie tun, weil Sie es tun. Das ist der Grund! Andere Menschen tun, was sie tun, weil sie es tun. So einfach ist das!

Sie müssen unterscheiden zwischen Warum-Fragen, die Kraft abziehen, und Warum-Fragen, die der Klarstellung dienen. Die Frage »Warum hast du letzte Woche nicht angerufen?« stellt einen Manipulationsversuch dar. Die Frage »Warum ist es besser, bleifreies Benzin zu verwenden?« dient dagegen der Klarstellung.

Bringen Sie diese Erkenntnis mit Ihrer Frage in Verbindung, und denken Sie an Situationen zurück, in denen Sie emotional handelten und dann logische Gründe dafür suchten.

Um zusätzliche Hinweise zur Klärung Ihrer Situation zu erhalten, werfen Sie dreimal eine Münze.

3 x Kopf = 128
1 x Kopf und 2 x Zahl = 97

3 x Zahl = 149
2 x Kopf und 1 x Zahl = 218

104
Idole

Klarheit über Ihre Idole kann Ihnen helfen, Ihre derzeitige Situation besser zu verstehen. Wir suchen uns unsere Idole oft in der Jugend und sind uns nicht einmal bewusst, wie sehr wir sie nachahmen. Idole können Mitschüler, Lehrer, Familienmitglieder, Sportler, Filmstars, Sänger oder andere Menschen sein, die man bewundert. Das Idol wird zu Ihrem Selbstbild. Sie gehen durchs Leben und treffen kleine Entscheidungen, als ob diese nicht Teil eines großen Planes wären und als ob Sie die ganze Zeit auf individuelle Umstände reagierten. In Wahrheit gibt es einen großen Plan. Sie setzen ihn in Gang, wenn Sie sich Ihre Helden aussuchen.

»Wenn wir nach großen Helden suchen«, sagte John Foster Dulles, »schaffen wir uns in Wirklichkeit und weitgehend unbewusst eine Norm für unser Verhalten. Als Nächstes gestalten wir unser Leben dann so, dass es, wie wir meinen, den Beifall unserer gewählten Helden fände.«

Denken Sie an Ihre Teenagerjahre zurück. Welches waren Ihre Idole? Welchen Einfluss hatten Ihre Vorbilder auf Ihr Leben? Haben Sie Ihnen genutzt? Wie könnte Ihr Wissen um Ihre Idole Ihre Zukunft beeinflussen? Könnten Sie sich neue Vorbilder suchen, von denen Sie in Zukunft mehr profitieren würden?

Um zusätzliche Hinweise zur Klärung Ihrer Situation zu erhalten, werfen Sie dreimal eine Münze.

3 x Kopf = 158	3 x Zahl = 72
1 x Kopf und 2 x Zahl – 148	2 x Kopf und 1 x Zahl – 54

105
Wahres Lernen

Das Bukkyo Dendo Kyokai erzählt von einem jungen Mann namens Sudhana, der nach Erleuchtung strebte. Von einem meditierenden Mönch lernte er, dass der reine und friedvolle Geist eine wunderbare Macht hat. Er ist in der Lage, den Geist anderer zu reinigen und zu beruhigen. Von einer wohltätigen Frau erfuhr er, dass tätige Nächstenliebe Ausdruck von Weisheit ist. Von einer armen, körperbehinderten Frau lernte er Geduld. Auf der Straße spielende Kinder zeigten ihm auf einfache Weise, wie man glücklich sein kann. Und von einigen freundlichen, bescheidenen Leuten, die nie etwas begehrten, was andere haben wollten, erfuhr er das Geheimnis, mit der ganzen Welt in Frieden zu leben. Man brachte ihm bei, wie man inneren Frieden findet, indem man den verwehenden Rauchwolken von brennendem Räucherwerk zuschaut, und man zeigte ihm, wie man Dankbarkeit mit einer Blumengirlande ausdrückt.

Als er eines Tages durch einen Wald ging, rastete er unter einem prächtigen Baum. Plötzlich bemerkte er einen winzigen Schössling, der aus einem umgestürzten, verrotteten Baum wuchs, wodurch ihm die Ungewissheit des Lebens bewusst wurde. Der Sonnenschein am Tag und die funkelnden Sterne in der Nacht erquickten seine Seele. So lernte Sudhana durch seine Erlebnisse, dass sich in allem, was er sah und hörte, ein Stückchen Wahrheit verbirgt.

Meditieren Sie darüber, welche Bedeutung die vielen Lektionen Sudhanas für Ihre Frage und für das, was Sie noch lernen müssen, haben.

Um zusätzliche Hinweise zur Klärung Ihrer Situation zu erhalten, werfen Sie dreimal eine Münze.

3 x Kopf = 156	3 x Zahl = 81
1 x Kopf und 2 x Zahl = 37	2 x Kopf und 1 x Zahl = 238

106
Persönlichkeitsveränderung

Ihre Persönlichkeit ist die Summe Ihrer vergangenen Erfahrungen. Sie setzt sich aus drei Komponenten zusammen: Eigenarten, Anschauungen und Gewohnheiten. Sie alle werden nicht vererbt, sondern erworben, und sind daher veränderbar.

Gewohnheiten sind die Dinge, die wir immer wieder tun, zum Beispiel die Fahrt zur Arbeit oder das Ankleiden am Morgen.

Eigenarten sind die Merkmale, die uns von anderen unterscheiden, etwa ständige Unordentlichkeit oder ein stets untadeliges Äußeres.

Ihre Anschauungen zeigen, wie Sie die Geschehnisse beurteilen und welche Haltung Sie gegenüber den verschiedenen Aspekten des Lebens einnehmen.

Der Wunsch, seine Persönlichkeit zu ändern, muss von innen kommen, und zwar als Folge der Erkenntnis, was sinnvoll ist und was nicht. Welche Gewohnheiten belasten Ihre Realität? Welche Charaktereigenschaften schaden Ihnen? Welche Einstellungen rufen Disharmonie hervor? Sobald Sie wissen, was Sie werden wollen, und sobald Sie bereit sind, sich ein wenig anzustrengen, können Sie Ihre Persönlichkeit so verändern, dass Sie ein Ausdruck all dessen ist, was Sie sein möchten.

Meditieren Sie darüber, was die Grenzen Ihrer Persönlichkeit mit Ihrer Frage zu tun haben, und überlegen Sie, welche Veränderungen Ihrer Persönlichkeit Ihnen helfen würden, Ihre Wünsche zu erfüllen.

Um zusätzliche Hinweise zur Klärung Ihrer Situation zu erhalten, werfen Sie dreimal eine Münze.

3 x Kopf = 176	3 x Zahl = 210
1 x Kopf und 2 x Zahl = 150	2 x Kopf und 1 x Zahl = 89

107
Selbstverwirklichte Liebe

Es ist Ihr Recht, nach Selbstverwirklichung in allen Bereichen Ihres Lebens zu streben. In einer Liebesbeziehung, in der Sie sich selbst verwirklichen können, wird nichts, was der Partner sagt oder tut, Ihre Liebe verringern, weil Sie Negatives nicht zur Kenntnis nehmen. Die negative Energie fließt durch Sie hindurch, ohne Sie zu beeinflussen. Nur was Sie über die Worte und Taten anderer denken, hat Einfluss auf Sie.

Jedes Mal, wenn Sie sich ärgern oder gefühlsmäßig durcheinander sind, ist Ihr Streben nach Anerkennung oder Herrschaft die Ursache. Aber Ihre selbstverwirklichte Liebe hängt nicht davon ab, ob Sie geliebt werden. Sie geben großzügig, ohne eine Belohnung zu erwarten, und Sie geben Ihrem Partner totale Freiheit und verlangen nicht mehr von ihm, als er geben kann. Sie lieben Ihren Partner so, wie er ist, und erheben sich damit über Furcht und emotionale Probleme.

Die meisten von uns ringen noch um Selbstverwirklichung, aber sie ist ein Ziel, das wir alle erreichen können. Meditieren Sie darüber, was eine selbstverwirklichte Liebesbeziehung mit Ihrer Frage zu tun hat.

Um zusätzliche Hinweise zur Klärung Ihrer Situation zu erhalten, werfen Sie dreimal eine Münze.

3 x Kopf = 234	3 x Zahl = 83
1 x Kopf und 2 x Zahl = 87	2 x Kopf und 1 x Zahl = 147

108
Angst überwinden

Wovor haben Sie Angst? Wenn Sie sich davor fürchten, etwas Bestimmtes zu tun, und Sie tun es trotzdem, schlägt Ihre Seele vor Freude einen Purzelbaum. Vielleicht werden Sie sogar süchtig danach. Angenommen, Sie haben Angst vor dem Fallschirmspringen, aber Sie zwingen sich dazu. Die Erregung, die Sie bei diesem Erlebnis packt, setzt Beta-Endorphine frei, im Körper produzierte Chemikalien, die dem Opium ähneln und süchtig machen. Je öfter Sie also mit dem Fallschirm abspringen, desto größer wird der Wunsch danach. Dasselbe gilt für alle aufregenden Erlebnisse, die Sie innerlich aufwühlen, zum Beispiel Ski-Abfahrtslauf, riskante Geschäfte, sexuelle Abenteuer, offizielle Reden, Begegnungen mit neuen Menschen und alles, was Sie zunächst fürchten. Wenn Sie wissen, wie die Seele auf Furcht reagiert, können Sie die Furcht ein für alle Mal besiegen oder eine potenziell süchtig machende Situation meiden – je nachdem, was Ihrer Meinung nach besser für Sie ist.

Mut ist die Bereitschaft, Angst zu haben und dennoch zu handeln. Meditieren Sie darüber, was es für Sie bedeuten würde, sich mit Ihrer Angst auseinanderzusetzen.

Um zusätzliche Hinweise zur Klärung Ihrer Situation zu erhalten, werfen Sie dreimal eine Münze.

3 x Kopf = 189	3 x Zahl = 145
1 x Kopf und 2 x Zahl = 111	2 x Kopf und 1 x Zahl = 69

109

Unerfahrenheit

Die Situation, der Ihre Frage gilt, verwirrt Sie. Ursache dieser Verwirrung ist Ihre Unerfahrenheit. Obwohl Sie in der Regel Ihre Probleme lösen und kluge, auf Ihrer Erfahrung beruhende Entscheidungen treffen, brauchen Sie in diesem Fall dringend einen weisen Berater. Niemand ist allwissend. Stellen Sie also den Stolz nicht über Ihr Wohlbefinden, sonst verlieren Sie womöglich das Spiel.

Legen Sie zunächst genau fest, was Sie wollen, und suchen Sie dann einen Berater, der in dem Bereich, den Sie verstehen wollen, wirklich Bescheid weiß. Stellt sein Rat Sie nicht zufrieden, wird wohl Ihre Unerfahrenheit daran schuld sein; denn wenn Sie wüssten, was zu tun ist, brauchten sie ja keinen anderen zu fragen.

Alles, was Sie tun, tun Sie, um zu lernen, um Karma abzutragen und Ihre Bewusstseinsebene anzuheben. Die derzeitige Situation ist Teil des Wachstums, das Ihre Seele benötigt, um den gewünschten Fortschritt zu erzielen. Seien Sie ein guter Schüler. Nutzen Sie die Erfahrung Ihres Beraters, so gut es geht, und seien Sie bescheiden und offen, wenn Sie mit Menschen sprechen, die Ihnen helfen möchten.

Um zusätzliche Hinweise zur Klärung Ihrer Situation zu erhalten, werfen Sie dreimal eine Münze.

3 x Kopf = 146	3 x Zahl = 24
1 x Kopf und 2 x Zahl = 114	2 x Kopf und 1 x Zahl = 205

110
Umwelt und Überzeugung

Alles, was Sie umgibt, ist eine Ausdehnung Ihres Ichs. Ihr Ehepartner, Ihre Kinder, Ihr Haus, Ihre Möbel, Ihr Auto, Ihre Haustiere, Ihr Büro und Ihr Erfolg sind der materielle Ausdruck Ihrer Überzeugungen und Einstellungen. Ihre Umwelt ist das Abbild Ihres Selbst und Ihres kulturellen Niveaus.

Doch was der Geist geschaffen hat, kann er auch ändern. Der Wandel beginnt, wenn Sie neue Überzeugungen annehmen, denn was Sie glauben, erzeugt Gedanken und Emotionen, die ihrerseits Ereignisse hervorrufen. Sind Sie mit Ihrem derzeitigen Leben unzufrieden und wollen es ändern, müssen Sie Ihre grundlegenden Überzeugungen ändern – den tief verankerten Glauben, der festlegt, wie erfolgreich Sie im Beruf sind, wie wohlhabend Sie werden, wie viel Erfüllung Sie in Ihrer Liebesbeziehung finden und wie gesund Sie sind.

Ihre disharmonischen Überzeugungen sind wie ein Käfig, der Ihr Potenzial und damit auch Ihr Leben einengt. Wenn Sie aus diesem Käfig entkommen wollen, müssen Sie zunächst erkennen, dass er existiert und dass Sie nicht frei sind. Was Sie nicht erkennen, können Sie auch nicht ändern. Leider wissen die meisten Menschen nicht, dass sie in einem selbst geschaffenen Gefängnis leben.

Meditieren Sie darüber, was Sie über sich lernen können, wenn Sie Ihre Umwelt unter die Lupe nehmen. Finden Sie heraus, welche Überzeugungen Ihnen schaden, und machen Sie sich davon frei.

Um zusätzliche Hinweise zur Klärung Ihrer Situation zu erhalten, werfen Sie dreimal eine Münze.

3 x Kopf = 20	3 x Zahl = 132
1 x Kopf und 2 x Zahl = 188	2 x Kopf und 1 x Zahl = 11

111
Einsicht löscht Karma

Viele Menschen, die die Metaphysik anerkennen, glauben, dass die wichtigen Ereignisse in ihrem Leben vorherbestimmt sind und sie sich daher kaum um ihre eigene Sicherheit kümmern müssen. Sie sagen: »Ich werde keinen Autounfall haben, es sei denn, es ist vorherbestimmt. Warum soll ich also den Sicherheitsgurt anlegen?« Oder: »Wenn es mir bestimmt ist, an AIDS zu sterben, können Schutzmaßnahmen mich ohnehin nicht retten. Warum sollte ich mir also Gedanken darüber machen?«

Doch selbst wenn ein ernster Unfall oder eine schwere Krankheit einen karmischen Ausgleich darstellen, sollten Sie nicht die Regel »Einsicht löscht Karma« vergessen. Karma soll Ihnen etwas beibringen. Und möglicherweise müssen Sie lernen, nicht mehr so leichtsinnig zu sein! Vielleicht ist es für Sie an der Zeit, etwas über den Wert des Lebens zu lernen.

Die Einsicht, die Sie benötigen, um Ihr Karma zu löschen, könnte einfach darin bestehen, den Sicherheitsgurt zu benutzen, um Ihr Leben zu retten, oder »safe Sex« zu praktizieren, um sich nicht mit dem HIV-Virus anzustecken.

Sind Sie in einem Bereich Ihres Lebens leichtsinnig? Leichtsinn, Lebendigkeit und Herausforderung sind verschiedene Dinge. Sie können lebendig sein und Herausforderungen annehmen, ohne leichtsinnig zu sein. Meditieren Sie darüber, welche Bedeutung der Grundsatz »Einsicht löscht Karma« für Ihr Leben hat.

Um zusätzliche Hinweise zur Klärung Ihrer Situation zu erhalten, werfen Sie dreimal eine Münze.

3 x Kopf = 142	3 x Zahl = 214
1 x Kopf und 2 x Zahl = 10	2 x Kopf und 1 x Zahl = 68

112

Das Gesetz der Erfahrung

Eine neue Information, die Sie aufnehmen, löst alte Informationen ähnlicher Art ab. Ist in Ihrem Gehirn erst einmal ein Pfad angelegt, bleibt die Information, die er enthält, so lange erhalten, bis eine neue Information diese überlagert.

Angenommen, Sie fallen bei einer Reitstunde vom Pferd und verletzen sich. Der kleine Unfall hat in Ihnen ein negatives Muster geschaffen. Reitlehrer wissen das und drängen Anfänger immer, sofort wieder aufs Pferd zu steigen. Sie sollen eine neue, frische Erfahrung machen, um das Trauma des Sturzes zu löschen. Das ist ein angeborener, organischer Vorgang, auf den Sie nicht bewusst achten müssen und an dem Sie nicht aktiv beteiligt sind, da die grundlegenden Hirnprozesse unaufhörlich mit Wachstum und Umstrukturierung beschäftigt sind.

Diese Erkenntnis können Sie nutzen, um Programme zu ändern, denn Ihr Unterbewusstsein kann nicht zwischen Fantasie und Wirklichkeit unterscheiden. Falls Sie zum Beispiel vor großen Menschenmengen Angst haben, sollten Sie meditieren und sich lebhaft vorstellen, wie Sie sich völlig entspannt in einer Menge bewegen. Ihr Geist akzeptiert diese Vorstellung als Realität und wendet das Gesetz der Erfahrung an. Nach ein paar Wochen oder Monaten haben Sie die alte Angst überwunden. Wie können Sie dieses Gesetz in Ihrem Leben anwenden?

Um zusätzliche Hinweise zur Klärung Ihrer Situation zu erhalten, werfen Sie dreimal eine Münze.

3 x Kopf = 231   3 x Zahl = 192
1 x Kopf und 2 x Zahl = 56   2 x Kopf und 1 x Zahl = 162

113

Suche nach Wahrheit

Das Bukkyo Dendo Kyokai erzählt von einem Mann, den ein vergifteter Pfeil getroffen hatte. Seine Verwandten und Freunde wollten einen Arzt rufen, damit er den Pfeil herausziehe und die Wunde behandle.

Doch der Verwundete weigerte sich. »Wartet noch«, sagte er, »bevor ihr den Pfeil herauszieht, möchte ich wissen, wer ihn abgeschossen hat. War es ein Mann oder eine Frau? War es jemand von edler Geburt, oder war es ein Bauer? Und woraus war der Bogen gemacht? War es ein Langbogen, war er aus Holz oder aus Bambus? Woraus war die Sehne? War sie aus Pflanzenfasern oder aus einem Darm? War der Pfeil aus Schilf oder aus Holz? Welche Federn wurden benutzt? Das alles möchte ich wissen, ehe ihr den Pfeil herauszieht.«

Was wird geschehen, bevor alle diese Informationen beschafft werden können? Zweifellos wird das Gift genügend Zeit haben, sich im Körper auszubreiten – vielleicht stirbt der Verletzte. Man muss also zuerst den Pfeil herausziehen und das Gift daran hindern, sich im Körper breitzumachen.

Bei der Suche nach Wahrheit sind manche Fragen unwichtig.

Meditieren Sie darüber, was diese Geschichte mit Ihrer Frage zu tun hat.

Um zusätzliche Hinweise zur Klärung Ihrer Situation zu erhalten, werfen Sie dreimal eine Münze.

3 x Kopf = 217	3 x Zahl = 238
1 x Kopf und 2 x Zahl = 196	2 x Kopf und 1 x Zahl = 45

114

Klare Absichten

Die Menschen sind vor allem deshalb nicht so glücklich und zufrieden, wie sie sein möchten, weil sie nicht genau wissen, was sie eigentlich wollen. Manchmal, wenn sie zu wissen glauben, was sie wollen, unterliegen sie einer Selbsttäuschung, weil sie das Begehrte aus falschen Motiven haben möchten. Wäre heute der »erste Tag Ihres restlichen Lebens«, sollten Sie sich fragen, was Sie mit ihm anfangen möchten. Ihr Unterbewusstsein wird Ihnen dann dabei helfen, diese Wünsche zu verwirklichen.

Alle Menschen möchten glücklich sein, doch den meisten geht es nur darum, das Leiden und die Probleme in ihrem Leben zu beenden. Das ist möglich, wenn man die nötige Klarheit besitzt und bereit ist zu handeln. Aber wahres Glück ist nichts Äußerliches. Es wird im Inneren empfunden und entsteht, wenn Sie eine gesunde Einstellung zu den Ereignissen in Ihrem Leben entwickeln, sich sinnvolle Ziele setzen und an sich selbst glauben.

Meditieren Sie über die Klarheit Ihrer Absichten in Bezug auf Ihre wichtigste Beziehung, Ihre Freunde und Angehörigen, Ihren beruflichen Erfolg, Ihre Spiritualität, Ihr soziales Engagement und alle anderen Bereiche, die Ihnen wichtig sind.

Um zusätzliche Hinweise zur Klärung Ihrer Situation zu erhalten, werfen Sie dreimal eine Münze.

3 x Kopf = 237	3 x Zahl = 150
1 x Kopf und 2 x Zahl = 79	2 x Kopf und 1 x Zahl = 1

115
Ziele

Sie brauchen Ziele oder eine eindeutige Richtung, um Ihr Leben zu meistern. Geben Sie Ihrem Leben keine Richtung, treffen Sie damit zwar eine Wahl; aber Untätigkeit ist keine wirkliche Alternative. Ihr Unterbewusstsein erzeugt das, was in Ihrem Leben geschieht. Denken Sie negativ, können Sie sicher sein, dass Negatives auf Sie zukommt. Gedanken sind nun einmal Realität; sie erschaffen Ihre Umwelt, indem sie Ihr Unterbewusstsein programmieren.

Haben Sie keine Ziele oder sind sich über Ihre Absichten nicht im Klaren, sollten Sie herausfinden, was Sie wirklich gerne tun würden. Es muss so angenehm sein, dass es keine Arbeit, sondern ein Spiel ist. Sie brauchen bei Ihrer Suche nicht einmal nach dem Gesetz der Logik vorzugehen. Sobald Sie genau wissen, was Sie wollen, ordnet sich alles wie von selbst. Wenn Sie sich für eine Richtung entschieden haben, geschehen die Dinge auf fast magische Weise, als ob Sie ein Magnet wären, der alles anzieht, was zur Verwirklichung Ihrer Ziele notwendig ist. Ein starker, von Gefühlen getragener Wunsch – ohne jedes Zögern – bildet den Schlüssel zum Erfolg. Je stärker Ihr Wunsch ist, desto mehr Energie erzeugen Sie, damit er wahr wird.

Prüfen Sie, wie klar Ihre Absichten im persönlichen und beruflichen Bereich sind.

Um zusätzliche Hinweise zur Klärung Ihrer Situation zu erhalten, werfen Sie dreimal eine Münze.

3 x Kopf = 92	3 x Zahl = 247
1 x Kopf und 2 x Zahl = 146	2 x Kopf und 1 x Zahl = 29

116
Der bewegte Geist

Eine Zen-Geschichte handelt von drei Männern, die eine im Wind flatternde Fahne betrachten.
Einer von ihnen sagt: »Die Fahne bewegt sich.«
Der zweite meint: »Nein, der Wind bewegt sich.«
Der dritte erklärt: »Ihr irrt euch beide. Nur euer Geist bewegt sich.«
Wenn Sie auf Ihr Leben blicken, seien Sie sich darüber im Klaren, dass Ihr Geist sich bewegt und die Illusion hervorruft, dass Ihre Welt so ist, wie sie zu sein scheint. Zen begreift alles als Einheit: Das Leben ist ein Ganzes, und Sie sind ein Teil davon. Dualitäten wie du und ich, Materialismus und Spiritualität, richtig und falsch, Erfolg und Misserfolg, Moral und Unmoral existieren nicht. Nachdem Sie diesen Dualitäten entsagt haben, bleibt nichts übrig, was Ihnen Sorgen bereiten könnte. Alles ist vollkommen friedlich. Möchten Sie zu diesem Frieden gelangen, müssen Sie sich jedoch von Ihren Illusionen lösen und erkennen, dass das, was existiert, lediglich das ist, was Sie erleben. Sie können die Wirklichkeit entweder als feindselige Getrenntheit oder als friedliche Einheit erleben. Es liegt allein an Ihnen.
Diese Losgelöstheit erlaubt es den Weisen, inmitten einer lauten, von Menschen wimmelnden oder chaotischen Umgebung völlig ruhig zu sein. Sie versenken sich und bleiben unberührt. Überlegen Sie, wie diese Erkenntnis Ihnen nützen kann.

Um zusätzliche Hinweise zur Klärung Ihrer Situation zu erhalten, werfen Sie dreimal eine Münze.

3 x Kopf = 124	3 x Zahl = 220
1 x Kopf und 2 x Zahl = 231	2 x Kopf und 1 x Zahl = 72

117
Beschränkung

Obwohl Ihr Geist die unbeschränkte Macht besitzt, die Realität hervorzurufen, die Sie haben möchten, gibt es offensichtlich Grenzen. Sie können das Wetter, die Jahreszeiten oder das, was andere Menschen tun, nicht steuern. Außerdem gelingt es Ihnen nicht, Ihre eigenen Grenzen zu überschreiten, weil Ihnen Geduld, Wissen, Geld oder berufliche Erfahrung nur in bestimmtem Umfang zur Verfügung stehen.

Sie müssen Ihre Grenzen so akzeptieren, wie sie jetzt sind. Das heißt nicht, dass Ihre Lage sich in der Zukunft nicht ändern kann, aber bis dahin müssen Sie das akzeptieren, was ist. Begrenzen Sie Ihre Ausgaben, und stellen Sie einen Plan auf, der Sie durch die gegenwärtige Situation trägt. Schränken Sie Ihre Verpflichtungen anderen gegenüber ein. Zügeln Sie Ihren Wunsch, andere zu beeinflussen. Ersetzen Sie Unmäßigkeit, soweit es mit Ihrer Frage zu tun hat, durch Vorsicht.

Wenn Sie sich eine kleine Weile in Geduld fassen, machen Sie keine Fehler, und lockende Zukunftsaussichten, die Ihnen langfristig schaden, können Ihnen nichts anhaben. Nutzen Sie die Zeit, um sich kennenzulernen und zu planen, wie Sie am besten reagieren, sobald die Umstände sich ändern.

Um zusätzliche Hinweise zur Klärung Ihrer Situation zu erhalten, werfen Sie dreimal eine Münze.

3 x Kopf = 175	3 x Zahl = 221
1 x Kopf und 2 x Zahl = 49	2 x Kopf und 1 x Zahl = 151

118
Zeiteinteilung

Ich behaupte, dass Sie im Leben achtzig Prozent Ihres Lohnes aus zwanzig Prozent Ihrer Bemühungen schöpfen. Gewöhnlich bestehen die zwanzig Prozent »Mühe« aus Aktivitäten, die mit Ihren natürlichen Fähigkeiten zu tun haben, mit Dingen, die Ihnen liegen und die Sie mögen. Die restlichen achtzig Prozent Mühe bestehen meist aus Pflichten (Tätigkeiten, die Sie erledigen müssen) und unnötiger Betriebsamkeit (in die Sie sich flüchten).

Um Ihren Ertrag zu verdoppeln, brauchen Sie lediglich vierzig Prozent Ihrer Zeit mit Tätigkeiten zu füllen, die Ihnen liegen. Das heißt nicht, dass Sie Ihre Pflichten vernachlässigen sollen. Delegieren Sie sie an jemanden, der ihnen aufgrund seiner natürlichen Begabung gewachsen ist. Was für Sie eine langweilige Pflicht ist, kann einem anderen göttliche Berufung sein. Sie können auch einen kleinen Teil Ihres wachsenden Wohlstands benutzen, um jemanden dafür zu bezahlen, dass er Ihnen lästige Pflichten abnimmt.

Dieser Plan ist riskant. Vielleicht funktioniert er nicht. Aber er kann auch zu fantastischen Resultaten führen. Wenn Sie ihn in die Tat umsetzen, müssen Sie sich auf Ihre natürlichen Fähigkeiten stützen. Dadurch erzeugen Sie schöpferische Energie, die Ihnen Kraft gibt. Es ist im Leben immer am besten, das zu tun, was man gerne tut.

Um zusätzliche Hinweise zur Klärung Ihrer Situation zu erhalten, werfen Sie dreimal eine Münze.

3 x Kopf = 178   3 x Zahl = 233
1 x Kopf und 2 x Zahl = 25   2 x Kopf und 1 x Zahl = 78

119
Wille kontra Vorstellungskraft

Die Vorstellungskraft ist stärker als der Wille. Legen Sie zum Beweis dieser Behauptung ein fünf Zentimeter dickes und zehn Zentimeter breites Brett auf den Boden und gehen Sie darauf hin und her. Sie werden sehen, es ist kein Problem. Sie stellen sich vor, dass Sie es tun können, und darum können Sie es. Wie würden Sie sich aber fühlen, wenn das Brett über den Dachkanten zweier Wolkenkratzer läge und Sie darauf gehen müssten? Sie hätten Angst und würden sich ausmalen, wie Sie herunterfallen – und wahrscheinlich würden Sie fallen, einerlei, wie stark Ihre Willenskraft wäre. Das Brett hätte sich nicht geändert, aber Ihre Einstellung dazu.

Jeder Wandel beginnt in der Vorstellung. Mit der Vorstellungskraft zu arbeiten, ist die wirksamste Methode, um das Gehirn neu zu programmieren. Meditieren Sie und stellen Sie sich dabei Ihr Leben so vor, wie Sie es gerne hätten. Erzeugen Sie lebhafte geistige Bilder, in denen Sie alles, was geschieht, sehen und fühlen, auch Ihre Emotionen und die Reaktionen anderer, die Ihren Sieg oder Ihre Leistung miterleben. Dadurch pflanzen Sie diese Vorstellung tief und fest in Ihr Unterbewusstsein ein, und es kann damit beginnen, die Verhältnisse zu schaffen, die die Verwirklichung des Ziels schließlich ermöglichen.

Um zusätzliche Hinweise zur Klärung Ihrer Situation zu erhalten, werfen Sie dreimal eine Münze.

3 x Kopf = 178	3 x Zahl = 223
1 x Kopf und 2 x Zahl = 25	2 x Kopf und 1 x Zahl = 78

120

Unterbewusstsein

Sie sind die Summe all Ihrer Erlebnisse und Erfahrungen – von der Geburt bis zu diesem Augenblick. Falls Sie die Reinkarnationslehre anerkennen, müssen Sie alle Ereignisse Ihrer vergangenen Leben hinzurechnen. Diese vergangenen Erfahrungen und Erlebnisse stellen Ihr gesamtes »Programm« dar, das in den Datenbanken Ihres Unterbewusstseins gespeichert ist. Ihr Unterbewusstsein hat Sie also zu dem gemacht, was Sie heute sind. Ihre Talente und Fähigkeiten, Ihre Probleme und Sorgen sind das Werk intuitiver, unbewusster Führung. Ihr Unterbewusstsein leitet Sie und wird Sie auch in Zukunft leiten, oft im Widerspruch zu Ihren bewussten Wünschen.

Warum? Weil das Unterbewusstsein nicht mit der Vernunft arbeitet, sondern wie ein Computer nach seinem Programm. Jeder Gedanke programmiert den Computer. Bevor Sie also etwas sagen oder tun, müssen Sie erst denken. Wenn Sie eher negativ als positiv denken, schaffen Sie eine negative Wirklichkeit. Wenn Sie mit Ihrer Wirklichkeit nicht zufrieden sind, ist es Zeit, Ihre Gedanken zu verändern.

Überlegen Sie, wie oft Sie negativ denken. Beginnen Sie damit, solche Gedanken »einzufangen« und unschädlich zu machen, bevor sie zu Daten eines Programms werden. Denken Sie bewusst positiv über die Person oder Situation, die Sie ärgert.

Um zusätzliche Hinweise zur Klärung Ihrer Situation zu erhalten, werfen Sie dreimal eine Münze.

3 x Kopf = 235	3 x Zahl = 43
1 x Kopf und 2 x Zahl = 33	2 x Kopf und 1 x Zahl = 160

121
Die Wege der Übung

Das Bukkyo Dendo Kyokai lehrt jene Menschen, die nach Erleuchtung streben, die drei Wege der Übung, die man verstehen und befolgen muss:

1. Rechtes Handeln: Jeder – einerlei, ob er ein einfacher Mensch ist oder ob er den Weg zur Erleuchtung sucht – sollte die Regeln des rechten Handelns beachten. Er sollte Körper und Geist im Zaum halten und die Tore seiner fünf Sinne bewachen, sich auch vor geringfügigen bösen Taten hüten und in jedem Augenblick danach streben, nur Gutes zu tun.

2. Richtige Konzentration des Geistes: Lösen Sie sich von lüsternem und üblem Verlangen so schnell, wie es entsteht, und halten Sie Ihren Geist rein und ruhig.

3. Einsicht: Verstehen Sie vollständig und akzeptieren Sie geduldig, dass Begierde und Widerstand die Ursachen des Leidens sind. Friede ist die Folge der Erleuchtung, und Sie erlangen ihn, wenn Sie dem Edlen Pfad folgen – rechte Anschauung, rechte Gesinnung, rechtes Reden, rechtes Handeln, rechtes Auskommen, rechtes Streben, rechte Achtsamkeit, rechtes Sichversenken.

Meditieren Sie darüber, was die drei Wege der Übung mit Ihrer Frage zu tun haben und wie Sie diese Erkenntnisse in Ihrem Leben anwenden können.

Um zusätzliche Hinweise zur Klärung Ihrer Situation zu erhalten, werfen Sie dreimal eine Münze.

3 x Kopf = 165	3 x Zahl = 139
1 x Kopf und 2 x Zahl = 58	2 x Kopf und 1 x Zahl = 115

122
Drei Pfeiler des Dharmas

Die drei Pfeiler des buddhistischen Dharmas weisen den Weg zu einem spirituellen Leben.

1. Edelmut: Nicht ergreifen, nicht festhalten, nicht gierig sein. Die karmischen Folgen von Edelmut sind Wohlstand und tiefe, harmonische Beziehungen mit anderen Menschen.
2. Moralisches Leben: Nicht töten, nicht stehlen, keine sexuellen Verfehlungen begehen, keine falsche Rede führen, nur die Wahrheit sagen und nutzloses und gemeines Gerede vermeiden; keine Rauschmittel nehmen, die dem Geist die Klarheit rauben.
3. Meditation: Konzentration des Geistes auf ein Objekt, ohne abzuschweifen; Einsicht in das Entstehen und Vergehen aller Dinge und in die Natur des Dharmas.

Überlegen Sie, welche Bedeutung diese drei Pfeiler für Ihre Frage und für Ihr Leben haben.

Um zusätzliche Hinweise zur Klärung Ihrer Situation zu erhalten, werfen Sie dreimal eine Münze.

3 x Kopf = 201	3 x Zahl = 138
1 x Kopf und 2 x Zahl = 109	2 x Kopf und 1 x Zahl = 242

123
Vergangene Ursachen

Ihre derzeitige Situation ist karmisch bedingt – sie ist das Resultat einer Ursache, die in der Vergangenheit liegt. Jede Empfindung in Ihrem Körper oder Geist und alles, was Sie erleben, wird von einem Ereignis oder einer Reihe von Ereignissen aus einer anderen Zeit und an einem anderen Ort hervorgerufen. Diese Ereignisse können sich in diesem oder in einem vergangenen Leben zugetragen haben.

Wenn Sie nicht zu einem Reinkarnationstherapeuten gehen möchten, können Sie auch lernen, sich allein in Meditation oder Selbsthypnose zu versetzen. In diesem anderen Bewusstseinszustand rufen Sie dann Ihre geistigen Führer und Lehrer und bitten darum, Sie zur Ursache der Situation, über die Sie mehr wissen möchten, zurückzuführen. Stellen Sie sich vor, wie Sie durch einen Tunnel gehen oder eine Brücke in Ihre Vergangenheit überqueren. Vertrauen Sie Ihrem Geist, wenn Eindrücke sich zu formen beginnen – Visionen, Gedanken, Gefühle oder innere Stimmen. Mit etwas Übung können Sie sich auch leicht auf eine Reise durch Zeit und Raum begeben. Sagen Sie zu sich: »Wenn ich bis drei zähle, gehe ich einige Wochen in die Zukunft voraus und sehe, wie diese Angelegenheit ausgeht.«

Nachdem Sie erfahren haben, was Sie wissen wollten, holen Sie sich mit positiven Suggestionen wieder in die Gegenwart zurück. Dazu gehört auch die Suggestion, dass Sie sich nach dem Zurückkommen an alles erinnern, was Sie soeben erlebt haben.

Um zusätzliche Hinweise zur Klärung Ihrer Situation zu erhalten, werfen Sie dreimal eine Münze.

3 x Kopf = 180	3 x Zahl = 27
1 x Kopf und 2 x Zahl = 166	2 x Kopf und 1 x Zahl = 162

124

Sympathie, Mitleid und Mitgefühl

Nehmen wir an, in einem Workshop über die Möglichkeiten des Menschen werden Sie aufgefordert, sich vorzustellen, wie Sie eine Straße am Meer entlanggehen und plötzlich einen Ertrinkenden sehen. Da Sie nicht schwimmen können, haben Sie drei Möglichkeiten mit dem Problem umzugehen:

1. Sympathie: Sie springen ins Wasser und ertrinken mit dem anderen.
2. Mitleid: Sie setzen sich und seufzen und weinen, weil ein Mensch ertrinkt.
3. Mitgefühl: Sie tun etwas Sinnvolles. Sie werfen dem Ertrinkenden ein Seil zu oder rufen Hilfe herbei.

Meditieren Sie darüber, was diese Geschichte mit Ihrer Frage zu tun hat und wie Sie zurzeit dieses Problem lösen. Mitgefühl hat therapeutischen Wert, denn es gibt Ihnen die Möglichkeit, Ihr Sein mit einem anderen zu verbinden, und Sie tun auch etwas für sich, indem Sie anderen helfen. Wenn Sie sich selbst erkennen, Sie selbst sind und entsprechend Ihrem inneren Licht handeln, wird Leben zu einem Erlebnis, das man mit anderen teilt und das die Grenzen des Egos sprengt. Doch streben Sie danach, durch Ihr Handeln weder Anerkennung noch Gewinn zu erwarten.

Um zusätzliche Hinweise zur Klärung Ihrer Situation zu erhalten, werfen Sie dreimal eine Münze.

3 x Kopf = 43	3 x Zahl = 119
1 x Kopf und 2 x Zahl = 210	2 x Kopf und 1 x Zahl = 72

125
Wahrnehmung

Benutzen Sie Ihre Wahrnehmungsfähigkeit, um sich in der Situation, auf die sich Ihre Frage bezieht, einen Vorteil zu verschaffen. Trachten Sie wie der Aikidokämpfer danach, dem Gegner nachzugeben, um ihn zu entwaffnen und seine Absichten zu erfahren. Dann können Sie einen Gegenangriff starten und die Kraft des Gegners zu Ihrem Vorteil nutzen.

Beim Nachgeben müssen Sie sich öffnen, auf Urteile verzichten und über das Objektive hinausgehen. Werden Sie zum Beobachter. Benutzen Sie Ihre Wahrnehmungsfähigkeit, um in den Schuhen des anderen zu gehen. In diesem Bewusstsein können Sie angemessen handeln, wohl wissend, dass Sie, wenn Sie mit Vorsatz handeln, Karma erzeugen.

Die Zeit ist ideal, um Beziehungen herzustellen. Wenn Sie einen Standpunkt der bedingungslosen Liebe beibehalten, bleibt Ihre Wahrnehmung klar und präzise. Sie können dieses Bewusstsein nutzen, um Frieden, Ausgewogenheit, Harmonie und Gerechtigkeit zu erlangen.

Je mehr Sie Ihre Wahrnehmungsfähigkeit positiv nutzen, desto mehr verfeinern Sie Ihren Charakter. Das versetzt Sie in die Lage, andere durch eine Vision zu beeinflussen und zu lenken oder ein erfülltes Leben ohne große Störungen von außen zu führen.

Um zusätzliche Hinweise zur Klärung Ihrer Situation zu erhalten, werfen Sie dreimal eine Münze.

3 x Kopf = 97	3 x Zahl = 114
1 x Kopf und 2 x Zahl = 52	2 x Kopf und 1 x Zahl = 201

126
Energie ist unzerstörbar

Energie ist unsterblich. Wissenschaftler haben es bewiesen, indem sie das kleinste Energieteilchen in einer Nebelkammer isolierten, in die nichts hinein- und aus der nichts hinausgelangen konnte. Das Teilchen war zu klein, um mit bloßem Auge gesehen zu werden; aber man konnte es auf einem hochempfindlichen Film sichtbar machen. Die Wissenschaftler stellten fest, dass es Größe, Gewicht, Form und Geschwindigkeit hatte, und es bewegte sich ständig in der Kammer hin und her, bis es schließlich auf den Boden sank und zu »sterben« schien. Doch bald darauf war das Teilchen wieder da, nur hatte es jetzt eine andere Größe, ein anderes Gewicht, eine neue Form und eine andere Geschwindigkeit.

Auch menschliche Wesen bestehen aus Energie. Sie selbst können ebenso wenig sterben wie die Menschen, die Sie lieben. Wir können uns nur umwandeln oder in neuer Form wiedergeboren werden. Energie kann auch nicht stillstehen. Sie muss sich ihrer Natur nach hin und her bewegen. Wenn Sie etwas tun, was Sie reizt und erregt, steigt Ihr Energiepegel, sind Sie dagegen gelangweilt, deprimiert oder ausgebrannt, geht Ihre Energie zurück und bereitet sich auf eine Veränderung vor.

Meditieren Sie darüber, was Ihre Energie mit Ihrer Frage zu tun hat. Wächst Ihre Energie, oder nimmt sie ab? Wächst Ihre Persönlichkeit, oder bereiten Sie sich auf eine Veränderung vor?

Um zusätzliche Hinweise zur Klärung Ihrer Situation zu erhalten, werfen Sie dreimal eine Münze.

3 x Kopf = 250	3 x Zahl = 66
1 x Kopf und 2 x Zahl = 29	2 x Kopf und 1 x Zahl = 167

127

Genießen Sie den Augenblick

Manchmal stehen Sie sich selbst im Weg, statt Ihr Leben zu genießen. Alles, was Sie haben, ist dieser Augenblick – jetzt. Genau so! Sie können die Vergangenheit oder die Zukunft nicht greifen. Es gibt nur diesen einen Augenblick, und Sie scheinen oft unfähig zu sein, ihn zu genießen.

Solange Sie nicht im Hier und Jetzt leben und das Jetzt nicht so genießen können, wie es ist, leben Sie nicht wirklich. Sie wandern nur durch Ihre Fantasien und empfinden auf Ihrem Weg wahrscheinlich eine ganz Menge Angst. Achten Sie einmal darauf, was für eine gewaltige Wirkung es hat, wenn Sie ganz bewusst im Hier und Jetzt sind. Verzichten Sie das nächste Mal beim Essen auf Tischgespräche. Genießen Sie einfach nur das Jetzt. Registrieren Sie, was für ein Gefühl es ist, zu kauen. Schmecken Sie, wie die Speisen wirklich schmecken, anstatt Sie hinunterzuschlingen und sofort den nächsten Bissen in den Mund zu schieben. Vielleicht erfahren Sie zum ersten Mal in Ihrem Leben, was essen bedeutet. Wenn Sie sich das nächste Mal mit Ihrem Partner lieben, fantasieren Sie nicht von einem anderen Partner und denken Sie nicht an ein früheres Erlebnis. Empfinden Sie stattdessen den Moment intensiv und so, wie er ist.

Wenden Sie diese Erkenntnisse auch auf andere Bereiche Ihres Lebens an. Vielleicht stellen Sie dabei fest, dass Sie Ihr Leben zum ersten Mal leben. Denken Sie daran, dass Weisheit die Frucht der Erfahrung ist.

Um zusätzliche Hinweise zur Klärung Ihrer Situation zu erhalten, werfen Sie dreimal eine Münze.

| 3 x Kopf = 233 | 3 x Zahl = 45 |
| 1 x Kopf und 2 x Zahl = 118 | 2 x Kopf und 1 x Zahl = 99 |

128
Grundwerte

Es ist an der Zeit, Ihre grundlegenden Wertvorstellungen zu erforschen. Sie symbolisieren das, wofür Sie eintreten, und sie sind eine Quelle der Energie. Danach sollten Sie über jene Wertvorstellungen nachdenken, die mit dem Sinn Ihres Daseins auf der Erde zu tun haben. Meditieren Sie und fragen Sie sich, welche Werte Ihnen am wichtigsten sind. In der Meditation finden Sie wahrscheinlich mehrere unterschiedliche Antworten, doch eine von ihnen sollte wichtiger sein als die anderen.

Suchen Sie dann nach einem Symbol für Ihre wichtigste Wertvorstellung. Das Symbol kann ein Mensch, ein Gegenstand, ein Tier, ein Laut, ein Bild sein – oder etwas anderes. Versuchen Sie nicht, es bewusst zu formen. Lassen Sie das Symbol auf natürliche Weise Gestalt annehmen, zum Beispiel das Yin-Yang-Symbol für Harmonie, einen Ast für Wachstum, eine Quelle für Beharrlichkeit oder einen Adler für die zunehmende Macht und Stärke des Menschen.

Nehmen Sie Ihr Symbol in sich auf. Es wird Sie ständig an Ihre Grundwerte erinnern. Zeichnen oder malen Sie es und machen Sie es zu einem Teil Ihres Lebens. Stellen oder hängen Sie das Bild dort auf, wo Sie es immer vor Augen haben.

Um zusätzliche Hinweise zur Klärung Ihrer Situation zu erhalten, werfen Sie dreimal eine Münze.

3 x Kopf = 188	3 x Zahl = 10
1 x Kopf und 2 x Zahl = 207	2 x Kopf und 1 x Zahl = 40

129

Stressauslöser

Stress ist die Folge dessen, wie Sie Ereignisse wahrnehmen und darauf reagieren. Was für Sie Stress ist, empfindet ein anderer Mensch vielleicht nicht als solchen und umgekehrt. Sie wurden nicht mit mehr oder weniger Stressgenen geboren als Ihre Mitmenschen. Letztlich hängt alles von der Einstellung ab.

Untersuchungen haben gezeigt, dass viel beschäftigte Manager, die weniger unter Stress leiden als andere, ein starkes Selbstwertgefühl haben, dass sie das Leben für lebenswert halten, sich zutrauen, ihre Umwelt zu beeinflussen, und dazu neigen, Veränderungen und Probleme als Chancen zu betrachten. Diese Einstellungen beseitigen den Stress nicht, aber sie entschärfen ihn.

Denken Sie über Ihre Stressauslöser nach. Was regt Sie auf? Was macht Sie zornig? Was frustriert Sie? Wann werden Sie angespannt? Machen Sie eine Liste aller stressauslösenden Faktoren in Ihrem Leben, und wenn die Ursache nicht auf der Hand liegt, versuchen Sie, sie herauszufinden. Werden Sie jedes Mal von Stress geplagt, wenn der Termin zur Abgabe eines Berichtes naht? Dann kann ein Kindheitserlebnis die Ursache sein. Vielleicht hat Ihr Lehrer in der vierten Klasse Sie drangsaliert und gedemütigt und Ihnen dadurch eine automatische Angstreaktion eingepflanzt, die Ihnen immer noch zu schaffen macht. Manchmal genügt das Wissen um die Ursache schon für die Lösung des Problems. Wenn nicht, nutzen Sie dieses Wissen, um sich neu zu programmieren.

Um zusätzliche Hinweise zur Klärung Ihrer Situation zu erhalten, werfen Sie dreimal eine Münze.

3 x Kopf = 100	3 x Zahl = 13
1 x Kopf und 2 x Zahl = 184	2 x Kopf und 1 x Zahl = 140

130

Harmonische Umwelt

Dieser Begriff lässt sich sowohl auf Menschen als auch auf Orte anwenden. Je mehr Fortschritte ein Mensch auf dem Weg der Selbstverwirklichung macht, desto weniger ist er bereit, sich in einer negativen Umgebung aufzuhalten. Darum suchen solche Menschen nach Beziehungen, die Sie befreien, unterstützen und Ihr Wachstum fördern, nicht nur mit dem Ehepartner oder der Ehepartnerin, sondern auch mit Freunden und Kollegen. Wenn Sie sich um Selbstverwirklichung bemühen und zurzeit noch in eine falsche Beziehung verwickelt sind, tun Sie gewiss alles, um die Situation zu verbessern. Liebe und Weisheit können das scheinbar Unmögliche vollbringen.

Zu einer harmonischen Umwelt gehört auch ein Ort, wo Sie mehr Frieden finden als irgendwo sonst, einen Ort, dessen Schwingungen in Ihnen eine Resonanz erzeugen. Dieser kann dort sein, wo Sie jetzt sind, in einer ganz anderen Gegend oder sogar in einem anderen Land. Sie brauchen sich nur zu entscheiden, jetzt umzuziehen. Wenn Sie woanders glücklicher sind, wird sich Ihr innerer Friede auf alle Bereiche Ihres Lebens auswirken.

Überlegen Sie, was Ihre Frage mit der Harmonie in Ihrer Umgebung zu tun hat und wie Sie diese Harmonie herstellen können.

Um zusätzliche Hinweise zur Klärung Ihrer Situation zu erhalten, werfen Sie dreimal eine Münze.

3 x Kopf = 23	3 x Zahl = 114
1 x Kopf und 2 x Zahl = 133	2 x Kopf und 1 x Zahl = 76

131
Energie

Besitzen Sie genügend Energie für Ihr neues Vorhaben? Wenn Sie die Energie und eine klare Zielvorstellung haben, ist die Schlacht schon halb gewonnen. Ist dies nicht der Fall, sind Ihre Chancen zu siegen gering. Sie werden bald das Interesse verlieren und Ihren Plan auf Kosten Ihres Selbstwertgefühls aufgeben.

Sie können Ihre Energie in jede gewünschte Richtung lenken und sie mannigfaltig einsetzen: um zornig zu werden, Widerstand zu leisten, schöpferisch zu sein, zu lieben oder Erfolg zu haben. Es ist immer dieselbe Energie. Manche Menschen verbrauchen ihre ganze Energie damit, um gegen das, was ist, anzukämpfen. Sie möchten Ihren Ehepartner oder die Gesellschaft nach ihren Vorstellungen ändern und haben dann für schöpferische Tätigkeiten, Liebe oder Erfolg keine Energie mehr übrig.

Stellt Ihr Ziel eine freudige Herausforderung dar und Sie vereinen Ihre körperliche, seelische und geistige Energie, erzeugen Sie damit die wirksamste Bündelung an Energie.

Meditieren Sie darüber, was Ihre Energie mit Ihrer Frage zu tun hat und wie Sie Ihre Energie in dem Bereich, um den es Ihnen geht, verstärkt einsetzen können.

Um zusätzliche Hinweise zur Klärung Ihrer Situation zu erhalten, werfen Sie dreimal eine Münze.

| 3 x Kopf = 233 | 3 x Zahl = 127 |
| 1 x Kopf und 2 x Zahl = 50 | 2 x Kopf und 1 x Zahl = 222 |

132
Zentrierung

Zentriert sein, also in der Mitte ruhen, heißt, körperlich entspannt, gefühlsmäßig ausgeglichen, seelisch konzentriert und spirituell bewusst zu sein. Ihre Mitte ist Ihr inneres Wesen, Ihre höhere Bewusstseinsebene, und Ihre Persönlichkeit ist Ihr äußeres, von der Gesellschaft geprägtes Wesen.

Denken Sie zurück an eine Zeit in Ihrem Leben, in der Sie das Gefühl hatten, in Ihrer Mitte zu sein. Stellen Sie sich jede Einzelheit vor: wie alt Sie waren, wo es geschah, warum und wie Sie darauf reagiert haben. Wenn es ein Bild gibt, das Ihnen hilft, sich auf das Gefühl einzustimmen, benutzen Sie es, um Ihre Empfindungen von damals wachzurufen und zu genießen.

Stellen Sie sich dann vor, Sie befänden sich in einer schwierigen Situation, auf die Sie gewöhnlich verstört reagieren. Bewahren Sie das Bewusstsein Ihrer Mitte, und bleiben Sie trotz der widrigen Umstände friedvoll und harmonisch.

Lernen Sie durch Übung, in Ihre Mitte zu gehen. Regelmäßige Meditation kann Ihnen helfen, die Folgen der Angst zu überwinden.

Um zusätzliche Hinweise zur Klärung Ihrer Situation zu erhalten, werfen Sie dreimal eine Münze.

3 x Kopf = 183 3 x Zahl = 5
1 x Kopf und 2 x Zahl = 191 2 x Kopf und 1 x Zahl = 176

133
Rechtschaffenheit

Es ist wichtig für Sie, dass Sie in naher Zukunft bei Ihrem Umgang mit anderen Rechtschaffenheit beweisen. Es sind Kräfte im Spiel, die Sie zwingen, auf Kleinigkeiten zu achten, wenn Sie Ihre Wünsche verwirklichen wollen. Jetzt ist nicht die richtige Zeit, um Luftschlösser zu bauen. Kümmern Sie sich lieber um den Alltag, bewahren Sie den Status quo, und achten Sie auf alles, was mit Ihrem Problem zu tun hat.

Vielleicht geraten Sie in Versuchung, mehr auf sich zu nehmen, als Sie bewältigen können. Falls dies geschieht, sollten Sie die Situation neu überdenken, ohne sich von der Aussicht auf Gewinn verführen zu lassen. Wenn Sie die Sachlage vernünftig prüfen, können Sie Irrtümer vermeiden.

Gehen Sie in all Ihren Beziehungen mit der gleichen Behutsamkeit vor, und sorgen Sie durch aufrichtige Reaktionen, die vom Herzen, nicht vom Kopf her kommen, für Harmonie. Protziges oder extravagantes Verhalten ruft mit Sicherheit Disharmonie hervor. Halten Sie sich an die traditionellen Rollen, und äußern Sie Ihre wahren Gefühle offen und einfühlsam. Vielleicht ist Demut eine Lektion, die Sie noch lernen müssen. Meiden Sie also Hochmut, sonst könnte es sein, dass die Kräfte sich gegen Sie wenden.

Um zusätzliche Hinweise zur Klärung Ihrer Situation zu erhalten, werfen Sie dreimal eine Münze.

3 x Kopf = 171	3 x Zahl = 232
1 x Kopf und 2 x Zahl = 169	2 x Kopf und 1 x Zahl = 126

134

Vollkommenes Gleichgewicht

Ihr Höheres Selbst hat ein vom Karma gelenktes Soll-und-Haben-System aufgebaut, das ein vollkommenes Gleichgewicht gewährleistet. Falls sich diese Balance in naher Zukunft nicht einstellt, dann kommt sie zu einem späteren Zeitpunkt oder in einem künftigen Leben. Achten Sie also sehr sorgfältig darauf, nichts zu tun, wofür Sie sich bestrafen müssten. Das Karma ist auf jeder Ebene Ihres Körpers und Ihres Geistes in ständiger Bewegung, und jeder Gedanke und jede Tat schaffen oder löschen Karma. Immer, wenn Sie vorsätzlich etwas tun, entsteht Karma.

Heben Sie einen Stein auf, und werfen Sie ihn in einen kleinen Teich. Ihr Tun ist die Ursache, das Aufspritzen und die Wellen sind die Folgen. Ihre Handlung stört die Harmonie des Teichs, und die Wellen wandern hin und her, bis das Wasser schließlich zu seinem ursprünglichen ruhigen Zustand zurückkehrt.

In ähnlicher Weise stören alle Ihre Gedanken und Taten die Ausgewogenheit des Universums. Alles, was Sie tun, ruft Schwingungen hervor, die sich in alle Richtungen ausbreiten, bis Ihr Karma irgendwann in einem Ihrer Leben im Gleichgewicht ist und Sie wieder in Harmonie sind.

Meditieren Sie darüber, was Ihr bewusstes Handeln mit Ihrer Frage zu tun hat. Könnte Ihr Wunsch dazu führen, dass Sie sich selbst bestrafen müssen, um Ihr Karma auszugleichen?

Um zusätzliche Hinweise zur Klärung Ihrer Situation zu erhalten, werfen Sie dreimal eine Münze.

3 x Kopf = 66	3 x Zahl = 202
1 x Kopf und 2 x Zahl = 7	2 x Kopf und 1 x Zahl = 1

135
Nichtstun

In Ihrem überaus geschäftigen Leben gönnen Sie sich nur selten Muße. Muße, also nichts tun, heißt nicht, herumzusitzen und zu telefonieren oder mit Freunden essen zu gehen. Es heißt, sich zurückzulehnen und dem Luxus der Muße zu frönen. Stellen Sie sich das Nichtstun als Pause in einem Musikstück vor. Sie ist ein wichtiger Bestandteil der Komposition, denn ohne sie wären die Noten nicht voneinander zu unterscheiden.

Betrachten Sie Ihr Leben und prüfen Sie, wo Sie Anpassungen und Korrekturen vornehmen sollten. Das Ziel mancher Meditationsübungen ist das Nichts – eine Ebene ohne Leere oder Einsamkeit, eine Ebene äußersten Glücks jenseits des Egos. Buddha beschrieb diesen Zustand als überströmendes Mitgefühl.

Wenn Sie bewusst aufhören, zu sehen und zu denken, beginnen Sie, die Dinge so wahrzunehmen, wie sie sind. Dann sind Sie frei von alten Vorurteilen und vorprogrammierten Schlussfolgerungen und schaffen Raum für neue Einsichten. Erst in diesem Zustand können Sie wirklich sehen.

Um zusätzliche Hinweise zur Klärung Ihrer Situation zu erhalten, werfen Sie dreimal eine Münze.

3 x Kopf = 108	3 x Zahl = 183
1 x Kopf und 2 x Zahl = 57	2 x Kopf und 1 x Zahl = 93

136
Meisterschaft

Möchten Sie auf Ihrem Gebiet ein Meister werden? Meisterschaft – ein Phänomen, das Ihre Grenzen sprengt – erfordert zunächst Klarheit darüber, was Sie wollen. Stellen Sie sicher, dass Ihre Anschauungen Sie nicht behindern. Was halten Sie beispielsweise von bereits existierenden Meistern auf dem von Ihnen angestrebten Gebiet? Spüren Sie irgendwelche Vorbehalte, können Sie selbst kein Meister werden, da Sie nicht bekommen können, was Sie ablehnen. Als Nächstes geben Sie sich das Versprechen, Hervorragendes zu leisten. Fangen Sie gleich an, Ihre Fähigkeiten dort einzusetzen, wo Sie sich auszeichnen wollen. Das ist natürlich leichter gesagt als getan, denn Meisterschaft verlangt große Opfer an Zeit, Energie und Mühe.

Lassen Sie sich nicht auf Mittelmäßigkeit oder Durchschnittliches ein, das ist nicht mehr akzeptabel für Sie. Erforschen Sie Ihr Leben, um die Menschen und Dinge zu entdecken, die Ihnen Kraft rauben und dazu beitragen, dass Sie durchschnittlich bleiben. Überlegen Sie, wie Sie sich von Menschen und Aktivitäten in Ihrem Leben, die nur Ihre Durchschnittlichkeit fördern, trennen können. Nehmen Sie dafür an Aktivitäten teil, die Ihnen helfen zu wachsen. Umgeben Sie sich mit lebensfrohen, erfolgreichen Menschen, die das Beste in Ihnen sehen und Sie darin unterstützen, das auch zu sein. Indem Sie sich auf Ihre Wünsche konzentrieren und sich ständig korrigieren, erlangen Sie die Macht und die Fähigkeit, sich über das Gewöhnliche zu erheben.

Um zusätzliche Hinweise zur Klärung Ihrer Situation zu erhalten, werfen Sie dreimal eine Münze.

3 x Kopf = 101   3 x Zahl = 215
1 x Kopf und 2 x Zahl = 61   2 x Kopf und 1 x Zahl = 24

137

Möglichkeiten, die Erleuchtung zu erlangen

Das Bukkyo Dendo Kyokai lehrt, dass es unendlich viele Möglichkeiten gibt, die Erleuchtung zu erlangen. Dazu ein paar Beispiele.

Es war einmal ein Mann, der Weihrauch verbrannte. Er bemerkte, dass der Duft weder kam noch ging, weder plötzlich auftauchte noch verschwand. Diese einfache Erkenntnis verhalf ihm zur Erleuchtung.

Es war einmal ein Mann, der sich einen Dorn in den Fuß trat. Als er den scharfen Schmerz fühlte, kam ihm der Gedanke, der Schmerz sei nur eine Reaktion des Geistes. Dann löste dieser Vorfall einen noch weitergehenden Gedanken aus: dass der Geist dem Laster verfallen kann, wenn man ihn nicht zu beherrschen vermag, und man ihn läutern kann, wenn es gelingt, ihn zu zügeln. Durch diese Gedanken gelangte er zur Erleuchtung.

Ein anderer Mann war sehr habgierig. Als er eines Tages über diese Eigenschaft nachdachte, fiel ihm ein, dass Gedanken der Gier nichts weiter sind als Anmachholz und Späne, die durch die Flamme der Weisheit verbrannt und verzehrt werden können. Dieser Gedanke war der erste Schritt auf dem Weg zu seiner Erleuchtung.

Meditieren Sie darüber, was diese Geschichten mit Ihrer Suche nach Antworten auf Ihre Frage zu tun haben.

Um zusätzliche Hinweise zur Klärung Ihrer Situation zu erhalten, werfen Sie dreimal eine Münze.

3 x Kopf = 200	3 x Zahl = 130
1 x Kopf und 2 x Zahl = 146	2 x Kopf und 1 x Zahl = 33

138
Zeit

Der wertvollste Schatz, den Sie besitzen, ist Ihre Zeit – entweder Sie gehen sorgfältig damit um, oder Sie vergeuden ihn. Zeit sollten Sie auf konstruktive und lohnende Weise nutzen, im Idealfall so, dass sie Ihnen Erfüllung bringt. Sie können Ihre Zeit verwenden, indem Sie für Ihren Erfolg arbeiten, mit guten Freunden zu Abend essen oder sich hinsetzen und nichts tun. Zeit, die Sie mit unangenehmen Leuten oder mit nutzloser Geschäftigkeit verbringen, ist verschwendete Zeit.

Erlauben Sie anderen, Ihre Zeit zu vergeuden, lassen Sie es zu, dass jene Ihr Leben stehlen. Jedem von uns stehen am Tag 1440 Minuten zur Verfügung, aber diese Zeit ist für immer verloren, wenn man sie nicht weise in seine Zukunft investiert. Erwerben Sie Wissen und Fertigkeiten, knüpfen Sie geschäftliche Kontakte oder erweitern Sie Ihr persönliches Leben.

Auf die Forderungen anderer brauchen Sie nicht einzugehen. Nur Ihre Wertvorstellungen legen fest, wofür Sie Ihre Zeit opfern. Von dieser Entscheidung hängen Ihre Lebensqualität und Ihr Erfolg ab. Meditieren Sie darüber, wie Sie Ihre Zeit so verbringen können, dass Sie davon profitieren.

Um zusätzliche Hinweise zur Klärung Ihrer Situation zu erhalten, werfen Sie dreimal eine Münze.

3 x Kopf = 237	3 x Zahl = 68
1 x Kopf und 2 x Zahl = 144	2 x Kopf und 1 x Zahl = 224

139

Der Furcht ins Auge blicken

Es ist besser, sich einer furchterregenden Situation zu stellen, als sie zu ignorieren. Sie neigen dazu, emotionalen Auseinandersetzungen aus dem Weg zu gehen, obwohl Sie wissen, dass diese unvermeidlich sind. Haben Sie die Unvermeidlichkeit der Konfrontation erst einmal akzeptiert, können Sie damit beginnen, sich bildhaft vorzustellen, wie Sie Ihrer Furcht ins Auge blicken und sie bezwingen. Diese Bilder werden Ihre Furcht schließlich auf einen annehmbaren Umfang reduzieren.

Einige metaphysische Lehrer sagen, dass man eine Situation nicht völlig durchschauen kann, wenn man sich fürchtet. Furcht entsteht aus vergangenen Ereignissen und daraus in der Zukunft erwarteten Misserfolgen – also aus allem, was man nicht kennt und nicht versteht. Sobald Sie Ihre Furcht verstehen, verschwindet sie.

Achten Sie darauf, Furcht nicht als Rechtfertigung dafür zu benutzen, sich vom Leben fernzuhalten. Damit würden Sie Ihr Unterbewusstsein programmieren, und am Ende hätten Sie vielleicht sogar Angst, Ihre Furcht zu verlieren – weil Ihnen dann etwas fehlen würde. Denn selbstverständlich würden Sie mit der Furcht auch den Konflikt, die Wut, die Sorgen und alle auf Furcht gegründeten Emotionen verlieren.

Meditieren Sie darüber, was Ihr Verhalten, einer angstbesetzten Auseinandersetzung aus dem Weg zu gehen, mit Ihrer Frage zu tun hat. Finden Sie heraus, welche Ereignisse der Vergangenheit beziehungsweise welche Fehlschläge, die Sie in der Zukunft befürchten, zu diesem Verhalten geführt haben.

Um zusätzliche Hinweise zur Klärung Ihrer Situation zu erhalten, werfen Sie dreimal eine Münze.

| 3 x Kopf = 47 | 3 x Zahl = 172 |
| 1 x Kopf und 2 x Zahl = 4 | 2 x Kopf und 1 x Zahl = 80 |

140
Erfolg

Was bedeutet Erfolg für Sie? Für den einen bedeutet er Reichtum, für den anderen berufliche Erfüllung oder Anerkennung, der dritte bemisst ihn nach seiner persönlichen Freiheit oder seinem Bewusstseinsniveau. Im Idealfall schließt der Erfolg alle diese Aspekte sowie liebevolle Beziehungen ein.

Viele Menschen glauben, Erfolg setze besondere Fertigkeiten, eine neue Idee oder gute Beziehungen voraus. Statistisch gesehen trifft das nicht zu. Erfolg basiert zu neunzig Prozent auf Energie, Begeisterung, Selbstvertrauen und Selbstdisziplin.

Zunächst müssen Sie genau wissen, was Sie wollen. Seelische Energie brauchen Sie, um zu lernen, zu planen und sich zu erinnern. Körperliche Energie ist der Schlüssel zur Erneuerung. Begeisterung entsteht in der Regel, wenn Sie tun, was Sie gerne tun. Aber das Selbstvertrauen eines Siegers ist wohl der mächtigste Erfolgsfaktor. Verhalten Sie sich daher so, dass Sie stolz auf sich sein können, und tun Sie nie etwas, was Ihre Selbstachtung schmälert. Selbstdisziplin bedeutet Selbstbestimmung und Beharrlichkeit, wenn es darum geht, Ihre Zeit, Ihre Energie und Ihre Fähigkeiten zur Verwirklichung Ihrer Wünsche einzusetzen. Sie ist eine Tugend, über die alle erfolgreichen Menschen verfügen.

Um zusätzliche Hinweise zur Klärung Ihrer Situation zu erhalten, werfen Sie dreimal eine Münze.

3 x Kopf = 119	3 x Zahl = 20
1 x Kopf und 2 x Zahl = 142	2 x Kopf und 1 x Zahl = 208

141
Das Ziel ist erreicht

Wenn alles in geordneten Bahnen verläuft und das Ziel erreicht ist, möchte man sich entspannen und die Früchte seiner Bemühungen genießen. Doch das ist nicht unbedingt erstrebenswert. Die Geschichte hat gezeigt, dass ein Staat, der den Gipfel seiner Macht erreicht hat, auseinanderzubrechen und zu verfallen droht, wenn nicht Gegenkräfte dafür sorgen, dass er wachsam bleibt. Für Menschen gilt das Gleiche. Die einzige Methode, einen Niedergang zu verhindern, besteht darin, einen neuen Gipfel anzustreben – eine neue Herausforderung zu schaffen, die Sie bewältigen müssen.

Beginnt die Situation, sich zu verschlechtern, sollten Sie nicht versuchen, die Illusion aufrechtzuerhalten, alles sei in Ordnung. Diese Illusion ist gefährlich und öffnet die Tür zum Chaos. Sehen Sie stattdessen den Tatsachen ins Gesicht, und planen Sie Ihre Aktionen sorgfältig.

Falls Ihre Frage mit persönlichen Beziehungen zu tun hat, können Sie die Probleme lösen, indem Sie Ihren Alltag behutsam und fantasievoll lebendiger gestalten. Handelt es sich um berufliche oder geschäftliche Sorgen, könnten Sie eine langgehegte Absicht in die Tat umsetzen, oder Sie erleben bald einen entscheidenden Umschwung. Behutsamkeit ist der Schlüssel, gefolgt von Hingabe und Selbstverantwortung.

Um zusätzliche Hinweise zur Klärung Ihrer Situation zu erhalten, werfen Sie dreimal eine Münze.

3 x Kopf = 214	3 x Zahl = 149
1 x Kopf und 2 x Zahl = 201	2 x Kopf und 1 x Zahl = 20

142
Motivation

Sie werden nie über den Rahmen Ihrer Vision hinaus Erfolg haben, denn Ziele und Visionen sind nicht dasselbe. Die Vision symbolisiert das Endresultat. Falls Ihr Ziel die Eröffnung eines erfolgreichen Restaurants ist, könnte Ihre Vision eine landesweite Restaurantkette sein.

Prüfen Sie Ihre Visionen in allen Lebensbereichen – in Ihren Beziehungen, Ihrem Beruf und Ihrer Kreativität. Seien Sie sich darüber im Klaren, dass Sie für eine große Vision einen vom Gefühl her bestimmten Beweggrund brauchen. Dieses Gefühl treibt Sie ständig vorwärts. Der Wunsch, alle Ihre Kinder an der Universität studieren zu lassen, ist eine gefühlsbedingte Motivation. Der Wunsch, allen Leuten, von denen Sie ausgelacht wurden, Ihren wahren Wert zu zeigen, ist auch eine emotionale Motivation. Das verlorene Vermögen Ihres Großvaters zurückzugewinnen, ist solch eine Motivation. Die Erfüllung einer Meisterschaft zu genießen, eine andere. Der Wunsch hingegen, die Hypotheken mühelos zurückzahlen zu können, ist ein praktischer Beweggrund. Genug Geld für ein teures Auto zu verdienen, ist ein materieller Wunsch. Wenn sich ein Mensch auf praktische und materielle Ziele beschränkt, neigt er dazu, seine Begeisterung zu verlieren, sobald Schwierigkeiten auftreten. Dann schraubt er seine Wünsche zurück, anstatt nach ihrer Erfüllung zu streben.

Denken Sie über die Motivationen nach, die Ihren Wünschen zugrunde liegen. Welche emotionale Zielsetzung könnte die Visionen, die Ihnen wichtig sind, unterstützen?

Um zusätzliche Hinweise zur Klärung Ihrer Situation zu erhalten, werfen Sie dreimal eine Münze.

3 x Kopf = 197 3 x Zahl = 183
1 x Kopf und 2 x Zahl = 202 2 x Kopf und 1 x Zahl = 74

143
Sinn

Der Psychiater Viktor Frankl vertrat die Meinung, es sei äußerst wichtig für uns, den Sinn unseres Lebens zu erkennen, und dann, wenn unser Leben Sinn habe, komme alles andere von allein. Als Frankl während des Zweiten Weltkriegs in ein Vernichtungslager der Nazis verschleppt wurde, trug er das einzige Exemplar eines Manuskripts, das er verfasst hatte, bei sich. Ein Wächter nahm es ihm weg, warf es in den Schmutz und trampelte darauf herum. Frankl sagte: »In diesem Augenblick schloss ich die Tür zu meiner Vergangenheit. Ich musste mich jetzt auf das konzentrieren, worauf ich mich freuen konnte.«

Die Vernichtungslager überlebten vor allem jene Menschen, die einen starken Lebenswillen besaßen und etwas hatten, worauf sie hoffen konnten, oder jemanden, der sie brauchte. Nur dann gab es eine Chance, das Lager zu überleben. Ohne diesen Sinn brachen die Gefangenen zusammen und starben.

Falls Ihre Erinnerungen Ihre Träume übertreffen, wird es schwierig, da man weder in der Vergangenheit noch in der Zukunft leben kann. Alles, was Sie haben, ist das immer gegenwärtige Jetzt. Sie können auch nicht ohne die Herausforderungen leben, die Ihr Dasein reizvoll machen und ihm Sinn geben. Statt eines spannungslosen Zustands brauchen Sie den Ansporn eines erstrebenswerten Ziels.

Meditieren Sie darüber, was die Suche nach einem Sinn mit Ihrer Frage zu tun hat, und denken Sie über Ihre Herausforderungen und Ziele nach.

Um zusätzliche Hinweise zur Klärung Ihrer Situation zu erhalten, werfen Sie dreimal eine Münze.

3 x Kopf = 240	3 x Zahl = 188
1 x Kopf und 2 x Zahl = 194	2 x Kopf und 1 x Zahl = 67

144

Das Leben ist ein Spiel

Um die Verantwortung für Ihr Leben übernehmen zu können, müssen Sie mehr Selbstdisziplin entwickeln. Das Leben ist ein Spiel. Manche spielen es als Spiel der Armut, des Kampfes, der Krankheit oder einfach der Rechthaberei, andere als Spiel des Glücks, des Erfolgs und der unerschöpflichen Gesundheit. Wir alle spielen dieses Spiel, das wir selbst erfunden haben. Wenn unser Spiel keinen Gewinn brächte, würden wir es nicht mehr spielen.

Es lohnt sich zu untersuchen, ob Sie eine geheime Befriedigung daraus schöpfen, mit Ihrem Leben nicht ganz zurechtzukommen. Bringt es Ihnen Vorteile, wenn Sie sich als Opfer fühlen? Oder wenn Sie erfolglos sind oder Ihre Arbeit unzureichend bezahlt wird? Solche Vorteile können sein: Sie empfangen Anteilnahme, die Leute haben Mitleid mit Ihnen, man hilft Ihnen und kümmert sich um Sie, Sie sind vor Schuldzuweisungen geschützt.

Es gibt unendlich viele Arten von Spielen: »Ich kann den richtigen Partner nicht finden.« – »Mein Chef kann mich nicht leiden.« – »Meine Beziehung ist schrecklich.« – »Meine Freunde wollen ständig etwas von mir.« Meditieren Sie über die Spiele, die Sie spielen, und über den Nutzen, den Sie daraus ziehen.

Um zusätzliche Hinweise zur Klärung Ihrer Situation zu erhalten, werfen Sie dreimal eine Münze.

3 x Kopf = 21	3 x Zahl = 249
1 x Kopf und 2 x Zahl = 207	2 x Kopf und 1 x Zahl = 125

145

Selbstdisziplin

Wenn Sie Ihre Selbstdisziplin stärken, bauen Sie die Kraft auf, die Sie brauchen, um nicht aufzugeben. Allzu oft sagen wir »zum Teufel damit«, weil wir nicht die Kraft haben, uns mit einem Problem auseinanderzusetzen. Manchmal sagen wir das »Zum Teufel damit!« zwar nicht laut, aber unbewusst. Wir setzen unsere vergeblichen Bemühungen fort, weil wir uns nicht eingestehen wollen, dass wir nicht über genügend Selbstdisziplin verfügen, um das Notwendige zu tun.

Falls Ihr Mangel an Selbstdisziplin dazu führt, dass Sie leiden, bleiben Ihnen Ihre Schmerzen so lange erhalten, bis Sie stärker werden. Sie gewinnen an Stärke, indem Sie Ihre Willenskraft und Ihre Selbstachtung steigern. Alles, was Sie im Leben tun, beeinflusst Ihre Selbstachtung. Tun Sie also nur Dinge, die Ihnen ein positives Bild von sich selbst vermitteln. Stärken Sie Ihre Willenskraft, und konzentrieren Sie sich auf das, was Sie tun. Erledigen Sie nicht mehrere Dinge gleichzeitig, solange eine Aufgabe noch unvollendet ist.

Üben Sie Beharrlichkeit, indem Sie sich selbst versprechen, die Situation durchzustehen. Seien Sie mutig, das heißt, seien Sie sich Ihrer Furcht bewusst, aber handeln Sie trotzdem. Organisieren Sie sich und Ihr Vorhaben: Tun Sie den ersten Schritt zuerst, und dann immer nur einen weiteren Schritt. Entwickeln Sie sich durch Übung zum Meister, und geben Sie sich nicht mit weniger zufrieden.

Um zusätzliche Hinweise zur Klärung Ihrer Situation zu erhalten, werfen Sie dreimal eine Münze.

3 x Kopf = 116	3 x Zahl = 94
1 x Kopf und 2 x Zahl = 223	2 x Kopf und 1 x Zahl = 193

146

Klarsehen

Wenn etwas »in« ist, also gerade in Mode, ist es oft schwierig, klar darüber zu urteilen. So wurden chinesischen Mädchen Tausende von Jahren lang die Füße eingebunden. Sie mussten Schuhe tragen, die das Wachstum der Füße verhinderten, weil winzige Füße als »schön« galten. Die Füße der Aristokratinnen waren so klein, dass sie ohne fremde Hilfe kaum gehen konnten. Bauersfrauen konnten sich keine kleinen Füße leisten, da sie ja arbeiten und deshalb vernünftig laufen können mussten. Frauen mit normalen Füßen wurden als hässlich, gewöhnlich und unkultiviert betrachtet, und man hatte Mitleid mit ihnen.

Die reichen Frauen indes, die als elegant und schön galten, waren Krüppel. Jede reiche Frau, die sich an dieser Mode nicht beteiligte, wurde als verrückt angesehen, weil sie keine Aussichten hatte, einen passenden Mann zu bekommen. Erst als der Brauch abgeschafft wurde, waren die Menschen imstande einzusehen, wie töricht er gewesen war.

Ein Brauch oder ein Glaube ist nicht schon deshalb vernünftig, weil die Masse ihn akzeptiert. Unsere Gesellschaft übernimmt immer wieder Torheiten, die ebenso närrisch sind wie die Vorstellung, Minifüße seien schön. Wenden Sie diese Erkenntnis auf Ihre Frage an, und prüfen Sie sorgfältig Ihre eigenen Bedürfnisse, bevor Sie sich dem Diktat anderer unterwerfen.

Um zusätzliche Hinweise zur Klärung Ihrer Situation zu erhalten, werfen Sie dreimal eine Münze.

3 x Kopf = 170	3 x Zahl = 222
1 x Kopf und 2 x Zahl = 92	2 x Kopf und 1 x Zahl = 131

147
Seelenfrieden

Konflikte entstehen, wenn Sie Ihren Kopf durchsetzen wollen, es aber nicht können. Der sichere Weg zum Seelenfrieden besteht darin, fröhlich zu geben, ohne eine Gegenleistung zu erwarten und an nichts festzuhalten.

Niemand außer Ihnen kann Ihnen etwas geben – weder Rat noch materielle Güter –, was zu dauerhaftem Frieden und anhaltender Zufriedenheit führt. Seelenfrieden ist eine Frage des Standpunkts, abhängig davon, wie Sie Ihr Handeln und die Ereignisse in Ihrem Leben bewerten. Sie, und nur Sie, können das Leben als feindliche Getrenntheit oder als friedliche Einheit betrachten.

Metaphysiker glauben, Frieden sei die Tür zum inneren Königreich Gottes. Halten Sie jetzt inne und denken Sie daran, den ganzen Tag lang Frieden zu empfinden. Atmen Sie tief ein und aus, und gönnen Sie sich ein paar Minuten der Entspannung. Fragen Sie sich: »Woran fehlt es mir in diesem Augenblick?« Je öfter Sie dies tun, desto friedlicher werden Sie. Betrachten Sie die Dinge in Ihrem Leben, die Unruhe hervorrufen, und überlegen Sie, wie Sie aufhören können, zu urteilen und anderen Menschen Vorwürfe zu machen. Verzichten Sie auf Ihr Streben nach Anerkennung oder Macht. Akzeptieren Sie das, was ist, und lösen Sie sich von allem Negativen, indem Sie es durch sich hindurchfließen lassen, ohne darauf zu reagieren.

Um zusätzliche Hinweise zur Klärung Ihrer Situation zu erhalten, werfen Sie dreimal eine Münze.

3 x Kopf = 220	3 x Zahl = 10
1 x Kopf und 2 x Zahl = 205	2 x Kopf und 1 x Zahl = 163

148

Die Kraft des Gehirns

Sie nutzen nur einen kleinen Teil Ihrer Gehirnkapazität, bestenfalls zehn Prozent. Stellen Sie sich vor, was bei einem Mehr von nur zwei oder drei Prozent geschähe! Ihr Gehirn ist flexibel, es wächst so lange, wie Sie es herausfordern und stimulieren. Wie andere Teile Ihres Körpers schrumpft das Gehirn, wenn es nicht trainiert wird. Je mehr Sie also Ihr Gehirn nutzen, desto schärfer und leistungsfähiger wird Ihr Verstand.

Sorgen Sie für Anregung, um Ihren Geist beweglich und geschmeidig zu halten. Lesen Sie, um Ihren Horizont zu erweitern und Ihre Fantasie zu entwickeln; verbessern Sie mit Spielen wie Puzzles, Scrabble oder Computerspielen Ihre Fähigkeit, Probleme zu lösen; gehen Sie einem Hobby nach, das mit dreidimensionalen Gegenständen zu tun hat und Ihr Raumvorstellungsvermögen schult, zum Beispiel Modellbau, Bildhauerei oder Malen.

Sie können Ihr Gehirn auch durch Körpertraining fit halten. Schon mäßige körperliche Bewegung geht mit positiven elektrischen und chemischen Veränderungen einher. Untersuchungen haben gezeigt, dass körperliches Training die Intelligenz, die Schnelligkeit im Denken und die Lernfähigkeit deutlich verbessert, Depressionen dämpft und Angst abbaut. Auch Gedächtnis, Aufmerksamkeit und Motivation werden günstig beeinflusst.

Um zusätzliche Hinweise zur Klärung Ihrer Situation zu erhalten, werfen Sie dreimal eine Münze.

3 x Kopf = 26	3 x Zahl = 185
1 x Kopf und 2 x Zahl = 226	2 x Kopf und 1 x Zahl = 109

149
Ausgewogenheit

Gleichen Sie harte Arbeit durch Spiel aus. Sind Sie ein Karrieremensch und lieben Ihre Arbeit, fällt es Ihnen oft schwer, sich davon zu lösen, um Sport zu treiben, sich der Familie zu widmen, einem Hobby nachzugehen oder sich gar um Ihre spirituellen Bedürfnisse zu kümmern. Aber Ausgewogenheit ist für das Wohlbefinden unerlässlich. Sie müssen es als vorrangige Aufgabe ansehen, Ihr Gleichgewicht zu bewahren.

Wenn Sie zulassen, dass das Gleichgewicht verloren geht, wird es in dem Bereich, den Sie vernachlässigen, zu Problemen kommen. Falls Sie Ihre Beziehung der Karriere unterordnen, müssen Sie mit Partnerschaftskrisen rechnen, die sich indirekt auch auf Ihren Beruf auswirken. Sollten Sie sich falsch ernähren und zu wenig Bewegung haben, werden Sie wahrscheinlich krank, was ebenfalls Folgen für Ihre anderen Lebensbereiche hat.

Meditieren Sie über den Bedarf an Ausgewogenheit in Ihrem Leben. Welche Bereiche sind aus dem Gleichgewicht geraten? Was können Sie tun, um das Gleichgewicht wiederherzustellen? Welchen Nutzen hätten Sie davon?

Um zusätzliche Hinweise zur Klärung Ihrer Situation zu erhalten, werfen Sie dreimal eine Münze.

3 x Kopf = 182	3 x Zahl = 117
1 x Kopf und 2 x Zahl = 135	2 x Kopf und 1 x Zahl = 228

150
Höhere Grundsätze

Solange Sie mit dem, was Sie tun, nicht aufhören und Ihr Handeln nicht mit dem Universum abstimmen, werden Sie Fehler machen. Bringen Sie sich ins Gleichgewicht, indem Sie höhere Grundsätze anwenden, dann können Sie Harmonie in die Situation bringen, auf die Ihre Frage sich bezieht, und Ihren Schwierigkeiten ein Ende bereiten. Sie werden ausgeglichen, wenn Sie verständnisvoll und mitfühlend sind und auf Forderungen und Vorwürfe verzichten. Geben Sie alle Hintergedanken und jedes Streben nach persönlichem Erfolg auf, und akzeptieren Sie die Möglichkeit, dass Sie einem indirekten Weg folgen müssen, um Ihre Ziele zu erreichen. Vergessen Sie raffinierte Strategien, und lassen Sie sich vertrauensvoll von Ihren höheren Grundsätzen leiten.

Das universelle Gesetz ist das, was es ist, und es steht nicht unbedingt im Einklang mit den Wünschen der Menschen. Selbst wenn Sie nach höheren Grundsätzen handeln, müssen Sie damit rechnen, dass die Ereignisse eine unerwartete Wendung nehmen. Sobald Sie sich dieser Situation anpassen, entwickeln Sie neue Ideen, Ihre Probleme in Chancen umzuwandeln. Das sollte Sie in die Lage versetzen, einige überraschende neue Gebiete zu erforschen, die Ihnen in Zukunft nützlich sein könnten.

Um zusätzliche Hinweise zur Klärung Ihrer Situation zu erhalten, werfen Sie dreimal eine Münze.

3 x Kopf = 139	3 x Zahl = 165
1 x Kopf und 2 x Zahl = 106	2 x Kopf und 1 x Zahl = 70

151
Glück

Als glücklicher Mensch sind Sie wahrscheinlich auch gesund. Sie leiden seltener an Krankheiten, altern langsamer und leben länger. Wenn Sie einmal darüber nachdenken, wird Ihnen klar, dass fast jede Entscheidung, die Sie treffen, auf Ihrem Streben nach Glück beruht. Glück kann man am besten als Zustand des Wohlbefindens definieren, als Zustand der Harmonie mit sich und der Welt.

Sich selbst zu lieben ist eine der wichtigsten Voraussetzungen für ein glückliches Leben. Eine starke Selbstachtung ist der Pfeiler des Glücks und der seelischen Gesundheit. Streben Sie auch nach Liebe, denn Forschungen haben nachgewiesen, dass liebende Menschen glücklicher sind. Statistisch gesehen leistet eine glückliche Ehe den wichtigsten Beitrag zum Wohlbefinden. Falls Sie nicht heiraten möchten, kann jede andere liebevolle Beziehung Ihr Glück steigern – ob es sich dabei um Kinder, die Familie, Freunde, Haustiere oder eine gemeinnützige Gruppe handelt, spielt keine Rolle. Eine weitere wichtige Voraussetzung, um glücklich zu sein, ist ein Beruf, den Sie gerne ausüben, denn Arbeit bestimmt und stärkt Ihr Selbstwertgefühl in erheblichem Umfang. Wenn Sie sich mit beruflichen Aufgaben herumschlagen, können Sie sogar Wut und Aggression abbauen.

Meditieren Sie darüber, welcher Zusammenhang zwischen Ihrem Glück und Ihrer Frage besteht und in welcher Weise die Erfüllung Ihrer Wünsche Sie glücklicher machen kann.

Um zusätzliche Hinweise zur Klärung Ihrer Situation zu erhalten, werfen Sie dreimal eine Münze.

3 x Kopf = 139	3 x Zahl = 199
1 x Kopf und 2 x Zahl = 245	2 x Kopf und 1 x Zahl = 82

152

Überzeugungen

Es ist für Sie an der Zeit, schädliche Überzeugungen zu erkennen und zu ändern. Psychologen und Hirnforscher stimmen darin überein, dass Sie mit Ihren Überzeugungen Ihre Realität schaffen. Sind Sie mit Ihrem Leben nicht völlig zufrieden und möchten etwas ändern, müssen Sie zunächst an Ihrer Einstellung arbeiten.

Ihre Überzeugungen sind nicht tief in Ihrem Unterbewusstsein vergraben, vielmehr sind sie Teil Ihres Bewusstseins, sind aber unentdeckt geblieben, weil Sie sich wahrscheinlich selten mit ihnen auseinandersetzen. Sie haben sie vor langer Zeit als Tatsachen akzeptiert, obwohl sie keine sind. Vielleicht halten Sie es für eine Tatsache, dass reiche Leute unehrlich sind, dass niemand wirklich glücklich ist oder dass Sex immer gut ist. Was Sie fest glauben, wird für Sie wahr.

In diesem Fall sind Ihre Überzeugungen wie Mauern, die Sie umgeben und Ihr Leben einschränken. Wenn Sie diese Mauern niederreißen wollen, müssen Sie erst erkennen, dass Sie unfrei sind. Was Sie nicht erkannt haben, können Sie auch nicht ändern.

Um zusätzliche Hinweise zur Klärung Ihrer Situation zu erhalten, werfen Sie dreimal eine Münze.

3 x Kopf = 242 3 x Zahl = 43
1 x Kopf und 2 x Zahl = 132 2 x Kopf und 1 x Zahl = 112

153

Ausweichen

Überlegen Sie einmal, was es Ihnen nützt, wenn Sie nicht tun, was Sie tun müssten. Vielleicht fürchten Sie den Erfolg oder das Versagen. Wenn Sie einem Problem ausweichen, brauchen Sie sich mit beidem nicht zu befassen.

Vielleicht fürchten Sie den Erfolg, weil echter Erfolg Ihre Beziehung zu Ihrem Ehepartner, zu Ihrer Familie oder zu Ihren Freunden verändern würde. Möglicherweise würde der Erfolg andere Veränderungen erzwingen, an denen Ihnen nichts liegt, zum Beispiel höhere Erwartungen, größere Anforderungen und stärkeren Druck. Erfolg kann außerdem Angst hervorrufen, in der Zukunft schließlich doch noch zu versagen. Prüfen Sie realistisch, was Sie gewinnen und was Sie verlieren können, und entscheiden Sie dann, was für Sie nützlich ist und was nicht.

Untersuchen Sie, welche Gründe es für Ihre Angst vor dem Versagen, vor Ausnutzung oder dem Abschluss einer Arbeit oder eines Berichts geben könnte. Derartige Ängste verstärken sich gegenseitig und rufen noch größeren Stress hervor. Wenn Sie all dem ausweichen, sind Sie vielleicht davor geschützt, verurteilt zu werden – oder Sie versetzen damit einen anderen erst in die Lage, Sie zu verurteilen.

Versuchen Sie herauszufinden, was Sie vom Handeln abhält. Suchen Sie nach den verborgenen Gründen Ihres Zauderns. Fragen Sie sich, was Ihnen schlimmstenfalls widerfahren kann. Dann prüfen Sie, wie Sie die Wahrscheinlichkeit eines unerwünschten Ausgangs verringern und dadurch Ihre Gewinnchancen erhöhen können.

Um zusätzliche Hinweise zur Klärung Ihrer Situation zu erhalten, werfen Sie dreimal eine Münze.

3 x Kopf = 198　　　　　　　3 x Zahl = 237
1 x Kopf und 2 x Zahl = 245　　2 x Kopf und 1 x Zahl = 63

154
Emotionen

Eine Zen-Geschichte erzählt von einem älteren Mönch in einem japanischen Kloster. Die jungen Novizen bewunderten ihn, nicht weil er streng mit ihnen war, sondern weil nichts ihn jemals aus der Ruhe zu bringen schien. Einige der jungen Männer beschlossen, ihn auf die Probe zu stellen, und sie verabredeten sich, ihn zu erschrecken.

An einem dunklen Wintermorgen brachte der Mönch Tee in den Versammlungssaal. Die jungen Männer versteckten sich in der Nische eines langen, gewundenen Korridors in der Nähe des Eingangs. Als der Mönch vorbeiging, sprangen sie heraus und kreischten wie Verrückte. Ohne jede Regung ging der Mönch weiter, vorsichtig den Tee balancierend. Als er an seinem Bestimmungsort angekommen war, setzte er das Tablett ab und deckte die Kanne zu, um sie vor Staub zu schützen. Dann sank er gegen die Wand und rief voller Schrecken aus: »Oh! Oh! Oh!«

Der Zenmeister, der diese Geschichte erzählte, erläuterte: »An Emotionen ist nichts Falsches. Man darf sich nur nicht von ihnen forttragen oder in seinem Tun stören lassen.«

Meditieren Sie darüber, was Ihre Emotionen und diese Geschichte mit Ihrer Frage zu tun haben.

Um zusätzliche Hinweise zur Klärung Ihrer Situation zu erhalten, werfen Sie dreimal eine Münze.

3 x Kopf = 88
1 x Kopf und 2 x Zahl = 163

3 x Zahl = 200
2 x Kopf und 1 x Zahl = 257

155
Ziele und Werte

Sie sollten baldigst Ihre Wertvorstellungen überprüfen und sicherstellen, dass diese mit Ihren Zielen übereinstimmen. Wenn dies nämlich nicht der Fall ist, treten Schwierigkeiten auf, weil Sie gegen sich selbst kämpfen. Ist es zum Beispiel Ihr größtes berufliches Ziel, der beste Außendienstler Ihrer Firma zu werden, doch Ihr Heim und Ihre Familie für Sie Ihr höchstes Gut darstellen, passen Ziel und Wertvorstellung nicht zueinander, da Ihre Arbeit Sie von zu Hause fernhalten wird.

Denken Sie über Werte nach wie Partnerschaft, Kinder, Beruf, Freunde, Spiritualität, körperliches Wohlbefinden, Finanzen, Kreativität, geistiges Wachstum, Freizeit und Erholung, materiellen Besitz und gemeinnützige Aktivitäten.

Legen Sie Ihre Ziele fest, indem Sie untersuchen, was Sie im Beruf und im persönlichen Bereich unbedingt erreichen wollen. Sie brauchen Ziele. Sie müssen Ihrem Leben eine Richtung geben, und Sie müssen eine Wahl treffen. Wenn Sie sich nicht entscheiden können, trifft das Schicksal an Ihrer Stelle die Wahl, und das kann unangenehme Folgen haben.

Um zusätzliche Hinweise zur Klärung Ihrer Situation zu erhalten, werfen Sie dreimal eine Münze.

| 3 x Kopf = 84 | 3 x Zahl = 228 |
| 1 x Kopf und 2 x Zahl = 219 | 2 x Kopf und 1 x Zahl = 66 |

156

Zeit zu handeln

Haben Sie sich einmal zum Handeln entschieden, wird durch diesen Entschluss Ihre Motivation zur Erreichung Ihres Ziels noch verstärkt. Eine von Selbstdisziplin bestimmte Handlung führt zur nächsten und hilft Ihnen, sich von für Sie schädlichen Überzeugungen und Auffassungen zu befreien. Das Gegenteil gilt, wenn Sie es versäumen zu handeln.

Falls es einen Bereich in Ihrem Leben gibt, der Aufmerksamkeit verlangt, und Sie zögern zu handeln, müssen Sie zunächst herausfinden, was Sie wirklich wollen – nicht, was Sie Ihrer Meinung nach wollen sollten. Untersuchen Sie, was Sie daran hindert zu erreichen, was Sie anstreben. Es gibt drei Arten von Hindernissen: eine unbewusste Furcht, ein verborgener Vorteil – das heißt, Sie empfinden es als nützlich, den derzeitigen Zustand beizubehalten – und völlig unrealistische Wünsche. Entscheiden Sie, wie viel Zeit, Geld und Mühe Sie zu opfern bereit sind, um zu erhalten, was Sie möchten.

Danach können Sie frei entscheiden, was zu tun ist. Wenn Sie glauben, etwas tun zu müssen, spielen Sie nicht das arme Opfer. Seien Sie ein verantwortungsbewusster, starker Mensch. Warten Sie nicht auf die bestmögliche Zeit und auf ideale Umstände zum Handeln. Wahrscheinlich werden sich diese Verhältnisse nie einstellen. Der Erfolg kommt zu jenen, die mutig genug sind, Risiken einzugehen, und mit jedem Handeln im Jetzt wird künftiges Handeln leichter.

Um zusätzliche Hinweise zur Klärung Ihrer Situation zu erhalten, werfen Sie dreimal eine Münze.

3 x Kopf = 211	3 x Zahl = 190
1 x Kopf und 2 x Zahl = 181	2 x Kopf und 1 x Zahl = 103

157
Beziehungen

Jeder wünscht sich eine herzliche, glückliche, erfüllende Beziehung, in der gemeinsame Erfahrungen und Erlebnisse das Wachstum des Einzelnen fördern. Doch in der Realität wären viele Paare schon froh, wenn ihre Beziehung nicht eine Quelle ständigen Leidens wäre. Selbst wenn die Beziehung nicht zu Konflikten führt, leiden viele Paare unter Eifersucht, besitzergreifendem Verhalten und Neid. Dennoch sprechen sie von Liebe.

Krishnamurti fragt: »Kann ein besitzergreifender oder neidischer Geist lieben, oder schützt er nur sein eigenes Vergnügen und handelt somit aus Furcht vor Verlust?« Wo Furcht ist, ist immer Aggression, und darum gibt es in vielen Liebesbeziehungen eine Menge Aggression.

Wird es für Sie Zeit, Ihre Ansicht über Ihre Beziehung zu ändern? Was für eine Beziehung streben Sie an? Könnten Sie zu Ihrem Partner sagen: »Du bist vollkommen, so wie du bist. Profitierst du von unserer Beziehung?« Solange Sie nicht aufhören können zu fordern und solange Sie nicht imstande sind, Ihre Beziehungen so zu akzeptieren, wie Sie sind, werden Sie immer wieder Probleme haben. Meditieren Sie darüber, auf welche Weise Sie Disharmonie hervorrufen. Was können Sie sofort tun, um mehr Harmonie zu erzeugen?

Um zusätzliche Hinweise zur Klärung Ihrer Situation zu erhalten, werfen Sie dreimal eine Münze.

| 3 x Kopf = 43 | 3 x Zahl = 248 |
| 1 x Kopf und 2 x Zahl = 209 | 2 x Kopf und 1 x Zahl = 160 |

158

Selbstgespräche

Ihre Gedanken programmieren Ihr Unterbewusstsein; darum ist das, was Sie denken, von entscheidender Bedeutung. Selbstverwirklichte Menschen führen positive geistige Gespräche, die ihre Disziplin steigern und ihre Selbstachtung stärken. Wenn Sie denken: »Ich muss mit diesem Projekt beginnen«, ersetzen Sie diesen Gedanken durch: »Ich kann es kaum erwarten, mit diesem Projekt anzufangen.« Wenn Sie denken: »Ich sollte aufhören fernzusehen und den Bericht fertigschreiben«, sagen Sie stattdessen: »Ich schalte jetzt den Fernseher aus und schreibe den Bericht zu Ende.«

Führen Sie positive Selbstgespräche auf der Grundlage Ihrer freien Entscheidung, zu tun, was Sie zu tun haben. Ihr Unterbewusstsein akzeptiert diese Programmierung und macht sie zum Bestandteil Ihres Denkens.

Wenn Sie sich jedes Mal selbst auf die Finger klopfen, sobald Sie sich bei einem negativen Gedanken ertappen, wird es leicht, sich an positive Selbstgespräche zu gewöhnen. Erinnern Sie sich immer wieder daran, dass jeder positive Gedanke eine Gelegenheit zum Erfolg bietet, und beseitigen Sie Ihre negativen Gedanken. Positives Visualisieren unterstützt die Wirkung der Programmierung. Beginnen Sie sofort damit, Ihre negativen Gedanken aufzuhalten und durch positive zu ersetzen.

Um zusätzliche Hinweise zur Klärung Ihrer Situation zu erhalten, werfen Sie dreimal eine Münze.

3 x Kopf = 216   3 x Zahl = 198
1 x Kopf und 2 x Zahl = 211   2 x Kopf und 1 x Zahl = 14

159
Wohlstand

Die universellen Kräfte begünstigen momentan eine Phase des Wohlstands. Die Zeit ist ideal, um das Alte zu überwinden und das Neue willkommen zu heißen. Es ist eine Zeit des schöpferischen Wachstums wie die Blütezeit im Frühling. Nutzen Sie diese Zeit, um den Boden fruchtbar zu machen und zu bebauen. Säen Sie die Saat eines erfolgreichen Neubeginns, die zu einem erfüllten Leben erblühen wird.

Jetzt können Sie vertrauensvoll Geselligkeit suchen und neue Kontakte knüpfen. Positive Einflüsse kommen Ihnen in vielfacher Weise entgegen und helfen Ihnen, eine positive Realität zu schaffen. Sie sind auch fähig, die Führung zu übernehmen und Ihre beruflichen Pläne in geregelte Bahnen zu lenken.

Bündeln Sie Ihre innere Harmonie, und bringen Sie dieses Gefühl des Friedens in Ihrem Handeln zum Ausdruck. Alles, was dem Wohl anderer Menschen dient, ist von Erfolg gekrönt. Es ist Ihre Aufgabe, Ihre positive Energie zum Nutzen der Menschheit einzusetzen. Als Lohn können Sie Ihr Leben in Gesundheit und innerem Frieden genießen.

Um zusätzliche Hinweise zur Klärung Ihrer Situation zu erhalten, werfen Sie dreimal eine Münze.

3 x Kopf = 11	3 x Zahl = 124
1 x Kopf und 2 x Zahl = 191	2 x Kopf und 1 x Zahl = 236

160

Sie sind vollkommen

Auf einer höheren geistigen Ebene sind Sie vollkommen. Ihr inneres Wesen ist vollkommen, auch wenn das, was Sie tun, nicht immer vollkommen ist. Wiederholen Sie die folgende Affirmation stumm eine oder zwei Minuten lang: »Ich weiß, mein inneres Selbst ist vollkommen.«

Es ist wahr: Sie sind vollkommen. Aber Ihr Ego-Selbst zweifelt daran und sagt: »Was für eine verrückte Idee! Ich bin nicht vollkommen.« Ihr Ego fühlt sich von dieser Affirmation ernstlich bedroht. Es muss Sie daran erinnern, wie unvollkommen Sie sind, denn es möchte, dass Sie sich mit Ihren Handlungen identifizieren und sich ihrer schämen. Es möchte, dass Sie sich und andere beurteilen, verurteilen und verdammen.

Sie können Ihr Ego zum Schweigen bringen, wenn Sie sich und Ihre Vollkommenheit lieben. Denken Sie daran: Im Leben widerfährt Ihnen das, was Ihrer tiefen Überzeugung entspricht. Meditieren Sie über Ihre Liebe zu sich und über Ihre Vollkommenheit.

Um zusätzliche Hinweise zur Klärung Ihrer Situation zu erhalten, werfen Sie dreimal eine Münze.

3 x Kopf = 124
1 x Kopf und 2 x Zahl = 246

3 x Zahl = 163
2 x Kopf und 1 x Zahl = 159

161

Vorbereitungszeit

Je mehr Vorbereitungszeit Sie in Ihren Erfolg investieren, desto größer ist der Gewinn. Alle zusätzliche Energie und Mühe zahlen sich aus, und sei es nur deswegen, weil Sie Ihre Konkurrenz übertrumpfen.

Die meisten Menschen sind auf sofortigen Profit aus. Entweder können Sie es sich finanziell nicht leisten zu warten oder sie sind aus emotionalen Gründen außerstande, Geduld aufzubringen. Nach Schätzungen interessiert sich von zehn Menschen nur einer für ein Vorhaben, das innerhalb eines Jahres keinen Gewinn abwirft. Daraus folgt, dass nur einer von zehn bereit ist, Zeit, Energie oder Geld für etwas zu opfern, das fünf Jahre oder länger keine Rendite abwirft.

Meditieren Sie über Ihre Bereitschaft, für einen künftigen Gewinn Arbeit und Energie zu investieren. Schreiben Sie den folgenden Satz auf einen Zettel, und legen oder hängen Sie ihn an einen Ort, wo Sie ihn regelmäßig sehen: »Ich bin in jedem Augenblick so produktiv wie möglich.« Diese Affirmation wird Ihren Erfolg beschleunigen.

Um zusätzliche Hinweise zur Klärung Ihrer Situation zu erhalten, werfen Sie dreimal eine Münze.

3 x Kopf = 245	3 x Zahl = 40
1 x Kopf und 2 x Zahl = 140	2 x Kopf und 1 x Zahl = 103

162
Einstellung

Sie müssen wissen, dass die Art und Weise, wie Sie eine Situation wahrnehmen, wichtiger sein kann als das, was tatsächlich geschieht. Wie Sie die Situation beurteilen und welche Vermutungen Sie daraus ableiten, beeinflusst Sie mehr, als Sie sich dessen bewusst sind.

Emotionen wie Furcht, Wut und Schuld stören das Zusammenspiel zwischen Körper und Geist ebenso wie alle anderen negativen Gefühle. Während Furcht und Zorn sich aus grundlegenden Überlebensinstinkten entwickelt haben, sind Schuldgefühle ein Produkt des Menschen. Sie sind die Folge von Urteilen und Bewertungen, die auf gesellschaftliche Normen, Erwartungen und Werturteile zurückgehen. Dennoch sollten Sie stets bemüht sein, sich von allen negativen Emotionen zu lösen.

Wissenschaftliche Studien belegen, dass Optimisten weniger von körperlichen Beschwerden geplagt werden als Pessimisten. Sie kommen mit Problemen besser zurecht und leiden seltener an Stresssymptomen. Machen Sie es sich zum Ziel, Ihre Belastungen durch Stress zu verringern, und werden Sie fröhlicher und optimistischer.

Um zusätzliche Hinweise zur Klärung Ihrer Situation zu erhalten, werfen Sie dreimal eine Münze.

3 x Kopf = 129	3 x Zahl = 220
1 x Kopf und 2 x Zahl = 5	2 x Kopf und 1 x Zahl = 219

163

Wunschlosigkeit

Eine Sufi-Geschichte erzählt von einem großen Mystiker, der still und zurückgezogen lebte, bis ihn eines Tages ein Engel Gottes weckte. Der Mystiker rieb sich die Augen und setzte sich auf, um den Engel zu betrachten, der vor ihm stand.

»Gott ist sehr zufrieden mit dir«, verkündete der Engel. »Deine Gebete wurden erhört. Ich bin hier, um deine Wünsche zu erfüllen. Sprich nur, und sie werden unverzüglich erfüllt.«

Der Mystiker war ein wenig verwirrt. »Du kommst etwas spät«, sagte er. »Es gab einmal eine Zeit, wo ich viele Dinge brauchte und viele Wünsche hatte. Aber das ist vorbei. Meine Wünsche sind vergangen. Ich habe mich so akzeptiert, wie ich bin, und ich bin zufrieden. Für mich ist es nicht einmal mehr wichtig, ob Gott existiert oder nicht. Ich bete immer noch, aber nur, weil es mir guttut. Ich bete, wie ich atme. Du kommst zu spät, ich habe keine Wünsche mehr.«

»Aber es geht um ein Geschenk Gottes«, erwiderte der Engel. »Ich kann Gott nicht beleidigen, indem ich ihm das erzähle. Sei so gut und bitte um etwas. Tu es mir zuliebe.«

»Worum soll ich denn bitten?«, fragte der Mystiker. »Ich bin zufrieden und glücklich. Mir fehlt nichts. Alles ist vollkommen. Wenn du aber darauf bestehst, sage Gott, dass ich wunschlos bleiben möchte. Gib mir Wunschlosigkeit.«

Meditieren Sie darüber, was diese Geschichte und das Glück der Wunschlosigkeit mit Ihrer Frage zu tun haben.

Um zusätzliche Hinweise zur Klärung Ihrer Situation zu erhalten, werfen Sie dreimal eine Münze.

3 x Kopf = 54	3 x Zahl = 12
1 x Kopf und 2 x Zahl = 207	2 x Kopf und 1 x Zahl = 129

164
Schuld

Schuldzuweisungen sind die häufigsten Fallen, die Menschen einander stellen, vor allem in der Familie und in anderen engen Beziehungen. Wer Schuldgefühle in Ihnen wecken möchte, kann dafür nur zwei Gründe haben: Er will Sie verletzen oder beherrschen. Beides verdient keinerlei Beachtung von Ihnen. Gebräuchliche Methoden, um Schuldgefühle hervorzurufen, sind zum Beispiel: »Nur wegen dir habe ich mich so aufgeregt, dass ich die ganze Nacht nicht schlafen konnte!« Oder: »Wie kannst du mich so behandeln?« Oder: »Ich habe die ganze Woche lang auf deinen Anruf gewartet.« Falls Sie nun ein schlechtes Gewissen bekommen, machen Sie nicht andere dafür verantwortlich. Sie selbst sind dafür verantwortlich, wenn Sie zulassen, dass man Sie manipuliert.

Es gibt drei Arten von Schuldgefühlen: 1. Kurzfristige Schuldgefühle – zum Beispiel, weil Sie nicht genügend Zeit für die Kinder haben oder Ihre Eltern nicht so oft anrufen, wie Sie denken, dass Sie es tun sollten. 2. Langfristige Schuldgefühle – zum Beispiel, wenn Sie Ihren Ehepartner verlassen haben oder Ihren kranken Vater nicht zu sich nehmen. 3. Philosophische Schuldgefühle, wenn Sie der Kirche nicht den »Zehnten« geben oder einer Hilfsorganisation nichts spenden, obwohl Sie der Meinung sind, dass Sie es eigentlich tun sollten.

Wenn Sie irgendwann Ihrem Schuldgefühl nachgegeben und entsprechend gehandelt haben, fühlen Sie sich vielleicht wieder wohl. Meistens ist das Muster jedoch so angelegt, dass Sie immer und immer wieder das tun, was Schuldgefühle in Ihnen auslöst – ein endloser Kreislauf. Wenn Sie etwas gegen diese nutzloseste aller Emotionen unternehmen wollen, tun Sie es. Wenn nicht, legen Sie sie unter »Erfahrungen« ab und leben Sie Ihr Leben weiter.

Um zusätzliche Hinweise zur Klärung Ihrer Situation zu erhalten, werfen Sie dreimal eine Münze.

3 x Kopf = 156
1 x Kopf und 2 x Zahl = 168

3 x Zahl = 31
2 x Kopf und 1 x Zahl = 193

165
Tief atmen

Atmen Sie einmal am Tag mehrere Minuten lang tief und rhythmisch ein und aus, um frischen Sauerstoff aufzunehmen. Dadurch entfernen Sie das Kohlendioxid und andere Abfallprodukte aus dem Organismus und kräftigen und erneuern den ganzen Körper.

Achten Sie bewusst auf Ihre Atmung, auf die Häufigkeit und die Tiefe. Vertiefen Sie die Atmung allmählich, und verringern Sie die Frequenz. Tun Sie das so lange, bis Sie Ihre Atmung als optimal entspannend und beruhigend empfinden. Achten Sie darauf, sich bei jedem Atemzug zu entspannen, und atmen Sie jedes Mal ruhiger und friedvoller. Beseitigen Sie alle Spannungen in Ihrem Körper. Beobachten Sie, wie Sie Energie, Ruhe und Entspannung einatmen. Atmen Sie Spannungen aus und spüren Sie, wie Sie den Druck und den Stress des Tages mit jedem Atemzug fortblasen? Atmen Sie Ruhe ein. Atmen Sie Stress und Anspannung aus. Behalten Sie diese konzentrierte Atmung wenigstens zehn Atemzüge lang bei.

Sie sollten sich mindestens einmal am Tag eine halbe Stunde lang entspannen und ausruhen. Die Zeit nach Ihrer Tiefenatmung ist dafür am besten geeignet. Eine ruhige Umgebung ist sehr wichtig. Schalten Sie Ablenkungen und unnötigen Lärm aus. Machen Sie es sich bequem, und entspannen Sie Ihren Körper schrittweise. Regelmäßige Entspannungsübungen geben dem Körper die Möglichkeit, sich zu regenerieren, und stärken das Immunsystem.

Um zusätzliche Hinweise zur Klärung Ihrer Situation zu erhalten, werfen Sie dreimal eine Münze.

3 x Kopf = 95	3 x Zahl = 210
1 x Kopf und 2 x Zahl = 211	2 x Kopf und 1 x Zahl = 57

166

Sein und Zugehörigkeit

Eine der besten Methoden, Ihr Selbstwertgefühl zu stärken, besteht darin, mehr zu *sein* als zu scheinen. Respektieren Sie sich so, wie Sie sind. Sie entscheiden, was für Sie richtig und wahr ist und nicht die Gesellschaft und andere Leute. Das kann Ihnen den Ruf eines Rebellen einbringen und ruft oft den Widerstand derjenigen hervor, die sich dem Diktat der Gesellschaft beugen.

Nehmen Sie die negative Reaktion anderer auf Ihr Sosein nicht persönlich. Wenn jemand Sie kritisiert oder etwas Unangenehmes zu Ihnen sagt, sollten Sie darin keinen persönlichen Angriff sehen. Nichts, was ein anderer sagt oder tut – abgesehen von körperlicher Gewalt –, berührt Sie, nur Ihre eigene Einstellung. Ihre Umgebung sieht Sie durch einen Schleier aus alten, einprogrammierten Vorurteilen, und Ihnen geht es ebenso. Niemand kann wirklich objektiv sein und die Welt so sehen, wie sie ist.

Lassen Sie sich nicht davon beeinflussen, wenn andere glauben, sie seien im Recht, und Sie für egozentrisch halten. Für einen Menschen mit wahrhaft starkem Selbstwertgefühl ist das Sein wichtiger als das Dazugehören.

Um zusätzliche Hinweise zur Klärung Ihrer Situation zu erhalten, werfen Sie dreimal eine Münze.

3 x Kopf = 184	3 x Zahl = 63
1 x Kopf und 2 x Zahl – 39	2 x Kopf und 1 x Zahl – 7

167
Kollektive Kraft

Sie und alle, die Ihnen nahestehen, erzeugen eine kollektive Energie. Die universellen Kräfte unterstützen derzeit diese Energie, und gemeinsame Hingabe und Anstrengung können sie wirksam werden lassen. Sie können diese unglaubliche Energie anzapfen und zu Ihrem Vorteil nutzen, wenn Ihre Wünsche im Einklang mit dem Gesetz des Kosmos stehen.

Seien Sie hilfsbereit und großzügig, wenn Sie sich mit anderen zusammenschließen. Vielleicht müssen Sie die organisatorische Arbeit leisten, denn eine starke Führung ist notwendig, wenn die Energie dieser Gruppe ein Maximum erreichen soll. Sie müssen sich außerdem über Ihre Absichten im Klaren und innerlich davon überzeugt sein, dass Sie die richtigen Ziele verfolgen. Dafür benötigen Sie außergewöhnliche Bewusstheit und Hingabe.

Sobald Sie Ihre Aufgabe, der Menschheit zu dienen, erkannt haben, wird Ihre Energie dadurch noch stärker. Besteht Ihre Gruppe nur aus Ihnen und einem geliebten Menschen und/oder sogar aus einer größeren bis großen Anzahl von Mitgliedern, wird Ihre gemeinsame Energie alle Hindernisse überwinden. Überlassen Sie sich Ihrer inneren Führung und Inspiration und handeln Sie mit bedingungsloser Liebe, dann können Sie gewiss sein, dass Ihre Wünsche sich erfüllen.

Um zusätzliche Hinweise zur Klärung Ihrer Situation zu erhalten, werfen Sie dreimal eine Münze.

| 3 x Kopf = 15 | 3 x Zahl = 76 |
| 1 x Kopf und 2 x Zahl = 104 | 2 x Kopf und 1 x Zahl = 222 |

168

Um etwas bitten

Es gibt drei Hemmungen, die Menschen davon abhalten, um etwas zu bitten: Furcht, Stolz und fehlende Selbstachtung. Wenn Sie aber im Leben bekommen wollen, was Sie sich wünschen, müssen Sie immer wieder darum bitten. Werden Sie abgewiesen, bitten Sie trotzdem weiter. Geben Sie nie auf! Wer auf Ihr Bitten ablehnend reagiert, braucht vielleicht nur Zeit zum Überlegen. Wenn genügend Zeit vergangen ist und Sie Ihren Wunsch wiederholt geäußert haben, kann fast jedes Nein in ein Ja verwandelt werden.

Entscheidend ist, dass Sie geschickt vorgehen. Um zu bekommen, was Sie haben möchten, müssen Sie manchmal den Mut aufbringen, eine neue Methode auszuprobieren. Seien Sie klug und humorvoll – das macht andere nicht nur neugierig, sondern Sie überwinden dadurch auch oft den Widerstand. Ein klug und fantasievoll vorgetragenes Anliegen hinterlässt einen stärkeren Eindruck und wird meist nicht vergessen. Beschränken Sie sich nicht aufs Reden oder Schreiben. Versuchen Sie, nicht nur mit Worten zu bitten, drücken Sie Ihre Bitte auch durch Ihr Verhalten aus. Nutzen Sie Ihre schöpferischen Fähigkeiten, und seien Sie flexibel. Wenn Sie mit einer Methode keinen Erfolg haben, können Sie immer noch eine andere ausprobieren.

Um zusätzliche Hinweise zur Klärung Ihrer Situation zu erhalten, werfen Sie dreimal eine Münze.

3 x Kopf = 172	3 x Zahl = 54
1 x Kopf und 2 x Zahl = 117	2 x Kopf und 1 x Zahl = 21

169
Ereignisse nicht persönlich nehmen

Ihre Reaktion auf schlechte Nachrichten, wie Presseberichte über Katastrophen oder Verbrechen, kann zu einem Gefühl der Hilflosigkeit und Nutzlosigkeit führen. Untersuchen Sie, wie Sie mit solchen Nachrichten fertigwerden. Bemühen Sie sich, Ereignisse nicht persönlich zu nehmen. Fragen Sie sich stattdessen, ob Sie irgendeine Einflussmöglichkeit haben. Wenn die Antwort Nein lautet, machen Sie sich klar, dass es sich um ein zufälliges Ereignis handelt, das nichts mit Ihnen zu tun hat. Seien Sie wachsam, ohne zu übertreiben, und finden Sie sich damit ab, dass ein gewisses Risiko im Leben unvermeidlich ist. Ordnen Sie die Ereignisse richtig ein, indem Sie irrationale Ansichten infrage stellen.

Hüten Sie sich vor Weltuntergangsstimmung, und nehmen Sie nicht gleich das Schlimmste an: »Meine Tochter kommt nicht, obwohl ich sie gerufen habe. Sie ist bestimmt entführt worden.« – »Mein Kopfweh kommt wahrscheinlich von einem Gehirntumor.« – »Wenn die X-Partei an die Macht kommt, ruiniert sie die Wirtschaft, alle werden arbeitslos, und die Bank versteigert unser Haus.«

Sie haben die Macht und die Fähigkeit, Ihren Geist zu beherrschen und unsinnige Ideen abzuweisen, ehe diese Ihr Unterbewusstsein in gefährlicher Weise programmieren können.

Um zusätzliche Hinweise zur Klärung Ihrer Situation zu erhalten, werfen Sie dreimal eine Münze.

3 x Kopf = 162	3 x Zahl = 128
1 x Kopf und 2 x Zahl = 16	2 x Kopf und 1 x Zahl = 93

170

Wahnsinn und Stille

Es gibt eine Sufi-Geschichte über Reisende, die ein Kloster besichtigten. Die Mönche dort benahmen sich wie Wahnsinnige – sie kreischten und schrien und schlugen auf den Boden. Mitten unter ihnen stand ein Sufimeister und beobachtete ruhig das Chaos.

»Was für ein verrücktes Kloster«, sagten die Besucher. »Die Sucher, die hierherkamen, um sich zu läutern und Erleuchtung zu erlangen, haben den Verstand verloren, und der Meister ist offenbar zu müde, um der Lage Herr zu werden.«

Einige Monate später besuchten die Reisenden das Kloster wieder. Jetzt aber saßen genau dieselben Personen still da und sagten kein Wort. Ein paar Monate danach kamen sie noch einmal vorbei und fanden ein leeres Kloster vor. Nur der Meister saß schweigend da.

»Können Sie uns das alles erklären?«, fragten die Reisenden.

»Als Sie zum ersten Mal hier waren, sahen Sie die Anfänger, die noch ganz verrückt waren. Ich ermutigte sie, ihrem Wahnsinn freien Lauf zu lassen. Als Sie die Suchenden zum zweiten Mal beobachteten, waren sie zu Erkenntnis gelangt und hatten sich beruhigt. Für mich gab es nichts mehr zu tun, und darum habe ich sie weggeschickt. Sie können überall auf der Welt still sein. Ich warte auf eine neue Gruppe. Wenn Sie das nächste Mal vorbeikommen, werden Sie wieder Wahnsinn erleben.«

Meditieren Sie über Ihren eigenen Wahnsinn, der befreit werden muss, und überlegen Sie, was diese Geschichte mit Ihrer Frage zu tun hat.

Um zusätzliche Hinweise zur Klärung Ihrer Situation zu erhalten, werfen Sie dreimal eine Münze.

| 3 x Kopf = 31 | 3 x Zahl = 140 |
| 1 x Kopf und 2 x Zahl = 203 | 2 x Kopf und 1 x Zahl = 105 |

171
Schöpferisches Visualisieren

Nutzen Sie die Technik des schöpferischen Visualisierens, um sich als glücklichen, gesunden, ganzen Menschen zu sehen. Gehen Sie dabei wie folgt vor: Legen Sie sich hin, schließen Sie die Augen, und entspannen Sie sich. Schaffen Sie angenehme Sinneseindrücke, indem Sie sich eine Realität nach Ihren Wünschen vorstellen. Verwandeln Sie Ihre Worte und Wünsche in positive Bilder. Vertiefen Sie dann Ihre Entspannung, und intensivieren Sie Ihre Eindrücke. Fügen Sie Einzelheiten hinzu, Bewegung und Tiefe. Denken Sie über die Harmonie in Ihrem Leben – in der Vergangenheit wie auch in der Zukunft – nach.

Untersuchen Sie alle Widerstände, die sich möglicherweise während des Visualisierens bemerkbar machen. Unterstützen Sie Ihr geistiges Bild durch positive Affirmationen (im Präsens) wie »Ich akzeptiere mich, wie ich bin« oder »Ich übe jetzt regelmäßig.«

Visualisieren Sie täglich. Falls Sie an einer schweren oder lebensbedrohlichen Krankheit leiden, sollten Sie es mindestens drei- bis viermal am Tag tun. Wählen Sie Bilder aus, die Ihrem Körper helfen, die Krankheit zu überwinden. Mit täglicher Übung werden Ihre Bilder immer lebendiger und klarer. Wie jeder Wachstumsprozess ruft die Visualisierung mit der Zeit Veränderungen hervor.

Um zusätzliche Hinweise zur Klärung Ihrer Situation zu erhalten, werfen Sie dreimal eine Münze.

| 3 x Kopf = 182 | 3 x Zahl = 86 |
| 1 x Kopf und 2 x Zahl = 50 | 2 x Kopf und 1 x Zahl = 244 |

172
Selbstbild

Ihr Selbstbild wurde durch lebenslanges Feedback mit Ihrer Umwelt geschaffen. Dass die heutigen Menschen häufig mit ihrem Selbstbild Probleme haben, liegt meist an den Massenmedien und an den gesellschaftlich anerkannten Normen. Vor allem das Fernsehen bombardiert uns mit Werbung, die schöne Menschen zeigt. Diese Menschen bekommen, was sie wollen, wenn sie bestimmte Produkte benutzen oder bestimmte Kleider tragen. Gut auszusehen, hübsche Kleider zu tragen und ein positives Image auszustrahlen, ist durchaus erstrebenswert. Es ist eine gute Methode, anderen zu zeigen, dass Sie mit sich selbst zufrieden sind. Sie sollten sich jedoch nicht mit den Personen in der Fernsehwerbung und auf den Titelbildern der Illustrierten vergleichen.

Wenn Sie attraktiv sein wollen, entspannen Sie sich und geben Sie sich so, wie Sie sind. Geben Sie sich selbst Ausdruck – Ihren einzigartigen Vorzügen und Ihrer Begeisterung für das Leben und für Ihre Mitmenschen. Wärme, Sinnlichkeit, Sensibilität und Humor haben nichts mit Aussehen, Kleidung, Geld oder Ruhm zu tun. Vergessen Sie also die Bilder in den Medien, die Ihnen suggerieren wollen, was gut für Sie ist, und beginnen Sie damit, Ihr wahres Selbst auszustrahlen.

Sind Sie mit diesem – Ihrem wahren – Selbst nicht völlig zufrieden, sollten Sie wissen, dass Sie die Macht und die Fähigkeit besitzen, es zu verbessern.

Um zusätzliche Hinweise zur Klärung Ihrer Situation zu erhalten, werfen Sie dreimal eine Münze.

| 3 x Kopf = 173 | 3 x Zahl = 21 |
| 1 x Kopf und 2 x Zahl = 102 | 2 x Kopf und 1 x Zahl = 131 |

173

Charisma

Im Umgang mit anderen Menschen ist es wichtig, Charisma zu zeigen. Dazu gehört, dass Sie innere Wärme und Freundlichkeit ausdrücken, selbstsicher und unabhängig handeln, offen und sensibel sind, bestimmt auftreten und mutig genug sind, auch Ihre Verletzbarkeit zu zeigen. Denken Sie außerdem daran, dass die Fähigkeit, anderen Menschen ein Gefühl des Wohlbehagens zu vermitteln, zu den angenehmsten Eigenschaften eines Menschen gehört.

Wenn Sie auf der Suche nach einem neuen Freund oder Partner sind, müssen Sie bereit sein, eine Beziehung zu einem menschlichen Wesen herzustellen, nicht zu einem Spielgefährten Ihrer Fantasie. Sie müssen diesen Menschen so akzeptieren, wie er ist, ohne ihn nach Ihren Vorstellungen ändern zu wollen.

Überlegen Sie, was Sie zu bieten haben: Sie können einzigartige, positive und interessante Beiträge zu jeder Beziehung leisten. Wir sind alle einzigartig, und wir sind es wert, geliebt zu werden. Solange Sie aber nicht genau wissen, was Sie zu bieten haben, dürfte es Ihnen schwerfallen, diese Eigenschaft auszustrahlen und anderen mitzuteilen.

Um zusätzliche Hinweise zur Klärung Ihrer Situation zu erhalten, werfen Sie dreimal eine Münze.

3 x Kopf = 158	3 x Zahl = 102
1 x Kopf und 2 x Zahl = 242	2 x Kopf und 1 x Zahl = 71

174

Gemeinschaftsgeist

Sie können nicht außerhalb der Gesellschaft leben oder sich ihren Regeln – Gesetze, Steuern, Wirtschaftssystem – entziehen. Einerlei, wie unabhängig Sie sein möchten, Sie müssen sich der Umwelt stets in gewissem Umfang anpassen und Ihre Wünsche immer in Beziehung zu den Bedürfnissen Ihrer Mitmenschen setzen. Die Gesellschaft kann ihren Zweck immer dann am besten erfüllen, wenn jedes Mitglied Sicherheit genießt und auf seine Art zum Wohl aller beiträgt.

Zur Zeit helfen Ihnen die kosmischen Kräfte, gemeinschaftliche Ziele zu erreichen; egoistische Ziele werden durch größere Hindernisse gebremst. Dies ist eine Zeit des Gemeinschaftsgeistes. Seien Sie beharrlich und bleiben Sie in allem, was Sie tun, Ihren Prinzipien treu. Kümmern Sie sich um Ihre Mitmenschen wie um sich selbst.

Wenn Sie das beachten, ist die Zeit überaus günstig für neue Unternehmungen, neue Pläne und Vorstöße in neue Bereiche, um gemeinsame Ziele zu erreichen. Das gilt auch für Menschen, die Sie lieben – Ihre Familie und Ihre Freunde. Jetzt ist nicht die Zeit, persönliche Interessen zu verfolgen. Alles, was Sie tun, sollte auch den Menschen dienen, die Ihnen am nächsten stehen.

Um zusätzliche Hinweise zur Klärung Ihrer Situation zu erhalten, werfen Sie dreimal eine Münze.

| 3 x Kopf = 168 | 3 x Zahl = 40 |
| 1 x Kopf und 2 x Zahl = 1 | 2 x Kopf und 1 x Zahl = 215 |

175

Unterpersönlichkeiten

Es ist für Sie nun an der Zeit herauszufinden, wie die einzelnen Persönlichkeiten Ihres Ichs Ihr Leben beeinflussen. In Ihrem Inneren wohnen der Quengler und der Kritiker, der Manipulator und der Märtyrer, der Erbauer und der Zerstörer. Sie alle haben ihre eigene Mythologie, und alle sind Teil Ihrer Persönlichkeit. Beginnen Sie, indem Sie sich in der Meditation auf einen unerwünschten Charakterzug konzentrieren. Rufen Sie ein geistiges Bild hervor, das diesen Teil Ihres Selbst symbolisiert, männlich oder weiblich, ein Tier, ein Ungeheuer oder etwas anderes. Lassen Sie dieses Bild auftauchen, ohne es bewusst zu formen. Sobald es Gestalt angenommen hat, geben Sie ihm die Möglichkeit, sich auszudrücken. Greifen Sie nicht ein und urteilen Sie nicht. Führen Sie ein inneres Gespräch mit dem Symbol. Geben Sie ihm einen Namen. Finden Sie heraus, wer oder was diesen Aspekt Ihres Selbst dazu bringt, sich zu behaupten. Stellen Sie außerdem fest, ob dieser Teil Ihrer Persönlichkeit bei Ihnen Angst auslöst. Machen Sie diese Übung immer wieder, bis Sie alle Ihre unerwünschten Persönlichkeitsanteile entdeckt haben.

Wenn sich in Zukunft eine dieser Unterpersönlichkeiten zeigt, nehmen Sie sie zur Kenntnis und beobachten Sie sie, ohne zu reagieren oder ein Urteil zu fällen. Dann sagen Sie zu sich: »Diese Persönlichkeit ist auch ein Teil von mir, aber sie ist nicht mein Ich.« Ihre beharrliche Weigerung, sich mit diesem Teil Ihrer Persönlichkeit zu identifizieren, kann ihn zum Verschwinden bringen.

Um zusätzliche Hinweise zur Klärung Ihrer Situation zu erhalten, werfen Sie dreimal eine Münze.

3 x Kopf = 166	3 x Zahl = 212
1 x Kopf und 2 x Zahl = 9	2 x Kopf und 1 x Zahl = 87

176

Zwanghafte Gedanken

Wenn furchterregende oder zwanghafte Gedanken Sie plagen und Ihnen nicht aus dem Kopf gehen, schreiben Sie die Störenfriede auf und formulieren Sie sie zu konkreten Aussagen. Danach stellen Sie einen Plan auf, um sich einen Punkt nach dem anderen vorzunehmen. Falls ein Problem real ist, sind Sie auch imstande, eine reale Lösung zu finden.

Werden Ihre Gedanken von unbegründeten Ängsten ausgelöst, können Sie die Methode des »Gedankenanhaltens« anwenden. Da jeder Gedanke Ihr Unterbewusstsein programmiert, haben negative Gedanken negative Folgen und positive Gedanken positive Folgen. Machen Sie zwanghafte Gedanken unverzüglich dingfest, und sagen Sie zu sich: »Das ist eine günstige Gelegenheit.« Dann ersetzen Sie den negativen Gedanken durch einen positiven. Wenn Sie sich zum Beispiel bei dem Gedanken ertappen »Ich komme mit den vielen Rechnungen und der ganzen Verantwortung nicht zurecht«, halten Sie ihn an und sagen Sie stumm: »Das ist eine günstige Gelegenheit.« Anschließend denken Sie: »Ich komme der finanziellen Unabhängigkeit jeden Tag ein wenig näher.« Visualisieren Sie dann, dass Sie bereits haben, was Sie haben möchten. Dank dieser Technik wird Ihr Unterbewusstsein nur noch positiv programmiert.

Um zusätzliche Hinweise zur Klärung Ihrer Situation zu erhalten, werfen Sie dreimal eine Münze.

3 x Kopf = 174	3 x Zahl = 221
1 x Kopf und 2 x Zahl = 52	2 x Kopf und 1 x Zahl = 107

177
Die vier Energien

Es gibt vier verschiedene Arten von Energie: geistige, emotionale, körperliche und spirituelle Energie. Sie müssen im Gleichgewicht sein, damit sie in tiefer Harmonie wirken und dafür sorgen können, dass ihr Mensch gesund und ganz bleibt. Körper, Seele und Geist haben einen gemeinsamen Rhythmus und arbeiten zusammen. Ein Ungleichgewicht in einem dieser Bereiche kann den anderen drei die Energie nehmen, und wenn die Energien in Ihnen nicht harmonieren, werden Sie müde oder krank, weil Sie nicht mehr ganz sind.

Wie Sie wissen, besteht zwischen körperlicher und geistiger Müdigkeit ein großer Unterschied, und Sie wissen auch, dass emotionale Erschöpfung noch etwas anderes ist. Wahrscheinlich haben Sie auch schon ein Gefühl für die Bedeutung der spirituellen Energie entwickelt. Sie hängt mit dem Sinn Ihres Lebens zusammen.

Meditieren Sie über diese vier Arten der Energie, um herauszufinden, ob sie sich bei Ihnen im Gleichgewicht befinden. Ist dies nicht der Fall, überlegen Sie, was Sie tun können, um das Gleichgewicht wiederherzustellen. Die Antworten des Lebens sind nicht schwierig, wenn man sich nicht länger vor den Fragen versteckt, die man sich stellen sollte. Alle Antworten liegen schon in Ihrem Inneren bereit.

Um zusätzliche Hinweise zur Klärung Ihrer Situation zu erhalten, werfen Sie dreimal eine Münze.

3 x Kopf = 197	3 x Zahl = 24
1 x Kopf und 2 x Zahl = 8	2 x Kopf und 1 x Zahl = 238

178
Scheinheiligkeit

Osho erzählt von einem Mann, der gerade seinen abendlichen Besuch in seiner Kneipe machen wollte, als eine Nonne aus dem Schatten trat und ihn daran hinderte. »Du musst aufhören zu trinken, bevor es zu spät ist«, jammerte sie. »Dies ist das Haus des Teufels. Bereue deine Sünden. Gib das Trinken auf!«

Der Mann dachte einen Augenblick nach und sagte dann listig: »Es ist nicht recht von dir, dass du etwas verdammst, was du gar nicht kennst.«

»Ich bin Nonne. Ich darf nicht trinken«, erwiderte sie.

Der Mann sprach eine Weile mit ihr und überredete sie schließlich, wenigstens ein paar Schlucke zu trinken.

»Aber ich kann nicht in Nonnenkleidern in ein Wirtshaus gehen«, sagte sie. »Warum bringst du mir nicht etwas in einer Kaffeetasse heraus?«

Also ging der Mann in die Kneipe, bestellte seinen Whisky und bat um einen Extraschuss in einer Kaffeetasse.

»Kruzitürken!«, rief der Barmixer aus. »Treibt sich diese alte Wachtel schon wieder draußen herum?«

Scheinheilig sein heißt, einen Glauben vortäuschen, aber das Gegenteil tun. Meditieren Sie darüber, was diese Geschichte mit Ihrer Frage zu tun hat.

Um zusätzliche Hinweise zur Klärung Ihrer Situation zu erhalten, werfen Sie dreimal eine Münze.

3 x Kopf = 165
1 x Kopf und 2 x Zahl = 45

3 x Zahl = 68
2 x Kopf und 1 x Zahl = 179

179

Die Macht der Wahrheit

Das Bukkyo Dendo Kyokai erzählt von einem Prinzen, der im Umgang mit Waffen geübt war. Eines Tages auf dem Weg nach Hause begegnete er einem Ungeheuer, dessen Haut unverwundbar war. Das Ungeheuer stürzte sich auf ihn, doch der Prinz blieb unverzagt. Er schoss einen Pfeil ab, der aber zu Boden fiel, ohne Schaden anzurichten. Dann warf er seinen Speer, der jedoch die dicke Haut des Monsters auch nicht durchdringen konnte. Danach warf er eine Lanze, aber auch sie vermochte das Ungeheuer nicht zu verletzen. Nun griff er es mit seinem Schwert an, doch das Schwert zerbrach. Schließlich schlug der Prinz mit Fäusten und Füßen auf das Ungeheuer ein, aber dieses umklammerte ihn mit seinen gewaltigen Armen und hielt ihn fest. Der Prinz versuchte sogar, seinen Kopf als Waffe zu benutzen, aber auch dies war vergeblich.

Das Ungeheuer schnaubte: »Es hat keinen Sinn, gegen mich zu kämpfen. Ich werde dich jetzt fressen.« Aber der Prinz erwiderte: »Du glaubst vielleicht, ich hätte alle meine Waffen benutzt und sei dir hilflos ausgeliefert, doch ich habe immer noch eine Waffe übrig. Wenn du mich frisst, vernichte ich dich aus deinem Mageninneren.«

Der Mut des Prinzen irritierte das Ungeheuer, und es fragte: »Wie willst du das anstellen?« »Mit der Macht der Wahrheit«, entgegnete der Prinz. Daraufhin ließ das Ungeheuer ihn los und bat darum, in der Wahrheit unterwiesen zu werden.

Meditieren Sie darüber, was diese Geschichte mit Ihrer Frage zu tun hat.

Um zusätzliche Hinweise zur Klärung Ihrer Situation zu erhalten, werfen Sie dreimal eine Münze.

3 x Kopf = 154	3 x Zahl = 47
1 x Kopf und 2 x Zahl = 241	2 x Kopf und 1 x Zahl = 184

180

Stresssymptome

Sie sollten herausfinden, wie sich Stress bei Ihnen bemerkbar macht. Zu den Hauptsymptomen gehören Anspannung, Nervosität, Mutlosigkeit, übermäßiges Rauchen und Trinken, übermäßiger Gebrauch von Beruhigungsmitteln und anderen Medikamenten, Magenbeschwerden, übertriebenes Schlafbedürfnis, Konzentrationsstörungen, aggressives Verhalten im Straßenverkehr, die Angewohnheit, aus jedem Spiel einen harten Wettkampf zu machen, Schlaflosigkeit oder häufiges Aufwachen in der Nacht, Verlust des sexuellen Interesses, die Neigung, mehrere Dinge gleichzeitig zu erledigen, Reizbarkeit, hoher Blutdruck, häufige Kopfschmerzen, kalte Hände, Zähneknirschen, Appetitlosigkeit und Heißhunger.

Sobald Sie Stresssymptome an sich beobachten, sollten Sie sich einen Moment lang Zeit zum Nachdenken nehmen. Fragen Sie sich: »Was müsste ich tun, um den Stress in dieser Situation zu vermeiden?«, und dann: »Wenn ich die Menschen oder die Umstände nicht ändern kann, wie kann ich meine Einstellung zu ihnen ändern?«

Viele Probleme in Ihrem Leben lassen sich leichter lösen, wenn Sie die unveränderliche Realität (das, was ist) akzeptieren und Ihre Einstellung dazu ändern. Sie sind niemals machtlos.

Meditieren Sie darüber, was dies mit Ihrer Frage zu tun hat.

Um zusätzliche Hinweise zur Klärung Ihrer Situation zu erhalten, werfen Sie dreimal eine Münze.

| 3 x Kopf = 124 | 3 x Zahl = 86 |
| 1 x Kopf und 2 x Zahl = 221 | 2 x Kopf und 1 x Zahl = 199 |

181
Gesellschaftliche Harmonie

Die Gesellschaft begrüßt neue Ideen und Erfindungen, solange sie mit ihren Wünschen im Einklang stehen. Versuchen Sie aber nicht, gegen Traditionen zu verstoßen, wenn Sie nach Wertschätzung und Anerkennung durch die Allgemeinheit streben. Alle Bereiche des Lebens müssen mit den Gesetzen und anerkannten Normen der Menschheit harmonieren, um langfristig erfolgreich zu sein.

Die kosmischen Kräfte fördern zur Zeit jede Inspiration, die der Harmonie und dem größeren Ganzen dient. Diese Inspiration kann mit Ihren Beziehungen, mit Kunst, Religion, Erziehung, Heilen, Beruf oder Vaterlandsliebe zu tun haben. Die Menschen brauchen Inspiration; sie müssen ermutigt werden, das zu werden, was sie sein können. Inspiration hilft ihnen, die universelle Wahrheit zu erkennen.

Die Energie, die Ihnen derzeit zur Verfügung steht, hat zur Folge, dass Sie im Umgang mit anderen eine besondere Ausstrahlung haben. Setzen Sie Ihr Charisma klug und im Einklang mit Ihren höheren Prinzipien ein. Strahlen Sie Vertrauen aus, und Sie werden Gleichgesinnte anziehen, die mit Ihnen zusammenarbeiten wollen.

Um zusätzliche Hinweise zur Klärung Ihrer Situation zu erhalten, werfen Sie dreimal eine Münze.

3 x Kopf = 163	3 x Zahl = 83
1 x Kopf und 2 x Zahl = 52	2 x Kopf und 1 x Zahl = 171

182
Körper / Seele

Die folgende Übung soll Ihnen helfen, mit Ihrem Selbst Verbindung aufzunehmen. Lehnen Sie sich zurück und entspannen Sie sich. Schließen Sie die Augen, atmen Sie ein paarmal tief ein und aus, und konzentrieren Sie sich auf die Vorstellung, an einem anderen Ort zu sein. Fühlen Sie das Vergnügen und die Freude, die Sie dort hätten. Bleiben Sie mindestens zwei oder drei Minuten dort, bevor Sie weiterlesen.

Denken Sie jetzt darüber nach, an welcher Stelle Ihres Körpers sich das Wohlgefühl bemerkbar gemacht hat. Manche Menschen empfinden es im Gesicht, andere im Kiefer, im Rachen, im Magen, in den Armen oder in den Beinen. Der Ort der Empfindung ist auch die Stelle, an der sich Stressreaktionen körperlich äußern. Haben Sie im Kiefer Spannung verspürt, werden Sie sie dort wieder wahrnehmen, sobald Sie wieder einmal den Wunsch haben, einer Situation zu entfliehen. In der Regel muss jeder Konflikt, der auf einer Ebene nicht gelöst wurde, auf der nächstniedrigen bewältigt werden. Ihr Körper muss sich also im Leben mit ungelösten seelischen Problemen herumschlagen, und im Beruf müssen die Angestellten das ausbaden, was auf der Leitungsebene nicht gelöst wurde.

Wenn Sie sich um widerstreitende Gefühle nicht kümmern, muss Ihr Körper es tun. Seien Sie ehrlich und drücken Sie Ihre wahren Gefühle aus, dann braucht Ihr Körper sie nicht zu absorbieren. Denken Sie darüber nach, was diese Erkenntnis mit Ihrer Frage zu tun hat.

Um zusätzliche Hinweise zur Klärung Ihrer Situation zu erhalten, werfen Sie dreimal eine Münze.

3 x Kopf = 83	3 x Zahl = 169
1 x Kopf und 2 x Zahl = 8	2 x Kopf und 1 x Zahl = 210

183
Groll

Groll ist Widerstand gegen das, was geschehen ist – eine emotionale Aufbereitung unabänderlicher Ereignisse der Vergangenheit. Je öfter Sie daran denken, desto mehr programmieren Sie Ihr Unterbewusstsein und desto mehr schaden Sie sich selbst. Ihr Unterbewusstsein arbeitet wie ein Computer nach dem Grundsatz »falsches Programm, falsches Ergebnis«. Ihr Geist ist gezwungen, Verhältnisse zu schaffen, die in der Zukunft noch mehr negative Ereignisse hervorrufen, und er wird Sie daran hindern, so glücklich, gesund und friedvoll zu sein, wie Sie sein könnten.

Es kommt nicht darauf an, ob Ihr Groll berechtigt ist oder nicht. Er schadet Ihnen auf jeden Fall, da er Sie davon abhält, sich als selbstbewusst zu sehen, und künftige Fehlschläge vorprogrammiert. Wenn Sie sich ein besseres Leben wünschen, müssen Sie Ihren Groll aufgeben.

Sie sind kein Opfer. Nach dem Gesetz des Karmas mussten Sie genau das erfahren, was Sie erlebt haben, um zu sehen, ob Sie aus den Fehlern der Vergangenheit gelernt haben. Wenn Sie Groll empfinden, verlieren Sie die Kontrolle über Ihr Leben, und wenn Sie anderen Vorwürfe machen, geben Sie ihnen die Macht zu bestimmen, wie Sie sich zu fühlen haben, wie Sie programmiert werden, wie Sie agieren und reagieren.

Um zusätzliche Hinweise zur Klärung Ihrer Situation zu erhalten, werfen Sie dreimal eine Münze.

3 x Kopf = 108	3 x Zahl = 197
1 x Kopf und 2 x Zahl = 32	2 x Kopf und 1 x Zahl = 12

184
Initiative / Reaktion

Eine Unterhaltung oder ein Projekt in Gang zu bringen ist riskant. Sie wissen nicht, wohin es führt und was geschehen wird. Vielleicht fürchten Sie, Ihre Idee werde zurückgewiesen oder Ihr Plan scheitert. Die meisten Menschen entwickeln in ihrem Leben nicht viel Initiative. Sie ziehen ein Leben mit minimalem Risiko vor und warten darauf, dass andere aktiv werden, damit sie darauf reagieren können.

Solange Sie nicht bereit sind, das Risiko des ersten Schritts einzugehen, stehen Sie immer mit einem Bein in der Sicherheitszone und schränken so Ihr Glückspotenzial ein. Wenn Sie stets nur nach Sicherheit streben, können Sie das Leben nicht voll genießen.

Das Ergreifen der Initiative erfordert, aber erzeugt auch Begeisterung und Energie. Es mag sein, dass Sie nicht immer Erfolg haben. Doch Sie nehmen immerhin aktiv am Leben teil und wissen, dass Sie Ihr Bestes gegeben haben. Ihre Gewinnchancen sind sicherlich besser als die Chancen jener Leute, die abwarten. Sobald Sie aufhören, sich vor Neuem zu fürchten, begegnen Sie mehr abenteuerlustigen Menschen und öffnen die Tür zu einem interessanteren Leben. Gehen Sie das Risiko ein! Wagen Sie das Abenteuer! Seien Sie derjenige, der die Ideen, Pläne und Vorschläge entwickelt.

Um zusätzliche Hinweise zur Klärung Ihrer Situation zu erhalten, werfen Sie dreimal eine Münze.

3 x Kopf = 115	3 x Zahl = 46
1 x Kopf und 2 x Zahl = 65	2 x Kopf und 1 x Zahl = 235

185

Vorurteile

Osho erzählt eine Geschichte, die deutlich macht, was Vorurteile anrichten können:

Ein Junge und sein Vater gingen in den Zoo. Fasziniert standen sie vor dem Löwenkäfig. Als der Vater einen Augenblick lang abgelenkt war, schlüpfte der Junge durch den Zaun, der die Besucher zurückhielt, und schon stand er unmittelbar vor dem Käfig. Ein Löwe machte einen Satz auf das Kind zu – der Vater sprang über den Zaun und riss seinen Sohn zurück, gerade als die Klauen des Löwen zwischen den Gitterstäben hindurchzuckten und den Jungen streiften.

Ein Reporter, der den Vorfall beobachtet hatte, beschloss, einen kurzen Artikel darüber zu schreiben. Unter anderem fragte er den Vater: »Welcher politischen Partei gehören Sie an?«

»Ich bin Nationalsozialist«, antwortete der Mann.

Am folgenden Morgen erschien die Zeitung mit der Schlagzeile: »Verdammter Nazi stiehlt Mittagessen eines hungrigen afrikanischen Einwanderers.«

Sie können Ihrem Verstand nicht immer trauen. Die Programmierung der vergangenen Jahre hat Vorurteile geschaffen, die Tatsachen so lange zurechtbiegen, bis sie Ihrer Vorstellung entsprechen. Ihre Ansicht über ein Vorkommnis ist Ihre Ansicht, aber sie ist nicht unbedingt zutreffend oder vollständig.

Meditieren Sie über Ihre Vorurteile, und überlegen Sie, was diese Geschichte mit Ihrer Frage zu tun hat.

Um zusätzliche Hinweise zur Klärung Ihrer Situation zu erhalten, werfen Sie dreimal eine Münze.

3 x Kopf = 48	3 x Zahl = 243
1 x Kopf und 2 x Zahl = 112	2 x Kopf und 1 x Zahl = 180

186

Vereinte Kräfte

Ein Metaphysiker weiß, dass eins und eins nicht immer zwei ergibt, wenn es zu Energieverbindungen kommt. Die Kraft zweier gleichgesinnter Menschen wird um ein Vielfaches größer, wenn sie zusammenarbeiten, um ihr Ziel zu erreichen. Wenn Sie Ihre Energie mit der Energie anderer Menschen zum Wohle der Allgemeinheit verbinden, sind Ihren Möglichkeiten keine Grenzen gesetzt.

Sie und der Mensch, auf den sich Ihre Frage bezieht, haben eine ähnliche Schwingung. Die Zeit ist günstig für persönliche Beziehungen. Prüfen Sie Ihre Motive, um sicherzustellen, dass Sie beide zusammenarbeiten, nicht gegeneinander, und dass Ihr Tun keinem anderen schadet. Es ist zu Ihrem Besten, wenn Sie einem Mittelweg folgen. Es ist jetzt nicht die Zeit, Exzessen zu frönen oder schnelle Entscheidungen zu treffen. Vieles, was auf Sie zukommt, ist karmisch bedingt und entzieht sich Ihrer Kontrolle. Reagieren Sie nicht mit Furcht, und schüren Sie nicht das Feuer, wenn Sie unter Stress geraten. Lassen Sie sich stattdessen von bedingungsloser Liebe leiten. Akzeptieren Sie das, was ist, ohne zu urteilen, ohne Erwartungen zu hegen und ohne andere Menschen dafür verantwortlich zu machen.

Um zusätzliche Hinweise zur Klärung Ihrer Situation zu erhalten, werfen Sie dreimal eine Münze.

3 x Kopf = 120   3 x Zahl = 36
1 x Kopf und 2 x Zahl = 61   2 x Kopf und 1 x Zahl = 179

187
Loslassen und Gott vertrauen

Wie jeder andere auf diesem Planeten versuchen Sie, die Umstände zu ändern – manchmal eher zu Ihrem Nachteil als zu Ihrem Vorteil. Machen Sie sich klar, dass Furcht der Auslöser ist, wenn Sie andere beherrschen wollen. Sie fürchten, der andere werde nicht so sein, wie Sie ihn haben wollen, oder er werde nicht tun, was Sie von ihm erwarten. Dazu haben Sie kein Recht.

Es ist an der Zeit, loszulassen und Gott wirken zu lassen. Vertrauen Sie darauf, dass Sie dem Wohl der Allgemeinheit dienen, wenn Sie Ihren Griff lockern und Freiheit anbieten. Werden Sie ein lebendes Beispiel für bedingungslose Liebe, indem Sie geben, ohne eine Belohnung zu erwarten, und Ihr Bedürfnis überwinden, zu urteilen und andere verantwortlich zu machen.

Sobald Sie aufhören, gegen das Leben zu kämpfen, hört das Leben auf, gegen Sie zu kämpfen, und es kommt zu einer Transformation. Wenn Sie aufhören, sich dem Unvermeidlichen zu widersetzen, akzeptieren Sie es und werden sich darüber erheben. Haben Sie losgelassen, werden Sie natürlich, spontan und ohne vorgefasste Meinungen durchs Leben gehen.

Wenn Sie bereit sind loszulassen, Ihr übertriebenes Sicherheitsbedürfnis aufgeben und einer höheren Macht und Ihrem eigenen Potenzial vertrauen – dann wartet ein großes Abenteuer auf Sie.

Um zusätzliche Hinweise zur Klärung Ihrer Situation zu erhalten, werfen Sie dreimal eine Münze.

3 x Kopf = 109	3 x Zahl = 249
1 x Kopf und 2 x Zahl = 6	2 x Kopf und 1 x Zahl = 34

188
Vier Wahlmöglichkeiten

Sie haben vier Möglichkeiten, Entscheidungen zu treffen:

1. Verzicht: Hierbei spielen Sie die Rolle des Opfers. Sie behaupten, das Schicksal und die Umstände hätten Sie in eine Lage gebracht, in der Sie überhaupt keine Wahlmöglichkeit mehr hätten. Sie sind unzufrieden und fühlen sich hilflos.
2. Scheinwahl: Sie tun, was Sie tun »sollen«, das heißt, Sie reagieren auf die Erwartungen anderer. Aber Ihre Entscheidung ruft nur Enttäuschung und Frustration hervor.
3. Echte Wahl: Sie treffen Ihre Entscheidung auf der Grundlage dessen, was Sie tun wollen. Ihr Tun ist für Sie Erfüllung, und nur für Sie.
4. Göttliche Wahl: Sie tun nur, was mit Ihrem Lebensziel übereinstimmt. In jedem Augenblick tun Sie das Richtige. Die göttliche Wahl ergibt sich aus der echten Wahl, aber sie verzichtet auf egoistische Erwägungen. Obwohl dies ein riskantes Wahlverfahren ist, schenkt es Ihnen am ehesten ein Gefühl der Lebendigkeit und Freude.

Meditieren Sie darüber, was diese Wahlmöglichkeiten mit Ihrer Frage zu tun haben und welche für Sie die beste ist.

Um zusätzliche Hinweise zur Klärung Ihrer Situation zu erhalten, werfen Sie dreimal eine Münze.

3 x Kopf = 120 3 x Zahl = 76
1 x Kopf und 2 x Zahl = 30 2 x Kopf und 1 x Zahl = 161

189
Unsichtbare Einflüsse

Sie sind unzufrieden mit dem, was ist, und enttäuscht über Ihre Unfähigkeit, die Wirklichkeit zu erschaffen, die Sie sich wünschen. Sie müssen begreifen, dass unsichtbare Kräfte am Werk sind. Dazu gehören vergangene und parallele Leben, astrologische und paranormale Einflüsse, übersinnliche Angriffe und der Einfluss des Mondes. Unsichtbare seelische und körperliche Kräfte sind zum Beispiel Programme aus der Vergangenheit, nicht erkannte veränderte Situationen, die Summe aller Einflüsse der Ernährung und der Lebensweise, die Konstitution des Körpers, ähnliche Gehirnwellen, die täglichen Schwankungen des Körperrhythmus sowie positive und negative Ionen. Und es gibt noch Tausende von anderen Kräften.

Sie können nur ändern, was Sie kennen. Daher ist es ratsam, einen Vier-Stufen-Plan zu befolgen:

1. Eine körperliche Untersuchung, um sich zu vergewissern, dass Sie gesund sind.
2. Gesunde Ernährung und körperliche Bewegung.
3. Eine metaphysische Untersuchung, um esoterische Einflüsse festzustellen (Sie können sie selbst vornehmen, wenn Sie über das notwendige Bewusstsein verfügen).
4. Bewusstseinserweiterung und regelmäßige seelische Neuprogrammierung durch Meditation oder Selbsthypnose.

Meditieren Sie darüber, wie wichtig es ist, Ihr Leben zu ändern. Überlegen Sie, ob Sie bereit sind, dafür die erforderliche Zeit, Anstrengung und Mühe zu opfern. Wenn es wirklich wichtig ist, können Sie es schaffen.

Um zusätzliche Hinweise zur Klärung Ihrer Situation zu erhalten, werfen Sie dreimal eine Münze.

3 x Kopf = 239	3 x Zahl = 110
1 x Kopf und 2 x Zahl = 58	2 x Kopf und 1 x Zahl = 99

190
Zeit zu handeln

Stellen Sie sich vor, der Winter geht zu Ende und in einem Ausbruch schöpferischer Aktivität sprießen junge Pflänzchen aus dem Boden. Es ist Zeit, zu handeln und Ihre Ziele zu verwirklichen. Die Sterne stehen günstig, jetzt Ihre Talente und Fähigkeiten einzusetzen. Diese Energie hält aber nicht lange vor, handeln Sie also schnell, unbedingt im Laufe der nächsten drei Monate.

Was wollen Sie konkret? Eine Beförderung? Jetzt ist die richtige Zeit! Möchten Sie eine neue Idee vorstellen? Tun Sie es jetzt! Behörden und Ämter sollen Sie anhören? Dies ist der richtige Moment zu handeln. Ihre Beziehung soll neu erblühen? Reden Sie offen und ehrlich mit dem geliebten Menschen!

Wenn Sie sich jetzt zum Handeln entschließen, steht Ihnen eine strahlende Zukunft bevor. Und Sie werden mehr über Ihr wahres Selbst erfahren. Das wird Ihr Selbstwertgefühl stärken und Ihnen Vertrauen geben, wenn Sie vor neuen Problemen stehen. Falls Sie so klug sind, bald zu handeln, wird dynamisches inneres Wachstum die Folge sein.

Um zusätzliche Hinweise zur Klärung Ihrer Situation zu erhalten, werfen Sie dreimal eine Münze.

3 x Kopf = 96	3 x Zahl = 71
1 x Kopf und 2 x Zahl = 85	2 x Kopf und 1 x Zahl = 181

191
Vollbringen Sie ein Wunder

Wunder sind überall, wenn Sie sich Zeit nehmen, nach ihnen Ausschau zu halten, statt durchs Leben zu hasten und dabei nur über Ihre Bestimmung zu grübeln. Alles ist ein Orakel, alles spricht zu Ihnen, sofern Sie bereit sind zu lauschen. Die Antwort, die Sie suchen, kann in der Schlagzeile einer Zeitung, auf einem Aufkleber oder in der Gestalt einer Wolke liegen. Oder in den Worten eines Kindes. Vielleicht gehen Sie einen Weg entlang, entdecken einen herzförmigen Stein und heben ihn auf. Könnte er eine Botschaft für Sie enthalten?

Bewusstseinserweiterung ist ein kleines Wunder, das zu größeren Wundern führt. Wenn Sie sich den Wundern öffnen, die vor Ihnen liegen, können auch Sie Wunder vollbringen – darin liegt das Geheimnis. Bitten Sie Ihre spirituellen Führer und Lehrer in der Meditation um Hilfe. Beginnen Sie, das Leben mit spirituellen Augen zu sehen.

Sie können Wunder geschehen lassen. Bitten Sie, und es wird Ihnen gegeben. Möge dies der erste Schritt zu einem Wunder sein, mit dem Sie Ihr Leben verändern.

Um zusätzliche Hinweise zur Klärung Ihrer Situation zu erhalten, werfen Sie dreimal eine Münze.

| 3 x Kopf = 91 | 3 x Zahl = 58 |
| 1 x Kopf und 2 x Zahl = 207 | 2 x Kopf und 1 x Zahl = 77 |

192
Veränderungen

Es gibt drei Methoden, im Leben Veränderungen herbeizuführen:
1. Fügen Sie ihrem Leben etwas hinzu: neue Menschen oder Dinge, eine neue Umgebung oder ein neues geistiges »Programm«.
2. Nehmen Sie etwas weg: negative Menschen oder Dinge, eine negative Umwelt oder ein negatives geistiges Programm.
3. Erlauben Sie den Menschen, so zu sein, wie sie wirklich sind, statt dass sich diese nach Ihren Vorstellungen oder denen anderer richten sollen.

Sie befinden sich bereits auf dem Pfad der Selbstentdeckung. Auf der Ebene Ihres Höheren Selbst haben Sie die Entscheidung getroffen, Ihr Bewusstsein zu erweitern. Jeden Tag lernen Sie ein bisschen mehr über das, was Sie hinter der Ebene Ihres Erfahrens und Erlebens wirklich sind. Der Schlüssel zu andauerndem Wachstum ist die Erforschung Ihrer Ängste, da diese Sie davon abhalten, Ihr wahres Selbst kennenzulernen, und verhindern, dass Sie all das sind, was Sie sein könnten.

Sie sollten wissen, dass Sie sich ändern und alles erreichen können, was Sie erstreben. Andere Menschen können Sie allerdings nicht ändern, aber das ist auch nicht notwendig. Alles ist so, wie es sein soll. Alles existiert als karmische Herausforderung für Sie, und Sie sollten sich ihr stellen.

Um zusätzliche Hinweise zur Klärung Ihrer Situation zu erhalten, werfen Sie dreimal eine Münze.

3 x Kopf = 230   3 x Zahl = 25
1 x Kopf und 2 x Zahl – 141   2 x Kopf und 1 x Zahl – 106

193
Was wollen Sie?

Sie sind das Zentrum Ihres Universums. Sie sind allwissend und allmächtig, und Sie können alle Antworten, die Sie suchen, in Ihrem Höheren Selbst finden.

Meditieren Sie, und haben Sie Vertrauen in sich. Fragen Sie sich, welche Probleme Sie in naher Zukunft lösen möchten. Schaffen Sie sich dann ein geistiges Bild der Situation, so wie sie jetzt ist. Sehen Sie das Bild lebhaft vor Ihren Augen. Als Nächstes stellen Sie sich das Bild so vor, wie Sie es gerne haben möchten. Was müssen Sie wissen, um es verändern zu können? Gibt es realistische Fragen, die Sie sich oder anderen stellen müssen? Sind Sie bereit, die Probleme zu lösen? Wenn nicht – warum? Welche Furcht hält Sie davon ab? Wenn ja, entscheiden Sie, wie und wann Sie handeln werden.

Immer wenn Sie etwas bewusst tun, erzeugen Sie Karma. Darum sollten Sie anderen Menschen bedingungslose Liebe entgegenbringen. Stellen Sie sich drei Fragen:

1. Wird mein Leben ehrlicher und freier, wenn ich bekomme, was ich will?
2. Verbessert sich meine Lebensqualität, wenn ich bekomme, was ich will?
3. Werde ich Seelenfrieden erlangen, wenn ich bekomme, was ich will?

Um zusätzliche Hinweise zur Klärung Ihrer Situation zu erhalten, werfen Sie dreimal eine Münze.

| 3 x Kopf = 9 | 3 x Zahl = 154 |
| 1 x Kopf und 2 x Zahl = 51 | 2 x Kopf und 1 x Zahl = 86 |

194

Die Ketten des Anhaftens

Eine Sufi-Geschichte erzählt von einem Mann, der einen großen Mystiker besuchte, um herauszufinden, wie er die Ketten des Anhaftens und seine Vorurteile loswerden könnte. Statt ihm direkt zu antworten, sprang der Mystiker auf und lief zu einem Pfeiler in der Nähe. Er schlang die Arme um ihn, griff nach der marmornen Oberfläche und schrie: »Rette mich vor diesem Pfeiler! Rette mich vor diesem Pfeiler!«

Der Mann, der die Frage gestellt hatte, traute seinen Augen nicht. Er glaubte, der Mystiker habe den Verstand verloren. Das Geschrei lockte bald eine Menschenmenge an. »Warum tust du das?«, fragte der Mann. »Ich bin zu dir gekommen, um dir eine spirituelle Frage zu stellen, weil ich dich für weise hielt. Aber du bist offenbar verrückt. Du hältst den Pfeiler fest, nicht umgekehrt. Du brauchst ihn nur loszulassen.«

Der Mystiker ließ den Pfeiler los und sagte: »Wenn du das verstanden hast, dann hast du schon deine Antwort. Deine Ketten des Anhaftens halten dich nicht fest, du hältst sie fest. Du brauchst sie nur loszulassen.«

Meditieren Sie über Ihr eigenes Anhaften, und denken Sie darüber nach, was diese Geschichte mit Ihrer Frage zu tun hat.

Um zusätzliche Hinweise zur Klärung Ihrer Situation zu erhalten, werfen Sie dreimal eine Münze.

3 x Kopf = 131	3 x Zahl = 214
1 x Kopf und 2 x Zahl = 93	2 x Kopf und 1 x Zahl = 26

195

Die Starken sind geduldig

Geduldig sein heißt, sich zurückhalten, wenn jemand Sie ärgert oder ängstigt. Unterdrücken Sie Ihre Gefühle nicht. Atmen Sie einfach tief durch und bleiben Sie so lange ruhig und gelassen, bis Sie sich eine vernünftige Antwort überlegt haben.

Fragen Sie sich: Welche Reaktion liegt in meinem Interesse? Versuchen Sie nicht, recht zu behalten, reagieren Sie nicht irrational, und sagen Sie nichts, was Sie später bereuen werden. Es geht nur darum, das Spiel zu gewinnen; alles andere ist unwichtig.

Dem Schüler der Kampfkünste bringt man bei, seinen Geist zur Ruhe zu bringen, damit sich in ihm alles, was geschieht, widerspiegelt wie in einem ruhigen Wasser. Er lernt auch, dass Wut das Wasser trübt, seine Siegeschancen verringert und ihm eindeutige Nachteile bringt, weil er nicht mehr klar denken kann.

Üben Sie sich in Geduld, wenn Sie zu extremen Gefühlen neigen, zum Beispiel zu Wut, Furcht oder übertriebener Verehrung. Bilden Sie mit Zeigefinger und Daumen das kreisförmige Mudra (Jnana-Mudra), das Sie daran erinnert, geduldig zu bleiben, wenn Sie in Versuchung geraten, zu rasch zu handeln oder zu sprechen.

Um zusätzliche Hinweise zur Klärung Ihrer Situation zu erhalten, werfen Sie dreimal eine Münze.

3 x Kopf = 227	3 x Zahl = 100
1 x Kopf und 2 x Zahl = 172	2 x Kopf und 1 x Zahl = 11

196
Übersinnliche Angriffe

Je mehr Mitgefühl Sie empfinden, desto stärker sind Sie den Gedanken anderer ausgeliefert. Wenn jemand, der Ihnen nahesteht, schlecht von Ihnen denkt, bedrohen diese Gedanken Ihr Wohlbefinden. Wenn mehrere Leute beisammen sind, die so denken, zum Beispiel die Familie oder Arbeitskollegen, ist die Wahrscheinlichkeit noch größer, dass Sie darunter leiden. Vielleicht wollen andere Menschen Sie nicht bewusst krank machen, doch ihre eifersüchtigen oder missbilligenden Gedanken dringen nach außen und entfalten ihre Wirkung.

Der klassische übersinnliche Angriff ist eine bewusste Attacke gegen einen anderen Menschen durch Aussendung negativer Energie. Dabei werden bestimmte Techniken und Rituale angewandt, zum Beispiel schwarze Magie.

Wenn Sie absichtlich oder unabsichtlich angegriffen werden, können Nervosität, Depressionen oder körperliche Krankheiten die Folge sein. Um sich dagegen zu wehren, sollten Sie Techniken der geistigen Selbstverteidigung erlernen und sich von okkulten Aktivitäten und Büchern fernhalten. Verbringen Sie viel Zeit in der Sonne. Schließen Sie Ihre Chakren durch bestimmte Übungen und ernähren Sie sich richtig und ausreichend. Entspannen Sie sich in Ihrer Freizeit. Versuchen Sie, die Quelle des Angriffs zu entdecken, damit Sie alles, was mit dieser Person zu tun hat, entfernen oder im Rahmen eines Rituals vertreiben können.

Um zusätzliche Hinweise zur Klärung Ihrer Situation zu erhalten, werfen Sie dreimal eine Münze.

3 x Kopf = 216	3 x Zahl = 239
1 x Kopf und 1 x Zahl = 12	2 x Kopf und 1 x Zahl = 195

197
Hindernisse

Behindern Sie sich selbst in irgendeinem Bereich Ihres Lebens? Vereiteln Sie das Zustandekommen einer Beziehung, oder weigern Sie sich, aus Ihrer Partnerschaft das Beste zu machen? Grenzen Sie Ihren Erfolg ein? Leugnen Sie Ihre Fähigkeit, Kontakt zu finden, zu teilen, zu lieben oder andere zu inspirieren? Wenn Sie es als Tatsache akzeptieren, dass Sie sich in einem bestimmten Bereich Ihres Lebens blockieren, versuchen Sie, das Hindernis in Ihrem Körper zu entdecken, denn alle seelischen Blockaden spiegeln sich im Körper wider. Nachdem Sie herausgefunden haben wo, können Sie damit beginnen, das Hindernis seelisch wie auch körperlich zu beseitigen.

Sie sind ein Wesen aus Körper-Seele-Geist, nicht Körper, Seele und Geist. Was Ihre Seele nicht bewältigen kann, versucht Ihr Körper zu lösen, und dabei verbraucht er geistige Energie. Um sich vor den Folgen zu schützen, müssen Sie an Ihrem Körper und an Ihrer Seele gleichzeitig arbeiten. Dadurch befreien Sie sich und stellen die Harmonie mit Ihrem Geist wieder her. Meditieren Sie, und rufen Sie im Geiste die kosmische Lichtenergie herab. Stellen Sie sich vor, wie diese Energie durch Ihr Scheitelchakra fließt und dann hinab durch die Wirbelsäule, wobei sie Ihre sieben Chakras reinigt und mit Kraft erfüllt.

Sie können auch Techniken wie Reiki, Rolfing oder anderes anwenden, um Harmonie zwischen Körper, Seele und Geist herzustellen und Ihr Potenzial voll zu entfalten.

Um zusätzliche Hinweise zur Klärung Ihrer Situation zu erhalten, werfen Sie dreimal eine Münze.

3 x Kopf = 237	3 x Zahl = 73
1 x Kopf und 2 x Zahl = 185	2 x Kopf und 1 x Zahl = 209

198
Rückzug

In der Natur und bei den Menschen herrscht ein ständiger Wechsel von Fortschreiten und Zurückweichen. Sie sollten, was Ihr Problem angeht, auch an Rückzug denken. Wählen Sie dafür aber den richtigen Zeitpunkt. Sie müssen sich gut vorbereiten; dennoch dürfen Sie nicht zu lange warten, sonst könnten Sie in unlösbare Schwierigkeiten geraten. Das heißt nicht, dass Sie fliehen sollen. Sie sollen vielmehr Kräfte sammeln und die Lage durch einen strategischen Rückzug verändern. Versuchen Sie, sich bewusst von Emotionen zu lösen, indem Sie sich verstandes- und gefühlsmäßig zurückziehen, damit Sie innerlich unabhängig werden können.

Zurzeit sind die Chancen, zu gewinnen, gering. Wenn Sie beschließen, in dieser Situation frontal anzugreifen, werden Ihre negativen Emotionen sich gegen Sie wenden. Sollte es in Ihrer Partnerschaft Unstimmigkeiten geben, versuchen Sie, diese als Chance zum Wachstum zu sehen, und geben Sie unrealistische Erwartungen auf. Prüfen Sie, ob zwischen Ihren Idealen und der Wirklichkeit Widersprüche bestehen. Sind Ihre Ideale realistisch? Können Sie Ihre Ideale ändern, ohne gegen Ihre höheren Prinzipien zu verstoßen?

Um zusätzliche Hinweise zur Klärung Ihrer Situation zu erhalten, werfen Sie dreimal eine Münze.

3 x Kopf = 124	3 x Zahl = 17
1 x Kopf und 2 x Zahl = 92	2 x Kopf und 1 x Zahl = 111

199
Liebende

Liebe ist die stärkste Kraft im Universum. Weder Zeit, Geburt, Tod noch Wiedergeburt können Menschen voneinander trennen, zwischen denen sich eine tiefe seelische, geistige oder körperliche Bindung entwickelt hat. Wenn die Seelenverwandtschaft sich einmal gebildet hat, werden die Menschen, die sich wahrhaft lieben, immer »eins« sein.

Eine physische Trennung Liebender für längere Zeit, wie wir sie kennen, ist unmöglich. Auf der Ebene des Geistes gibt es keine Trennung. Die Verbindung bleibt immer bestehen, auch wenn sie nicht bewusst wahrgenommen wird.

Liebende werden immer wieder in derselben Zeit wiedergeboren. Obwohl sie sich in diesem Leben nicht mehr an ihre vergangenen Leben erinnern können, fühlen sie sich stark zueinander hingezogen, und ihre Liebe erneuert sich. In jeder neuen Inkarnation wird die Liebe tiefer und – hoffentlich – selbstloser, bis sie nach vielen Wiedergeburten vollkommen ist.

Menschen, zu denen in diesem Leben eine starke Bindung besteht, standen Ihnen auch in einem vergangenen Leben nahe. Vielleicht waren Sie beide in einer anderen Zeit und an einem anderen Ort Liebende, Freunde oder Verwandte.

Meditieren Sie darüber, was die positive Kraft der Liebe mit Ihrer Frage zu tun hat. Wenn sich Ihre Frage auf einen anderen Menschen bezieht, denken Sie in der Meditation darüber nach, welche Möglichkeiten eine Verbindung über viele Leben hinweg in sich birgt.

Um zusätzliche Hinweise zur Klärung Ihrer Situation zu erhalten, werfen Sie dreimal eine Münze.

3 x Kopf = 168	3 x Zahl = 150
1 x Kopf und 2 x Zahl = 219	2 x Kopf und 1 x Zahl = 56

200

Gleiches zieht Gleiches an

Die Leute behaupten, sie strebten nach Erfolg, doch was sie wirklich wollen, sind die Früchte des Erfolgs. Sie sind nicht unbedingt an der Verantwortung interessiert, die mit dem Erfolg verbunden ist, und sie wollen auch nicht den Preis dafür in Form von Zeit, Energie und Opfer bezahlen. Sie scheitern, oder sie gestehen sich nur eine begrenzte Menge Erfolg zu, denn das ist es, was sie unbewusst wünschen.

Ihre Gedanken ziehen das an, worauf Sie sich konzentrieren. Vorherrschende Gedanken überwältigen weniger starke und erschaffen eine ihnen entsprechende Realität in den wichtigen Bereichen Ihres Lebens wie Gesundheit, Partnerschaft, Beruf, Finanzen und spirituelles Wohlbefinden. Es ist wichtig, dass Sie wissen, was Sie in all diesen Bereichen erreichen wollen. Falls Sie es nicht wissen, rufen Sie Verwirrung mit ihren unerfreulichen Begleiterscheinungen hervor.

Um eine allgemeine Vorstellung von Ihrer bisherigen Denkweise zu bekommen, sollten Sie Ihren Gesundheitszustand, Ihre wichtigste Beziehung und Ihr Verhältnis zu Familienangehörigen und Freunden untersuchen. Prüfen Sie auch Ihren beruflichen und finanziellen Erfolg und Ihr spirituelles Bewusstsein. Stellen Sie in einem Bereich Mängel fest, ist es an der Zeit, sich auf Ihre Ziele zu konzentrieren und Ihr Denken zu ändern.

Um zusätzliche Hinweise zur Klärung Ihrer Situation zu erhalten, werfen Sie dreimal eine Münze.

3 x Kopf = 192	3 x Zahl = 39
1 x Kopf und 2 x Zahl = 120	2 x Kopf und 1 x Zahl = 41

201

Erwartungen und Enttäuschungen

Auf dem Weg zur Selbstverwirklichung lernen Sie, ohne Erwartungen zu leben. Erwartungen enden immer in Enttäuschung und führen oft zu Fehlschlägen. Sie wechseln den Beruf, den Ehepartner, die Religion, die Ernährung und hoffen, dass es dieses Mal klappt, dass Sie dieses Mal Erfolg haben, dass Sie dieses Mal glücklich werden. Doch alles ist vergeblich, solange Sie sich nicht selbst ändern.

Die Hoffnung auf Erfolg von außen, während Sie innerlich derselbe bleiben, ist ein Witz. Diese Erwartung muss zu Frustration und Versagen führen. Ihre Welt spiegelt wider, was Sie sind. Zunächst war sie nur eine leere Leinwand, doch Ihre Gedanken gaben ihr Form, Farbe, Motiv und Bedeutung. Sie, und nur Sie, sind dafür verantwortlich, und wenn Ihnen das Bild nicht gefällt, liegt an es Ihnen, ein neues zu malen. Sie haben immer die Macht und die Fähigkeit dazu.

Meditieren Sie über einige Ihrer jüngsten Erwartungen und was daraus geworden ist. Welche inneren Veränderungen hätten Sie hervorrufen müssen, um ein besseres Resultat zu erzielen? Wie möchten Sie Ihr Leben gerne neu malen?

Um zusätzliche Hinweise zur Klärung Ihrer Situation zu erhalten, werfen Sie dreimal eine Münze.

3 x Kopf = 82	3 x Zahl = 123
1 x Kopf und 2 x Zahl = 224	2 x Kopf und 1 x Zahl = 141

202

Akzeptieren Sie Ihre Entscheidungen

Eine Zen-Geschichte erzählt von zwei Mönchen, die sich auf der Straße begegneten. Nach der Begrüßung fragte der eine: »Was wirst du heute Abend tun, mein Freund?«

Der andere antwortete: »Ich werde im Tempel meditieren und beten. Und was hast du vor?«

»Ich werde eine vergnügte Nacht mit den Damen verbringen«, lautete die Antwort.

Dann ging jeder seines Weges. In der Nacht war der Mönch im Freudenhaus ziemlich zerstreut. Er konnte nur an seinen meditierenden und betenden Freund denken. Doch auch der andere Mönch fand keinen Frieden. Er dachte ständig an seinen Freund, der sich im Bordell vergnügte.

Wenn Sie eine Entscheidung treffen, sollten Sie sie voll und ganz akzeptieren und alle damit verbundenen Folgen hinnehmen. Hören Sie auf zu werten, sobald die Entscheidung getroffen ist, und lösen Sie sich von Ihren Wünschen und Erwartungen. Erleben Sie das, was ist.

Meditieren Sie darüber, was diese Geschichte mit Ihren Entscheidungen und mit Ihrer Frage zu tun hat.

Um zusätzliche Hinweise zur Klärung Ihrer Situation zu erhalten, werfen Sie dreimal eine Münze.

3 x Kopf = 95	3 x Zahl = 44
1 x Kopf und 2 x Zahl = 78	2 x Kopf und 1 x Zahl = 190

203
Probleme

Im Leben geht es darum, Probleme zu verursachen und sie zu lösen. Das gilt für Ihr ganzes Leben. Selbst Bücher, Fernsehshows und Filme, die der Unterhaltung dienen, gehen nach dieser Methode vor. Sie schaffen Konflikte und lösen sie dann auf.

Je bewusster Sie werden, desto mehr schwimmen Sie mit dem Strom des Lebens, statt gegen ihn anzukämpfen. Wenn Sie völlig bewusst sind, erkennen Sie, dass Sie nicht wirklich mit dem Strom schwimmen. Sie sind vielmehr selbst der Strom. Das heißt auch, dass Sie nicht jemand sind, den die Probleme in eine Falle gelockt haben, sondern dass Sie selbst die Falle sind. Falls das so ist, haben Sie Ihre derzeitige Lage selbst herbeigeführt, um Ihre Probleme zu lösen. Probleme machen das Leben interessant und geben Ihnen etwas zu tun.

Meditieren Sie über die Vorstellung, der Strom und die Falle zu sein, und erforschen Sie die reizvollen Möglichkeiten, die sich daraus ergeben. Betrachten Sie die Aufgabe, die Probleme in Ihrem Leben zu lösen, von einem spielerischen Standpunkt aus: Es gleicht dem Lösen eines Kreuzworträtsels oder dem Sieg beim sportlichen Wettkampf. Weigern Sie sich, Angst zu haben oder sich überwältigen zu lassen. Beides ist unnötig. Sie haben die Macht und die Fähigkeit, Ihre Probleme so zu lösen, dass alle Seiten gewinnen.

Um zusätzliche Hinweise zur Klärung Ihrer Situation zu erhalten, werfen Sie dreimal eine Münze.

3 x Kopf = 58	3 x Zahl = 129
1 x Kopf und 2 x Zahl = 167	2 x Kopf und 1 x Zahl = 224

204

Integration

Sogar ein Mensch, der die Selbstverwirklichung erlangt hat, kann Angst haben oder sich schuldig fühlen. Aber er schämt sich dieser Gefühle nicht. Er hat sich noch nicht so sehr vom Leben gelöst, dass er aufhören könnte zu fühlen. Er nimmt seine Emotionen einfach wahr, ohne sie zu beurteilen, mit Etiketten zu versehen und ohne gegen sie anzukämpfen. Und er macht sich deswegen keine Vorwürfe.

Sie können sich nicht befreien, wenn Sie sich und andere verurteilen – das bedrückt Sie nur. Sie werden nie ganz werden, wenn innere Konflikte Sie spalten. Erst wenn Sie sich und andere so akzeptieren, wie Sie sind, beginnt die Befreiung. Das heißt nicht, dass Sie sich nicht ändern oder bessern könnten. Das heißt auch nicht, dass Sie Fehler ignorieren. Sie erkennen einfach an, was ist, ohne es schlimmer zu machen, und dann führen Sie Ihr Leben fort. Dieses Akzeptieren ist die Grundlage jedes positiven Wandels.

Meditieren Sie darüber, was diese Erkenntnis mit Ihrer Frage und mit Ihrem eigenen Bedürfnis nach Integration zu tun hat. Überlegen Sie, worüber Sie sich Sorgen machen und weswegen Sie Schuldgefühle haben. Wie beurteilen Sie sich selbst? Können Sie loslassen?

Um zusätzliche Hinweise zur Klärung Ihrer Situation zu erhalten, werfen Sie dreimal eine Münze.

---

3 x Kopf = 114   3 x Zahl = 64
1 x Kopf und 2 x Zahl = 217   2 x Kopf und 1 x Zahl = 190

205
Barrieren gegen die Freiheit

Wenn Leidenschaften Sie beherrschen, wenn Sie sich Sorgen darüber machen, was die Leute denken, oder wenn Sie von etwas abhängig sind, dann sind Sie nicht frei. Um frei vom Ego zu werden, müssen Sie sich über diese Dinge hinwegsetzen, indem Sie Ihre eigene Kraft verstehen lernen.

Meditieren Sie über die Fesseln der Illusion, die Sie daran hindern, zu sein, was Sie sein wollen. Meditieren Sie darüber, wie Sie sie lösen können. Die Fesseln existieren, weil Sie sie geschaffen haben, ebenso wie Sie Ihre gesamte Erfahrungswelt geschaffen haben. Sie, der Schöpfer, sind allmächtig – ein Magier. Sie können Himmel und Hölle, Freude und Leid, Erfolg und Misserfolg erschaffen, und Sie können es ebenso gut lassen. Sie können aufhören, Spinnennetze zu weben, die Sie einfangen. Sie können beschließen, Ihre Leidenschaften zu zügeln, Ihrer Abhängigkeit ein Ende zu setzen und törichte Ängste zu überwinden.

Meditieren Sie, und fragen Sie sich, was es Ihnen nützt, wenn Sie sich verbieten, der Schöpfer zu sein, der Sie tatsächlich sind. Ist Ihnen die Verantwortung, allwissend und allmächtig zu sein, zu groß? Was wäre, wenn Sie Ihre Macht zulassen und demonstrieren würden, wozu Sie fähig sind?

Um zusätzliche Hinweise zur Klärung Ihrer Situation zu erhalten, werfen Sie dreimal eine Münze.

3 x Kopf = 122	3 x Zahl = 193
1 x Kopf und 2 x Zahl = 142	2 x Kopf und 1 x Zahl = 80

206

Familie

Die Chinesen sagen: »Bringe dein Familienleben in Ordnung, und alle deine übrigen Beziehungen ordnen sich ebenfalls.«

Familienmitglieder schenken sich Zuneigung, Loyalität und Treue und fühlen sich füreinander verantwortlich. Wenn die besten Aspekte des Familienlebens auf die geschäftlichen Beziehungen übertragen werden könnten, wäre allen gedient. Das Gleiche gilt für alle zwischenmenschlichen Beziehungen.

Was Ihre Frage betrifft, sollten Sie sich darauf verlassen, dass Ihre innere Bewusstheit und Ihre natürlichen Neigungen Ihnen die Richtung weisen. Wenn Sie wollen, dass die Situation einer familiären Beziehung gleicht, müssen Sie sich der Autorität beugen und eine angemessene Position einnehmen. Kommt es zu Konflikten und Sie weigern sich, sich zu fügen, kann die Lage äußerst schwierig werden.

Versuchen Sie, die Organisationsstruktur und Ihren Platz darin klar zu sehen und zu verstehen. Welche Verpflichtungen wären Sie bereit zu übernehmen? Akzeptieren Sie keine Rolle, die Ihrer Persönlichkeit und Ihren Fähigkeiten nicht entspricht. Gibt es eine Möglichkeit, die unmittelbaren Bedürfnisse der ganzen »Familie« zu befriedigen?

Um zusätzliche Hinweise zur Klärung Ihrer Situation zu erhalten, werfen Sie dreimal eine Münze.

3 x Kopf = 240   3 x Zahl = 147
1 x Kopf und 2 x Zahl = 85   2 x Kopf und 1 x Zahl = 30

207

Vergleiche

Es scheint einfach zu sein, das, was ist, zu beobachten, doch es kann in Wirklichkeit sehr schwierig sein. Das, was ist, ist eine unveränderbare Realität – etwas, was Sie nicht ändern können. Ihr Geist kann nicht wahrnehmen, was ist, wenn er dieses mit jenem vergleicht. Er muss aufhören, an Gegensätze zu glauben, und Ihnen erlauben, das zu sehen, was ist – und nicht das, was sein sollte.

Sie sind Ihr ganzes Leben lang darauf konditioniert worden, sich mit anderen zu vergleichen: mit dem Helden oder der Heldin, mit den Schönen, Stattlichen, Tapferen oder Besten. Doch das hat keinen Sinn, und Sie müssen damit aufhören. Wenn Sie sich mit jemandem vergleichen, der Ihnen in einer bestimmten Hinsicht unterlegen ist, werden Sie egoistisch. Wenn Sie sich mit jemandem vergleichen, der Ihnen in einer bestimmten Hinsicht überlegen ist, kann dieser Vergleich Sie deprimieren oder verbittern. Vergleiche führen außerdem zu unnötigen Wettkämpfen.

Akzeptieren Sie alle Menschen, wie sie sind – auch sich selbst. Manches im Leben können Sie ändern, manches nicht. Akzeptieren Sie das, was ist, ohne zu vergleichen. Sie erleichtern sich dadurch das Leben beträchtlich.

Um zusätzliche Hinweise zur Klärung Ihrer Situation zu erhalten, werfen Sie dreimal eine Münze.

3 x Kopf = 55	3 x Zahl = 106
1 x Kopf und 2 x Zahl = 137	2 x Kopf und 1 x Zahl = 189

208

Ihre Identität

Sie sind unabhängig – unabhängig davon, was andere von Ihnen denken. Wie könnte es anders sein? Was andere von Ihnen denken, ist deren Realität, deren Erfahrung. Wenn jemand etwas über Sie sagt, was nicht wahr ist, sollten Sie sich nicht aufregen. Wenn jemand etwas Wundervolles über Sie sagt, sollten Sie es nicht ernst nehmen.

Andere Menschen sagen das, was sie für richtig halten. Es ist deren Wahrheit. Vielleicht stimmt es nicht mit Ihrer Wahrheit überein, aber das macht nichts. Wichtig ist, dass Sie jedem erlauben, die Welt anders zu sehen als Sie. Einerlei, was andere über Sie sagen oder von Ihnen denken – es hat keinen Einfluss darauf, wer oder was Sie sind. Ihre Identität ist von der Meinung anderer nicht abhängig.

Meditieren Sie darüber, warum Sie unsicher sind und warum Sie erreichen wollen, dass andere positiv von Ihnen denken. Überlegen Sie, was Sie von anderen denken, und seien Sie sich bewusst, dass Ihre Wahrheiten nicht unbedingt der Wirklichkeit entsprechen. Können Sie sich dazu durchringen, zu sein, wer Sie sind, ohne sich darum zu kümmern, was andere denken?

Um zusätzliche Hinweise zur Klärung Ihrer Situation zu erhalten, werfen Sie dreimal eine Münze.

---

3 x Kopf = 88   3 x Zahl = 38
1 x Kopf und 2 x Zahl = 2 2 x Kopf und 1 x Zahl = 105

209
Leiden

Nach buddhistischer Lehre ist die Welt voller Leid. Dazu gehören Geburt, Alter, Krankheit und Tod. Wer hasst, leidet; wer vom Geliebten getrennt ist, leidet; und wer vergebens darum kämpft, seine Bedürfnisse zu befriedigen, leidet ebenfalls.

Sie leiden, weil Sie gegen das, was ist, ankämpfen; weil Sie wollen, dass die Dinge anders sind, als sie sind. Um Ihr Leiden zu überwinden, müssen Sie lernen, das, was ist, zu akzeptieren und nach den Grundsätzen des »Edlen achtfachen Pfades« zu leben: rechte Anschauung, rechte Gesinnung, rechtes Reden, rechtes Handeln, rechtes Leben, rechtes Streben, rechtes Denken, rechtes Sichversenken.

Der »Edle Pfad« führt Sie weg von der Habgier. Wenn Sie davon befreit sind, hören Sie auf, zu töten, zu stehlen, die Ehe zu brechen, zu betrügen, zu missbrauchen, zu schmeicheln, neidisch zu sein, die Beherrschung zu verlieren, die Zeitlichkeit des Lebens zu vergessen, ungerecht zu sein und mit der Welt zu streiten.

Meditieren Sie darüber, was der Edle achtfache Pfad mit Ihrer Frage zu tun hat und welche Veränderungen in Ihrem Leben notwendig sind.

Um zusätzliche Hinweise zur Klärung Ihrer Situation zu erhalten, werfen Sie dreimal eine Münze.

3 x Kopf = 5	3 x Zahl = 241
1 x Kopf und 2 x Zahl = 29	2 x Kopf und 1 x Zahl = 152

210

Dienst am Nächsten

Eine Sufi-Geschichte erzählt von einem Mann, der unaufhörlich um Erkenntnis betete, weil er im Leben erfolgreich sein wollte. Eines Nachts träumte er, er ginge in den Wald, um Erkenntnis zu erlangen. Am nächsten Morgen ging er tatsächlich in den Wald und wanderte stundenlang umher auf der Suche nach einem Zeichen, das ihm eine Antwort geben würde. Als er schließlich stehen blieb, um zu rasten, erblickte er einen Fuchs ohne Beine, der an einem kühlen Platz zwischen zwei Felsen lag. Neugierig, wie ein beinloser Fuchs überleben konnte, wartete er bis zum Sonnenuntergang. Da bemerkte er einen Löwen, der Fleisch vor dem Fuchs niederlegte.

»Ah, ich verstehe«, dachte der Mann. »Das ist das Geheimnis des Erfolges im Leben. Ich muss darauf vertrauen, dass Gott sich um alle meine Bedürfnisse kümmert. Ich brauche nicht für mich selbst zu sorgen, sondern mich lediglich meinem fürsorglichen Gott anzuvertrauen.«

Zwei Wochen später hatte der vom Hunger gezeichnete Mann einen zweiten Traum. Darin hörte er eine Stimme sagen: »Dummkopf! Du sollst wie der Löwe sein, nicht wie der Fuchs!«

Überlegen Sie, welche Bedeutung der Dienst am Nächsten für Sie hat. Der heilige Franziskus sagte: »Im Geben empfangen wir.«

Um zusätzliche Hinweise zur Klärung Ihrer Situation zu erhalten, werfen Sie dreimal eine Münze.

| 3 x Kopf = 180 | 3 x Zahl = 157 |
| 1 x Kopf und 2 x Zahl = 242 | 2 x Kopf und 1 x Zahl = 190 |

211
Bürden

Ein Mann, der sich auf einer langen Reise befand, kam an einen Fluss. Er sprach zu sich selbst: »Es ist sehr schwierig und gefährlich, auf dieser Seite des Flusses zu gehen. Die andere scheint besser und sicherer zu sein, aber wie komme ich hinüber?« Er baute sich ein Floß aus Ästen und Schilf und gelangte unversehrt ans andere Ufer. Da dachte er: »Dieses Floß ist sehr nützlich für mich gewesen. Ich werde es nicht am Ufer verrotten lassen, sondern mitnehmen.« So erlegte er sich freiwillig eine unnötige Bürde auf. Kann man diesen Mann weise nennen?

Diese Parabel lehrt, dass wir sogar das Gute wegwerfen sollten, wenn es zu einer unnötigen Last wird. Für das Schlechte gilt das erst recht.

Meditieren Sie über die Lasten, die Sie auf Ihren Schultern tragen. Dazu gehören auch sinnlose und unnötige Gespräche. Denken Sie darüber nach, welche Veränderungen in Ihrem Leben Ihre Last erleichtern und Ihnen einen frischeren, freieren Schritt ermöglichen würden.

Um zusätzliche Hinweise zur Klärung Ihrer Situation zu erhalten, werfen Sie dreimal eine Münze.

3 x Kopf = 22	3 x Zahl = 153
1 x Kopf und 2 x Zahl = 204	2 x Kopf und 1 x Zahl = 9

212
Losgelöst

Losgelöst sein heißt nicht, leblos oder irdischen Leidenschaften gegenüber abgestumpft zu sein. Ihr Ziel besteht darin, sich vom Negativen zu lösen, damit Sie Ihre gesamte Zeit für schöpferische Tätigkeit, liebevolle Güte, Mitgefühl, Freude und Lernen nutzen können.

Wenn Sie sich vom Negativen lösen, geben Sie alle Gefühle auf, die Ihr Unterbewusstsein so programmieren, dass Ihr künftiges Leben schwieriger wird. Dadurch ersparen Sie sich Energieverschwendung und unnötige Probleme. Sich vom Negativen zu lösen, ist eine logische Maßnahme, wenn Sie Ihre Lebensqualität verbessern wollen. Die meisten Probleme beginnen als negative Emotionen, die Ihr Geist verstärkt und in die physische Realität projiziert.

Meditieren Sie über die Notwendigkeit, sich von Emotionen zu befreien, deren Ursache Furcht ist, wie Zorn, Gier, Vorurteile, Hass, Feigheit, Schuldgefühle, Egoismus und Eifersucht. Alle diese Emotionen schaden Ihnen und produzieren unerwünschte unbewusste Programme und unerwünschtes Karma, das Sie an irdische Dinge fesselt.

Um zusätzliche Hinweise zur Klärung Ihrer Situation zu erhalten, werfen Sie dreimal eine Münze.

3 x Kopf = 32
1 x Kopf und 2 x Zahl = 112

3 x Zahl = 209
2 x Kopf und 1 x Zahl = 84

213

Maler und Pinsel

Stellen Sie sich Ihr Höheres Selbst als Maler vor und Ihr Niederes Selbst als Bild, das Sie malen möchten. Ihr Höheres Selbst ist Ihr vom Karma geschaffener Charakter, und Ihr Niederes Selbst ist Ihr physischer Körper – Ihre Eigenarten, Gewohnheiten und Emotionen. In jeder Inkarnation gibt das Karma Ihnen, dem Maler, Gelegenheit, Ihr Lebensbild zu malen. Halten Sie sich nicht für Ihr Bild. Sie sind bereits eine selbstverwirklichte, erleuchtete Seele, die ihre Erkenntnis nur in ihr Werk zu projizieren braucht.

Sie vergessen zu leicht, dass Sie der Maler und nicht das Gemälde sind. Sie haben es zugelassen, dass das Bild zu Ihrer Realität wurde, obwohl Sie Ihr verborgenes Talent hätten nutzen können, um jene Teile des Bildes zu ändern, die Ihnen nicht gefallen. Sie können das Bild teilweise übermalen und von vorne anfangen, indem Sie ein neues Bild in strahlenden, fröhlichen Farben malen.

Meditieren Sie darüber, wie Sie einen Pinsel nehmen und Ihr Bild genauso malen, wie Sie es haben möchten. Visualisieren Sie diese Szene sehr lebhaft und projizieren Sie sie dann in die Realität.

Um zusätzliche Hinweise zur Klärung Ihrer Situation zu erhalten, werfen Sie dreimal eine Münze.

3 x Kopf = 144	3 x Zahl = 59
1 x Kopf und 2 x Zahl = 41	2 x Kopf und 1 x Zahl = 118

214
Hindernisse

Das Hindernis auf Ihrem Weg gehört zu Ihrer derzeitigen Richtung, und Sie müssen es überwinden, um Ihre Ziele zu erreichen. Versuchen Sie nicht, es zu umgehen, es sei denn, Sie wollen alle Ihre Hoffnung begraben. Versuchen Sie auch nicht, es direkt anzugehen, denn dafür haben Sie noch nicht die erforderliche Kraft. Bleiben Sie stattdessen stehen, und sammeln Sie Erkenntnis und Kraft, um das Hindernis beseitigen zu können.

Seien Sie wie Wasser, das im Fluss einem Felsen begegnet. Es steigt an, fließt an dem Felsen vorbei und trägt ihn mit der Zeit ab. Vielleicht müssen Sie Ihre Kräfte mit anderen vereinen oder sich einem Führer anvertrauen, denn Sie benötigen eine gewisse Vorbereitung, ehe Sie das Hindernis überwinden können. Möglicherweise müssen Sie offen und ehrlich zu jemandem sein, dem Sie nicht wehtun wollen. Es kann auch sein, dass Sie das Hindernis zumindest vorläufig akzeptieren müssen, um zu lernen, wie Sie es beseitigen können.

Meditieren Sie, und denken Sie darüber nach, welches Hindernis Sie in Ihrem Inneren aufgebaut haben. Vielleicht haben Sie es geschaffen, während Sie innere Konflikte durchmachten. Oder Sie haben diesen schwierigen Weg absichtlich eingeschlagen, weil er Ihnen die Chance gibt zu wachsen. Einerlei, worin die Ursache Ihrer Hindernisse liegt – Sie können Ihren Charakter schulen und Ihr Selbstwertgefühl stärken, indem Sie der Situation mit bedingungsloser Liebe begegnen.

Um zusätzliche Hinweise zur Klärung Ihrer Situation zu erhalten, werfen Sie dreimal eine Münze.

3 x Kopf = 13	3 x Zahl = 208
1 x Kopf und 2 x Zahl = 53	2 x Kopf und 1 x Zahl = 94

215
Direkt und indirekt

Ihre Beziehungen sind nicht frei – in dem Maße, wie Sie Forderungen an andere stellen. Wenn Sie alltägliche Entscheidungen treffen, haben Sie immer eine Wahlmöglichkeit, auch wenn Sie möglicherweise so programmiert sind, dass Sie nicht daran glauben.

Denken Sie über die möglichen Alternativen nach. Teilen Sie sie in zwei Gruppen ein – in direkte und indirekte. Direkte Entscheidungen erfordern nur Ihren Einsatz und Ihr Tun, indirekte Entscheidungen die Beteiligung und die Hilfe anderer.

Meditieren Sie darüber, was diese Erkenntnis mit Ihrer Frage zu tun hat. Das Leben ist ein Streben nach Freiheit. Es ist zu Ihrem Besten, so zu handeln, dass Sie Freiheit für das Selbst und Freiheit vom Selbst erlangen. Denken Sie über die Forderungen nach, die Sie an andere stellen. Was, glauben Sie, denken andere wirklich über Ihre Bedürfnisse? Betrachten Sie die Forderungen, die andere an Sie stellen. Welches Gefühl haben Sie dabei? Was können Sie in Ihrem Leben ändern, um Ihre Beziehungen zu befreien?

Um zusätzliche Hinweise zur Klärung Ihrer Situation zu erhalten, werfen Sie dreimal eine Münze.

3 x Kopf = 111	3 x Zahl = 82
1 x Kopf und 2 x Zahl = 38	2 x Kopf und 1 x Zahl = 186

216
Der Mittlere Weg

Stellen Sie sich einen Baumstamm vor, der im Fluss treibt. Wenn er nicht hängen bleibt, sinkt oder verrottet und wenn ihn niemand heraus holt, erreicht er schließlich das Meer. Das Leben ist wie ein Baumstamm in der Strömung eines großen Flusses. Wenn ein Mensch sich nicht der Völlerei oder der Selbstpeinigung hingibt, wenn er nicht stolz auf seine Tugenden ist, wenn er nicht an disharmonischem Tun festhält und wenn er auf seiner Suche nach Erleuchtung die Gefahren der Furcht und der Illusion nicht geringschätzt, folgt er dem Mittleren Weg.

Hüten Sie sich vor extremem Verhalten. Lassen Sie sich nicht vom Stolz auf Ihre Persönlichkeit oder auf Ihre guten Taten einfangen. Geraten Sie nicht in den Strom Ihrer Wünsche, und klammern Sie sich nicht an die Existenz oder an die Nichtexistenz. Wenn Sie zu sehr an etwas haften, leben Sie in der Illusion.

Meditieren Sie darüber, was diese Erkenntnis mit Ihrer Frage zu tun hat, und meditieren Sie über Extreme in Ihrem Leben. Untersuchen Sie, woran Sie haften, und entscheiden Sie, ob Ihnen dieses Verhalten nützt oder schadet und welche Selbsttäuschungen es hervorruft.

Um zusätzliche Hinweise zur Klärung Ihrer Situation zu erhalten, werfen Sie dreimal eine Münze.

| 3 x Kopf = 36 | 3 x Zahl = 78 |
| 1 x Kopf und 2 x Zahl = 156 | 2 x Kopf und 1 x Zahl = 44 |

217

Erleuchtung und Täuschung

Die Erleuchtung hat keine bestimmte Form, in der sie sich ausdrücken könnte. Sie existiert nur, weil sie das genaue Gegenteil der Täuschung und des Nichtwissens ist. Wenn Letztere verschwinden, verschwindet auch die Erleuchtung. Das Gegenteil trifft ebenfalls zu: Illusion und Nichtwissen existieren nur, weil die Erleuchtung existiert. Wenn die Erleuchtung endet, verschwinden auch Illusion und Nichtwissen.

Hüten Sie sich also davor, die Erleuchtung für etwas zu halten, das man greifen kann, denn sie gleicht dem Wasser: Je fester Sie danach greifen, desto schneller schlüpft es durch die Finger. Nach der Erleuchtung greifen heißt, an der Täuschung haften. Wenn Sie erleuchtet sind, werden Sie verstehen, dass die Erleuchtung alles umfasst. Vor der Erleuchtung sind Bäume Bäume und Menschen Menschen. Im Zustand der Erleuchtung erkennen Sie die Vergänglichkeit aller Formen und die Illusion der Realität. Doch wenn Sie die volle Erkenntnis erlangen, werden Bäume wieder zu Bäumen und Menschen wieder zu Menschen – Sie akzeptieren, dass alles so ist, wie es sein soll.

Meditieren Sie darüber, was Ihr Streben nach Erleuchtung und die Täuschungen, die Sie derzeit erleben, mit Ihrer Frage zu tun haben.

Um zusätzliche Hinweise zur Klärung Ihrer Situation zu erhalten, werfen Sie dreimal eine Münze.

| 3 x Kopf = 219 | 3 x Zahl = 178 |
| 1 x Kopf und 2 x Zahl = 183 | 2 x Kopf und 1 x Zahl = 158 |

218

Nur Gott bleibt übrig

Ein Jesuitenpater reiste nach Japan, um in einem Zen-Kloster zu lernen. Nach stundenlangem Sitzen und Meditieren hatte er schreckliche Schmerzen in den Beinen. Der Meister zeigte ihm, wie man es richtig macht, und fragte ihn dann, nach welcher Methode er meditiere. Der Jesuit erklärte, er sitze in der Gegenwart Gottes schweigend da, ohne Worte, Bilder oder Ideen. Der Meister fragte ihn, ob sein Gott allgegenwärtig sei. »Ja«, sagte der Jesuit und nickte. Der Meister fragte, ob er in Gott eingehüllt sei, und die Antwort war wieder ein Ja.

»Sehr gut, sehr gut«, sagte der Meister. »Machen Sie weiter so. Am Ende werden Sie feststellen, dass Gott verschwindet und nur Sie übrig bleiben.«

Der Pater war empört, denn dies hörte sich an wie eine Leugnung seines heiligen Glaubens. Er widersprach dem Meister und sagte: »Gott wird nicht verschwinden. Aber vielleicht verschwinde ich, und nur Gott bleibt übrig.«

»Ja, ja«, sagte der Meister zustimmend und lächelte. »Das ist dasselbe. Das habe ich gemeint.«

Meditieren Sie darüber, was Ihre Beziehung zu Gott und die Vorstellung, dass Sie Gott sind, mit Ihrer Frage zu tun hat.

Um zusätzliche Hinweise zur Klärung Ihrer Situation zu erhalten, werfen Sie dreimal eine Münze.

3 x Kopf = 167	3 x Zahl = 201
1 x Kopf und 2 x Zahl = 177	2 x Kopf und 1 x Zahl = 248

219

Unbewusstes Leiden

Alles, womit Sie sich nicht bewusst auseinandersetzen wollen, müssen Sie unbewusst erleiden. Alle Ihre derzeitigen Leiden sind im Grunde die Folge von Situationen, denen Sie sich nicht stellen wollten. Sie haben sich geweigert zu handeln, indem Sie Ihre Gedanken und Gefühle so lange unterdrückt haben, bis sie wie ein Rettungsring waren, der ein Stückchen unter die Wasseroberfläche gedrückt wird. Sie können auf dem emotionalen Rettungsring stehen und ihn nach unten drücken, doch sobald Sie zu müde sind oder nicht mehr achtgeben, drängen die unterdrückten Gedanken und Gefühle nach oben, und Sie müssen die Folgen tragen.

Die einzige Möglichkeit, die Konflikte in Ihrem Leben zu lösen, besteht darin, sich mit ihnen so direkt, ehrlich und effektiv wie möglich auseinanderzusetzen. Um dies zu erreichen, müssen Sie:

1. Selbstverantwortlich handeln.
2. Lernen, die unveränderbare Wirklichkeit zu akzeptieren, ohne darüber nachzudenken.
3. Die Fähigkeit entwickeln, sich bewusst vom Negativen zu lösen.
4. Anerkennen, dass Ihre Lebenserfahrung allein darauf basiert, wie Sie das, was Ihnen widerfährt, betrachten.

Meditieren Sie darüber, was diese Erkenntnis mit Ihrer Frage zu tun hat und womit Sie sich direkt und ehrlich auseinandersetzen müssen.

Um zusätzliche Hinweise zur Klärung Ihrer Situation zu erhalten, werfen Sie dreimal eine Münze.

| 3 x Kopf = 177 | 3 x Zahl = 82 |
| 1 x Kopf und 2 x Zahl = 240 | 2 x Kopf und 1 x Zahl = 21 |

220
Dualität

Sie fürchten das Unglück und streben nach Glück. Doch wenn Sie beides sorgfältig untersuchen, merken Sie, dass Unglück sich oft als Glück und Glück sich häufig als Unglück erweist. Lernen Sie, die wechselnden Verhältnisse des Lebens richtig zu bewerten. Seien Sie nicht übermütig, wenn Sie erfolgreich sind, und seien Sie nicht deprimiert, wenn Sie scheitern.

Preisen Sie nicht das Gute, und verdammen Sie nicht das Böse. Loben Sie nicht die Reinheit, und verabscheuen Sie nicht das Unreine. Sehnen Sie sich nicht nach Erfolg, und verfluchen Sie nicht den Misserfolg. Wenn Sie das eine gegenüber dem anderen verurteilen, so ist dies ein Ausdruck von Dualität in Ihrem Leben.

Dualität ist die Folge falscher geistiger Bilder. Seien Sie sich aller Worte bewusst, die Dualität ausdrücken, und entfernen Sie sie aus Ihrem Denken und Reden. Wenn es Ihnen gelingt, diese Worte und die von ihnen hervorgerufenen Emotionen zu meiden, können Sie damit beginnen, die Wirklichkeit zu begreifen und die Wahrheit in allen Dingen zu sehen.

Meditieren Sie darüber, wie die Dualität Ihr Leben komplizierter macht. Was verurteilen Sie? Inwiefern schaden Sie sich damit? Was können Sie dagegen tun?

Um zusätzliche Hinweise zur Klärung Ihrer Situation zu erhalten, werfen Sie dreimal eine Münze.

3 x Kopf = 149	3 x Zahl = 51
1 x Kopf und 2 x Zahl = 170	2 x Kopf und 1 x Zahl = 223

221
Einfachheit

Das Leben ist so kompliziert geworden, dass viele Menschen versuchen, es zu vereinfachen, um den Druck, unter dem sie stehen, zu lindern. Es ist ziemlich leicht, wenig zu besitzen und mit dem Wenigen zufrieden zu sein. Viele Heilige und Gurus haben sich für diesen Weg entschieden. Aber äußere Einfachheit ist keine Lösung, solange Sie sich innerlich nicht ändern.

Ihr Geist ist ein kompliziertes Netz aus miteinander verwobenen, abgenutzten Überzeugungen, die Ihre derzeitige Realität hervorbringen. Wenn Sie sich von diesen Überzeugungen befreien können, erfahren Sie, was Einfachheit ist, denn was Sie im Inneren sind, verwirklicht sich immer in der äußeren Welt. Der einfache Mensch sieht viel unmittelbarer als der komplizierte, und er ist gegenüber seiner Umgebung, der Welt und den zu lösenden Problemen viel sensibler.

Krishnamurti sagt: »Unsere sozialen, ökologischen, politischen und religiösen Probleme sind so komplex, dass wir sie nur lösen können, indem wir einfach sind, nicht, indem wir außergewöhnlich gelehrt oder schlau werden.«

Meditieren Sie darüber, was die Vereinfachung Ihres Denkens mit Ihrer Frage zu tun hat.

Um zusätzliche Hinweise zur Klärung Ihrer Situation zu erhalten, werfen Sie dreimal eine Münze.

3 x Kopf = 57	3 x Zahl = 15
1 x Kopf und 2 x Zahl = 1	2 x Kopf und 1 x Zahl = 228

222

Gemeinsame Herkunft

Sie sind Teil einer Seelengruppe, die sich zusammenfindet, um gemeinsame Ziele zu verfolgen. Es handelt sich um eine Wiedervereinigung von Wesen, die sich in einem vergangenen Leben nahestanden und die gleiche philosophische Auffassung von der Realität hatten. Während die Gruppe sich bildet, schließt jedes Mitglied allmählich Bekanntschaft mit allen anderen. Obwohl Sie nicht mit vollkommener Harmonie in der Gruppe rechnen können, spüren alle Beteiligten, dass etwas sie verbindet. Die gemeinsame Herkunft stärkt alte Bindungen und die Fähigkeit, Aufgaben zum Wohle der Gruppe zu lösen.

Sie müssen offen und jenen zugänglich sein, die ihre Energie mit der Ihren vereinigen und sich mit ganzem Herzen für die Gemeinschaft einsetzen möchten. Tun Sie, was Sie können, um diese Einheit zu stärken, ohne die Verhältnisse so zu manipulieren, dass Sie davon profitieren. Die Folge ist, dass Ihre Beziehungen zu anderen Menschen sich bessern. Beobachten Sie Ihr Verhältnis zur Gruppe, damit Sie die gemeinsame Herkunft und den Zweck der Wiedervereinigung verstehen lernen.

Meditieren Sie darüber, was andere Menschen mit Ihrer Frage zu tun haben, und denken Sie darüber nach, ob eine Seelengruppe Ihnen helfen könnte, Ihre Ziele zu erreichen.

Um zusätzliche Hinweise zur Klärung Ihrer Situation zu erhalten, werfen Sie dreimal eine Münze.

3 x Kopf = 110 3 x Zahl = 67
1 x Kopf und 2 x Zahl = 88 2 x Kopf und 1 x Zahl = 171

223
Die Win-win-Methode

Die meisten von uns wurden dazu erzogen, die Gewinn-Verlust-Methode zur Lösung von Problemen anzuwenden. Wir taten, was Mama und Papa sagten, sonst... Auch in der Schule wurden Konflikte gelöst, indem ein Erwachsener Gehorsam erzwang. Mit sanften Methoden der Problemlösung sind wir nicht vertraut, da wir alle Zwang und Herrschaft erlebt haben.

Doch auf der karmischen Ebene ist ein Problem erst dann gelöst, wenn beide Seiten gewinnen. Eine Gewinn-Gewinn-Methode der Problemlösung befriedigt die Bedürfnisse aller Beteiligten. Das ist nichts Neues. Wir benutzen dieses Verfahren im Umgang mit Freunden und in Beziehungen, die nicht auf Macht basieren. In machtorientierten Beziehungen – zum Beispiel zwischen Chef und Mitarbeiter, Lehrer und Schüler, Eltern und Kindern, manchmal sogar zwischen Ehepartnern – wenden wir diese Methode dagegen nicht an.

Überlegen Sie, wie Sie alle Konflikte nach der Win-win-Methode lösen und wie beide Parteien ihre Selbstachtung erhalten und ihre Rechte wahren können. Lassen Sie beide Parteien am Entscheidungsprozess teilnehmen, und teilen Sie Verantwortung und Pflichten zwischen ihnen auf. Win-win-Methoden erfordern gegenseitige Vereinbarungen, und sie kosten anfänglich mehr Zeit. Aber letzten Endes sind die Ergebnisse die Mühe wert.

Um zusätzliche Hinweise zur Klärung Ihrer Situation zu erhalten, werfen Sie dreimal eine Münze.

3 x Kopf = 248	3 x Zahl = 217
1 x Kopf und 2 x Zahl = 59	2 x Kopf und 1 x Zahl = 2

224

Isolation

Ihr Leben ist eine Erfahrung, die aus lebendigen Beziehungen besteht, denn niemand lebt wirklich isoliert. Nur durch Ihre Beziehungen können Sie sich selbst kennenlernen und erfahren, wer Sie sind. Doch die meisten Beziehungen schließen Phasen der Isolation mit ein. Obgleich Sie behaupten, andere gern zu haben, sind Sie in Wahrheit nur so lange an einer Beziehung interessiert, wie sie Ihnen nützt. Sobald Probleme auftauchen, die Ihnen unangenehm sind, entschließen Sie sich, die Beziehung aufzugeben. Die Beziehung besteht also nur so lange, wie Sie davon profitieren. Wenn selbst unsere Beziehungen nicht frei von Isolation sind, wie könnte dann die Gesellschaft frei davon sein – und erst recht die ganze Welt?

Um Ihre Beziehungen, die Gesellschaft und die Welt zu ändern, müssen Sie zunächst sich selbst verstehen. Lernen Sie sich selbst kennen, erforschen Sie Ihre Motive, Absichten und Wünsche. Sie werden feststellen, dass das Problem immer Furcht ist – die Furcht, dass die Beziehung Ihnen nicht gibt, was Sie haben wollen; die Furcht, dass Sie nicht anerkannt werden; die Furcht, dass man zu viel von Ihnen verlangt; die Furcht, dass der Partner nicht so ist, wie Sie sich ihn wünschen.

Nehmen Sie diese Erkenntnis in sich auf, und versuchen Sie, andere zu akzeptieren, ohne Forderungen an sie zu stellen. Akzeptieren Sie, dass andere Menschen für sich selbst verantwortlich sind, und bemühen Sie sich, jede Beziehung aus dem Blickwinkel bedingungsloser Liebe zu sehen.

Um zusätzliche Hinweise zur Klärung Ihrer Situation zu erhalten, werfen Sie dreimal eine Münze.

3 x Kopf = 189	3 x Zahl = 98
1 x Kopf und 2 x Zahl – 249	2 x Kopf und 2 x Zahl – 137

225

Klatsch

Wenn Sie wissen wollen, was andere tun oder sagen, lässt Ihr forschender Geist sich leicht verführen und neigt zu Oberflächlichkeit. Sie glauben, Klatsch verrate Ihnen etwas über andere Menschen, doch wie können Sie andere kennen, wenn Sie sich selbst nicht kennen? Was nützt Ihnen Klatsch, außer dass er Ihnen hilft, vor sich selbst zu fliehen? Maskiert er Ihren Wunsch, sich in das Leben anderer Menschen einzumischen? Oder ist er ein Urteil, das Sie hinter dem Rücken eines anderen fällen, weil Sie sich nicht trauen, es offen auszusprechen?

Wenn Sie Schlechtes über andere reden, erzeugen Sie Karma. Ihre Gedanken und Worte programmieren Ihr Unterbewusstsein, und sie kommen immer in Form von unangenehmen Ereignissen zu Ihnen zurück. Um mit dem Klatschen aufzuhören, brauchen Sie nur zu erkennen, dass Sie es tun; dann beschließen Sie, keine Urteile mehr über andere zu fällen. Wenn ein Freund anfängt, über jemand anderen zu reden, sagen Sie zu ihm: »Ich kann sie nicht verurteilen. Vielleicht tut sie nicht ihr Bestes, aber sie tut, was sie für das Beste hält.« Oder Sie erklären: »Ich habe beschlossen, mich nicht mehr mit negativen Dingen zu befassen. Lass uns über etwas anderes reden.« Oder: »Ich stimme nicht mit seiner Entscheidung überein, aber er hat das Recht, sie zu treffen.« Oder: »Mag sein, dass sie ihre Möglichkeiten nach unserer Auffassung nicht nutzt, aber sie ist nicht auf der Welt, um uns zu gefallen.«

Was hat der Klatsch in Ihrer Umgebung mit Ihrer Frage zu tun?

Um zusätzliche Hinweise zur Klärung Ihrer Situation zu erhalten, werfen Sie dreimal eine Münze.

3 x Kopf = 88	3 x Zahl = 35
1 x Kopf und 2 x Zahl = 60	2 x Kopf und 1 x Zahl = 204

226

Prüfen Sie Ihre Motive

Was hat Sie dazu bewogen, Ihre Frage zu stellen? Sie täuschen sich oft selbst, was das Motiv Ihrer Wünsche betrifft. Sie glauben, ein Motiv sei offenkundig, aber in Wahrheit verbirgt es sich hinten im Schatten Ihres Geistes und hofft, nicht entdeckt zu werden.

Alle Wünsche sind egoistisch. Selbst wenn Sie nur den Bedürftigen helfen wollen, haben Sie egoistische Beweggründe, denn Ihr Tun gibt Ihnen die Möglichkeit, eine bessere Meinung von sich selbst zu haben. Doch wenn Ihre egoistischen Wünsche anderen schaden oder sie manipulieren, haben Sie die zulässige Grenze überschritten und produzieren karmische Schuld. Spirituelle Lehrer verwenden dafür oft als Beispiel ein Land, das zurzeit Krieg führt, um zu zeigen, wie subtil das Problem ist. Wenn man möchte, dass das eigene Land gewinnt, betet man für den Sieg. Aber übt man damit nicht schwarze Magie aus, weil man um die Niederlage der anderen Seite bittet?

Sie wünschen sich eine erfüllende Beziehung, doch nützt sie auch dem Partner? Sie wünschen sich Erfolg, aber welche Auswirkungen hat Ihr Erfolg auf andere? Sie möchten etwas haben, weil Ihr Ehepartner oder Ihre Eltern oder Ihre Kinder es von Ihnen erwarten – aber zu welchem Preis? Meditieren Sie über alle verborgenen Motive hinter Ihrer Frage.

Um zusätzliche Hinweise zur Klärung Ihrer Situation zu erhalten, werfen Sie dreimal eine Münze.

3 x Kopf = 97	3 x Zahl = 105
1 x Kopf und 2 x Zahl = 153	2 x Kopf und 1 x Zahl = 123

227

Glaube und Charakterprojektion

Wenn Sie wahrhaft religiös sind, brauchen Sie Ihren Glauben nicht zu praktizieren – Sie leben ihn. Die Religion gleicht der Atmung: Sie sind sich ihrer nicht bewusst, solange Sie nicht daran denken und solange alles in Ordnung ist. Für den religiösen Menschen ist Religion eher ein Bewusstseinszustand als ein Glaubenssystem. Sie wird ihm nicht von außen aufgedrängt, sondern sie strömt aus seinem Inneren, sodass zwischen ihm und seiner Religion kein Abstand besteht.

Religiöse Überzeugungen nach außen zu projizieren und aus den Ritualen eine Schau zu machen, ist lediglich ein Trick der Unreligiösen, der es ihnen erlaubt, die Religion zu meiden. Meist ist Religion allerdings auf Furcht gegründet, etwa auf der Furcht vor einem sadistischen Gott, der die Menschen in der Hölle schmoren lässt. Kann eine auf Furcht gegründete Religion wahr sein?

Der wahrhaft religiöse Mensch erkennt das Karma an und versucht, sich über die Furcht zu erheben. Er urteilt nicht mehr über andere und macht ihnen keine Vorwürfe. Er hat Mitgefühl. Er spricht nicht über Gott, weil er Gott lebt, sich an Gott erfreut, Gott zelebriert. Er lebt ganz in der Gegenwart.

Welchen religiösen Charakter projizieren Sie nach außen? Was hat das eben Gesagte mit Ihrer Frage und Ihrer Lebensweise zu tun?

Um zusätzliche Hinweise zur Klärung Ihrer Situation zu erhalten, werfen Sie dreimal eine Münze.

3 x Kopf = 105	3 x Zahl = 227
1 x Kopf und 2 x Zahl = 112	2 x Kopf und 1 x Zahl = 136

228

Ihre Natur

Eine Lehrgeschichte erzählt von einer Schildkröte, die sich am Strand wärmte. Plötzlich sah sie einen großen, hässlichen Skorpion auf sich zukriechen, den todbringenden Schwanz zum Stechen gekrümmt. Ohne zu zögern, lief die Schildkröte auf das sichere Wasser zu.

»Warte bitte!«, rief der Skorpion. »Ich will dir nichts tun. Ich muss hinüber zu der Insel dort. Trag mich bitte hinüber.«

Die Schildkröte, fast schon im Wasser, zitterte vor Schreck. »Kommt nicht in Frage. Du bist ein Skorpion. Du wirst mich stechen, und ich muss sterben.«

»Nein, das werde ich nicht tun«, sagte der Skorpion traurig. «Ich steche nur, um mir Nahrung zu beschaffen. Ich würde bestimmt niemanden verletzen, der mir hilft. Alle fürchten mich, und keiner traut mir«, schluchzte er.

Von seinen Bitten gerührt, bekam die Schildkröte Mitleid, und schließlich sagte sie: »Also gut. Wenn du versprichst, mich nicht zu stechen.«

Der dankbare Skorpion versprach es und kletterte auf den Rücken der Schildkröte. Sie trug ihn sicher übers Meer zu der Insel. Als der Skorpion von ihrem Rücken in den Sand stieg, stach er die Schildkröte heimtückisch. »Du hast doch versprochen, mir nichts zu tun«, stöhnte sie, als ihr das tödliche Gift in den Körper drang.

Während der Skorpion seines Weges ging, lachte er und sagte: »Es ist nun mal meine Natur zu stechen.«

Meditieren Sie über die Natur der Menschen, auf die sich Ihre Frage bezieht.

Um zusätzliche Hinweise zur Klärung Ihrer Situation zu erhalten, werfen Sie dreimal eine Münze.

3 x Kopf = 155	3 x Zahl = 90
1 x Kopf und 2 x Zahl = 250	2 x Kopf und 1 x Zahl = 48

229

Illusionen austauschen

Sie leben in einer Illusion, die durch Ihre Interpretation der Ereignisse geschaffen wurde. Die Illusion ist die Folge all Ihrer bisherigen Erfahrungen, die Sie in die Gegenwart projizieren.

Es gibt eine Zen-Geschichte von einem Mann, der mitten auf einer Straße saß und die Arme vorwärts und rückwärts bewegte, als ob er rudere.

Da er den Weg versperrte, fragte ein Vorübergehender ihn: »Was tust du da? Bist du verrückt?«

»Ich rudere«, antwortete der Mann. »Es ist noch Platz im Boot für dich, wenn du einsteigen willst.«

»Aber da ist kein Boot«, entgegnete der andere.

»Kein Boot? O mein Gott, dann sollten wir lieber zu schwimmen anfangen!«, rief der bestürzte Mann.

Wenn Sie eine Illusion durchschaut haben, sollten Sie nicht gleich eine neue erschaffen. Es ist an der Zeit zu untersuchen, was ist – was Realität ist und was Illusion, was Sie ändern können und was nicht. Es wird höchste Zeit, dass Sie den Unterschied erkennen.

Um zusätzliche Hinweise zur Klärung Ihrer Situation zu erhalten, werfen Sie dreimal eine Münze.

3 x Kopf = 212	3 x Zahl = 96
1 x Kopf und 2 x Zahl = 177	2 x Kopf und 1 x Zahl = 169

230

Missverständnis

Im Dämmerlicht könnte man leicht ein Seil für eine Schlange halten. Die Schlange ist nicht real, aber Ihr Geist erzeugt eine reale Projektion. Und natürlich reagieren Sie darauf mit Furcht. Vielleicht zittern Sie, vielleicht rennen Sie weg und stürzen. Es ist sogar möglich, dass Sie einen Herzanfall bekommen und sterben. Aber die ganze Zeit über war keine Schlange da. Sie haben sie geschaffen und in die Wirklichkeit projiziert.

Daraus folgt, dass Ihre vertraute Umwelt nicht real ist. Sie ist einfach nur Ihre Projektion der Welt, und darum nennen östliche Mystiker sie *maya*, Illusion. Ja, die Welt existiert, doch Ihr Geist verzerrt sie und ruft große Missverständnisse hervor. Ihre Ansichten über Philosophie, Beziehungen und Gesellschaft verwirren Sie zusätzlich, und Ihr tiefer Glaube über das, was Sie sind, trübt die Realität noch mehr.

Wenn Ihr Geist im Unrecht ist, hat vielleicht der Nicht-Geist recht. Der Nicht-Geist hat aufgehört, Dinge oder Personen mit anderen Dingen oder Personen zu vergleichen. Dort gibt es keine Teilung, kein Urteil, kein Vorurteil, keine Schuldzuweisung. Sie müssen die unveränderliche Wirklichkeit akzeptieren. Dann gibt es keine Vergangenheit und keine Zukunft mehr – nur noch das Jetzt.

Meditieren Sie darüber, was Vergleiche und Illusionen mit Ihrer Frage zu tun haben und wie Sie die Verwirklichung Ihrer Wünsche beeinflussen könnten.

Um zusätzliche Hinweise zur Klärung Ihrer Situation zu erhalten, werfen Sie dreimal eine Münze.

| 3 x Kopf = 164 | 3 x Zahl = 102 |
| 1 x Kopf und 2 x Zahl = 101 | 2 x Kopf und 1 x Zahl = 17 |

231

Kommunikation

Andere Menschen teilen nicht unbedingt Ihre Einschätzung der gegenwärtigen Situation. Wir alle hören Worte und sehen Ereignisse durch den Filter unserer vergangenen Erfahrungen.

Osho erzählt die Geschichte eines Mannes mit einem Glasauge, der zum Dorftanz ging. Er fühlte sich wegen seines Glasauges so unsicher, dass er sich nicht zu den anderen gesellte, sondern alleine und abseits stand und sich traurig und einsam fühlte, während die anderen sich fröhlich vergnügten. Dann bemerkte er ein Mädchen mit einer großen Warze an der Nase. Sie war ebenfalls allein.

»Vielleicht tanzt sie mit mir«, dachte er.

Er nahm all seinen Mut zusammen und ging auf die Frau zu. »Wollen Sie ... wollen Sie mit mir tanzen?«, stammelte er.

Ihr Gesicht hellte sich auf. »Ob ich will? Ob ich will?«, rief sie.

Der Mann zog sich beleidigt zurück. »Warzennase! Warennase!«, schrie er.

Was hat diese Geschichte mit Ihrer Frage zu tun? Meditieren Sie darüber, wie andere möglicherweise Ihre Worte und Ihr Verhalten deuten.

Um zusätzliche Hinweise zur Klärung Ihrer Situation zu erhalten, werfen Sie dreimal eine Münze.

3 x Kopf = 167	3 x Zahl = 234
1 x Kopf und 2 x Zahl = 52	2 x Kopf und 1 x Zahl = 125

232

Fortschritt

Die universellen Kräfte schenken Ihnen zur Zeit viel Energie, und daher ist jetzt alles möglich. Machen Sie aus dieser positiven Energie das Beste. Sie hält nicht ewig. Versuchen Sie, Ihre Ziele zu erreichen, solange es sich lohnt und auch anderen Menschen dient.

Vielleicht müssen Sie persönliche Opfer bringen, um sich Ihren Zielen zu nähern, doch dadurch nützen Sie sich selbst und der Gesellschaft. Andere werden von Ihrem Tun beeindruckt sein und Sie unterstützen.

Die kosmischen Kräfte, die Sie umgeben, unterstützen auch alle Bemühungen, sich weiterzuentwickeln. Wenn Sie alte Gewohnheiten ablegen oder neue Fähigkeiten entfalten möchten, dann tun Sie es jetzt. Sie sollten auch erwägen, Ihr negatives Denken und Ihre Nachgiebigkeit gegen sich selbst aufzugeben. Errichten Sie ein festes, neues Fundament aus Selbsterkenntnis und höheren Grundsätzen. Beobachten Sie die positiven Auswirkungen, die mitfühlende Menschen erreichen können, und versuchen Sie, ihnen nachzueifern. Werden Sie zu einem Kanal für das Licht, und Ihr ganzes Leben wird umgewandelt.

Um zusätzliche Hinweise zur Klärung Ihrer Situation zu erhalten, werfen Sie dreimal eine Münze.

3 x Kopf = 159	3 x Zahl = 33
1 x Kopf und 2 x Zahl = 8	2 x Kopf und 1 x Zahl = 226

233
Die höchste Weisheit

Alles, was dieses Buch vermittelt, lässt sich in fünf Worten zusammenfassen: *Geben Sie Ihre Selbsttäuschungen auf.* Dies ist die höchste Weisheit. Es ist der Weg, das Leiden zu überwinden – das Rezept für die Erleuchtung.

Alle Ihre auf Furcht gegründeten Emotionen sind Täuschungen. Vorurteile, Egoismus, Hass, Unterdrückung, Neid, Gier, besitzergreifendes Verhalten, Hemmungen und Schuldgefühle sind Reaktionen auf eine Programmierung in der Vergangenheit. Diese unerwünschte, unnötige Furcht fesselt Sie an das Irdische – an das Rad der Wiedergeburt. Doch unter dieser Programmierung verborgen liegt etwas ganz anderes – die bereits vollkommen erleuchtete Seele, die Sie in Wahrheit sind. Darum besteht Ihr Ziel darin, die Täuschungen abzulegen, damit Sie besser erkennen können, was Sie wirklich sind.

Die Grundsätze »Liebe dich selbst und andere« und »Liebe bedingungslos« gehören zu dieser Weisheit, denn unter Ihren darüber lagernden Illusionen sind Sie reine Liebe, das heißt, Sie urteilen nicht, machen niemandem Vorwürfe und stellen keine Forderungen. Ohne Illusionen würden Sie akzeptieren, was ist.

Meditieren Sie über Ihre Selbsttäuschungen, vor allem in Verbindung mit Ihrer Frage, und über die Notwendigkeit, sie aufzugeben. Verbinden Sie das eben Gesagte mit Ihrer Furcht, und überlegen Sie, wie dieses Wissen Ihr Leben verändern kann.

Um zusätzliche Hinweise zur Klärung Ihrer Situation zu erhalten, werfen Sie dreimal eine Münze.

| 3 x Kopf = 116 | 3 x Zahl = 19 |
| 1 x Kopf und 2 x Zahl = 4 | 2 x Kopf und 1 x Zahl = 223 |

234

Die zehn Gebote

Zen lehrt, dass es zehn Gebote des moralischen Lebens gibt, die den Prozess der Befreiung beschleunigen: 1. Nicht töten – und sich selbst helfen, wirklich zu leben, indem man sein Bewusstsein entwickelt. 2. Nicht stehlen – und anderen geben. 3. Die Sexualität nicht missbrauchen. Wenn Sie Sex haben, müssen Sie an Ihr Glück, an das Glück des Partners und an das Glück des am meisten betroffenen Dritten denken. Sind diese drei einverstanden, bleibt Sex im Rahmen der natürlichen Gesetze. 4. Nicht lügen – und nicht stolz sein. 5. Keine Rauschmittel missbrauchen. Schaden Sie nicht der Gesundheit Ihres Körpers und Geistes durch übermäßige Anwendung giftiger Substanzen. 6. Nicht verleumden. Meiden Sie Verleumdung und Klatsch. Seien Sie wahrhaftig und liebevoll in Ihren Worten. 7. Nicht beleidigen. Verletzen Sie niemals einen anderen absichtlich mit Worten. 8. Nicht begehren. Verlangen Sie nicht mehr, als Sie brauchen, und seien Sie freigebig gegenüber notleidenden Menschen. 9. Nicht zornig sein. Zorn ist immer ein Schutzschild gegen Schmerzen, die entstehen, wenn Sie nicht bekommen, was Sie wollen. 10. Nicht das »Alles, Was Ist« (oder das Göttliche) verleumden – erkennen Sie, dass wir das alles sind.

Meditieren Sie darüber, was die zehn Gebote des moralischen Lebens mit Ihrer Frage zu tun haben und wie Sie diese Erkenntnis anwenden können, um zu erreichen, was Sie erstreben.

Um zusätzliche Hinweise zur Klärung Ihrer Situation zu erhalten, werfen Sie dreimal eine Münze.

| 3 x Kopf = 22 | 3 x Zahl = 128 |
| 1 x Kopf und 2 x Zahl = 75 | 2 x Kopf und 1 x Zahl = 49 |

235

Bewusst leben

Wenn Sie unbewusst leben, lassen Sie sich vom und im Leben treiben. Sie wechseln von einem Arbeitsplatz zum anderen, Sie wechseln den Partner, Ihre Hobbys, Ihre Religion und hoffen, dass sich diesmal etwas zum Besseren wenden wird. Sie leben für Ihre Erwartungen und denken: »Diesmal schaffe ich es. Diesmal klappt es, wenn ich es anders mache. Diesmal wird es großartig sein. Diesmal werde ich glücklich sein.«

Aber solange Sie nicht beginnen, bewusst und ohne Erwartungen zu leben, geschieht nichts. Solange Sie sich nicht bewusst erkennen und Ihre Täuschungen aufgeben, ändert sich nichts. Es ist an der Zeit zu untersuchen, warum Sie tun, was Sie tun. Erforschen Sie Ihre Verhaltensmuster, und finden Sie heraus, warum Sie sie wiederholen. Wenn Sie dies nicht tun, werden Sie immer wieder Enttäuschungen erleben und den Sinn des Lebens verfehlen.

Statt Menschen und Dinge in Ihrem Leben zu verändern, sollten Sie Ihr Bewusstsein so ändern, dass Sie nicht mehr an Erwartungen und Illusionen haften. Haben sich Ihre früheren Erwartungen an dem, was ist, orientiert? Wie verhält es sich mit Ihren derzeitigen Erwartungen?

Um zusätzliche Hinweise zur Klärung Ihrer Situation zu erhalten, werfen Sie dreimal eine Münze.

3 x Kopf = 7	3 x Zahl = 182
1 x Kopf und 2 x Zahl = 128	2 x Kopf und 1 x Zahl = 111

236

Ein Wunschbaum

Es gibt eine Geschichte von einem Mann, der durch den Wald ging und über seine vielen Probleme nachdachte. Er blieb stehen, um sich auszuruhen, und lehnte sich an einen Baum – einen Zauberbaum, der die Wünsche aller, die ihn berührten, unverzüglich erfüllte. Der Mann war durstig und wünschte sich etwas zu trinken. Schon hielt er einen Becher mit kühlem Wasser in der Hand. Erschrocken betrachtete er das Wasser, entschied, dass es ungefährlich sei, und trank es. Dann wurde er hungrig und wünschte sich etwas zu essen. Vor ihm erschien ein Mahl.

»Meine Wünsche werden erfüllt«, dachte er ungläubig. »Nun, dann wünsche ich mir ein schönes Haus«, sagte er laut. Das Haus erschien vor ihm auf der Wiese. Ein breites Lächeln überzog sein Gesicht, als er sich Diener wünschte, die sich um den Haushalt kümmerten. Als sie erschienen, begriff er, dass er aus irgendwelchen Gründen mit einer unglaublichen Macht ausgestattet worden war, und wünschte sich eine schöne, liebevolle, intelligente Frau, um sein Glück mit ihr zu teilen.

»Moment mal, das ist ja lächerlich«, sagte er zu der Frau. »So viel Glück kann ich doch gar nicht haben.« Als er diese Worte ausgesprochen hatte, verschwand alles. Er schüttelte den Kopf und sagte: »Ich hab's gewusst.« Dann ging er weiter und dachte über seine vielen Probleme nach.

Gedanken verfestigen sich, nehmen Form an und schaffen Ihre Realität. Meditieren Sie darüber, was diese Geschichte mit Ihrer Frage zu tun hat.

Um zusätzliche Hinweise zur Klärung Ihrer Situation zu erhalten, werfen Sie dreimal eine Münze.

3 x Kopf = 37	3 x Zahl = 13
1 x Kopf und 2 x Zahl = 23	2 x Kopf und 1 x Zahl = 16

237

Die sechs Vollkommenheiten

Die sechs buddhistischen Vollkommenheiten sind eine Richtlinie für alle, die nach Selbstverwirklichung streben: 1: Geben. Sie können materielle Dinge, Erkenntnis und Furchtlosigkeit geben, wobei Sie sich selber in Gefahr bringen, um andere aus Not oder Unglück zu retten. 2. Einhaltung der zehn Gebote: Nicht töten, nicht stehlen, Sexualität nicht missbrauchen, nicht lügen, keinen Missbrauch mit Rauschmitteln treiben, nicht verleumden, nicht beleidigen, nicht begehren, nicht das »Alles, Was Ist« (oder das Göttliche) verleumden. 3. Beharrlichkeit. Leiden ist ein Teil der Welt, doch wir müssen beharrlich sein und uns über das Leiden erheben, sowohl körperlich als auch seelisch. 4. Eifer. Bemühen Sie sich unermüdlich, nichts zu tun, was zu Disharmonie führt, und alles zu tun, was Harmonie fördert. Ohne Anstrengung erreichen Sie nichts. Da wir ein Teil der Gesellschaft sind, arbeiten wir für Geld, Ruhm und Einfluss. Doch wir müssen erkennen, dass unsere wahre Arbeit damit nichts zu tun hat, sondern dass sie das Ziel verfolgen sollte, auf dieser Welt Harmonie zu erzeugen. 5. Meditation. Wenn Sie regelmäßig nach innen gehen, wecken Sie das wahre Selbst. 6. Transzendente Weisheit. Diese Weisheit geht über das Wissen um Dinge und um die Seele hinaus. Sie geht über alle Dualitäten hinaus.

Meditieren Sie darüber, was die sechs Vollkommenheiten mit Ihrer Frage zu tun haben, und wie Sie sie nutzen können, um Ihre Ziele zu erreichen.

Um zusätzliche Hinweise zur Klärung Ihrer Situation zu erhalten, werfen Sie dreimal eine Münze.

| 3 x Kopf = 221 | 3 x Zahl = 96 |
| 1 x Kopf und 2 x Zahl = 98 | 2 x Kopf und 1 x Zahl = 8 |

238

Die karmische Prüfung

Ihre derzeitige Situation ist karmisch bedingt. Alles Karma vergibt oder gleicht vergangenes Tun aus. Dann prüft es, ob Sie Ihre Lektion gelernt haben. Vielleicht sind Sie mit einer guten Ehe gesegnet. Ihre Prüfung beginnt, wenn Ihre Ehe auf einen steinigen Pfad gerät. Wie kommen Sie und Ihr Partner damit zurecht? Wenn Sie beide liebevoll reagieren, haben Sie gute Aussichten, zusammen glücklich zu bleiben und nicht die lang anhaltenden Schmerzen der Trennung erfahren zu müssen, zu der es möglicherweise gekommen wäre, hätten Sie Ihre Lektion nicht gelernt.

Oder nehmen wir an, es fehlt Ihnen an Mitgefühl, Sie verlassen Ihren Partner und fangen mit einem anderen von vorne an. Dann haben Sie wahrscheinlich Ihre Prüfung nicht bestanden und werden sich eines Tages ebenfalls verlassen vorfinden.

Was aber, wenn Ihr Partner Sie verlässt und Sie mit der Trennung ohne Zorn fertigwerden und sein Weggehen billigen? Wahrscheinlich haben Sie in diesem Fall den Test bestanden und gleichzeitig altes Karma abgetragen.

Das Ergebnis der karmischen Prüfung ist ungewiss, da Sie über einen freien Willen verfügen. Vielleicht hat Ihre Frage nichts mit Beziehungen zu tun, aber die karmische Prüfung ist eine Tatsache. Meditieren Sie darüber, was diese Prüfung mit Ihrer Frage zu tun haben könnte.

Um zusätzliche Hinweise zur Klärung Ihrer Situation zu erhalten, werfen Sie dreimal eine Münze.

3 x Kopf = 248 3 x Zahl = 137
1 x Kopf und 2 x Zahl = 46 2 x Kopf und 1 x Zahl = 157

239

Ziele der Seele

Bevor Sie geboren wurden, haben Sie festgelegt, welche Ziele für Ihre Seele im kommenden Leben am wichtigsten sein sollen. Man kann unter sieben allgemeinen Zielen wählen:

1. Wissen. Dazu gehört das Streben nach Wissen um Demut, Hingabe, Opferbereitschaft, Selbstlosigkeit und Beharrlichkeit. 2. Spiritualität. Machen Sie das spirituelle Bewusstsein zu einem Teil der Lebensarbeit, für die Sie sich entschieden haben. 3. Innere Harmonie. Beschäftigen Sie sich mit der Welt und der Vollendung Ihrer Lebensarbeit, während Sie gleichzeitig Seelenfrieden finden. 4. Ruhm oder Macht. Beide sind karmische Belohnungen wie auch Prüfungen und bieten einzigartige Möglichkeiten, anderen eigene Erkenntnisse zu vermitteln und sie zu führen. 5. Annahme. Überwinden Sie Ihren Widerstand gegen das, was ist, denn das ist die Ursache des Leidens. 6. Unterstützung. Fördern Sie einen anderen Menschen, ein Ideal, eine Philosophie oder eine Religion. 7. Talente entfalten. Begabungen entwickeln sich über viele Leben hinweg. Ihr Ziel könnte ein frühes, mittleres oder fortgeschrittenes Stadium einer kreativen Tätigkeit sein.

Eines dieser sieben Ziele ist für Sie am wichtigsten. In Verbindung mit Ihrem Wissen um Ihr Dharma – Ihre Pflicht gegenüber sich selbst und der Gesellschaft – hilft die Kenntnis Ihres Seelenziels Ihnen, den Zweck Ihres irdischen Daseins zu verstehen.

Meditieren Sie über Ihr wichtigstes Ziel und überlegen Sie, was dieses mit Ihrer Frage zu tun hat.

Um zusätzliche Hinweise zur Klärung Ihrer Situation zu erhalten, werfen Sie dreimal eine Münze.

3 x Kopf = 199	3 x Zahl = 7
1 x Kopf und 2 x Zahl = 59	2 x Kopf und 1 x Zahl = 137

240

Versuchung

Obwohl es an der Oberfläche nicht so aussehen mag, beinhaltet die Situation, auf die sich Ihre Frage bezieht, eine unharmonische Versuchung. Wenn Sie Ihre Reaktion nicht sorgfältig abwägen, könnten Sie Chaos in Ihr Leben bringen und Ihr Schicksal zum Unguten verändern. Sie können zwar wenig tun, um die Versuchung zu beseitigen, aber Sie können Ihren freien Willen einsetzen und sie daran hindern, Macht über Sie zu gewinnen. In Ihrem Herzen wissen Sie, was Sie zu tun haben, um nicht vorsätzlich falsch zu handeln und dadurch unerwünschtes Karma zu erzeugen.

Sie müssen im Umgang mit anderen diplomatisch und vorsichtig sein. Lassen Sie die anderen wissen, wie Sie sich fühlen. Stellen Sie sich jedem Problem, das gegen Sie verwendet werden könnte. Achten Sie darauf, dass Ihre beruflichen Anstrengungen Ihnen nicht schaden. Was die Versuchung angeht, so könnten ungewöhnliche Entscheidungen mehr Schwierigkeiten als Nutzen bringen.

Möglicherweise werden Sie mit einer neuen Gunst konfrontiert, die Ihnen harmlos erscheinen mag, die sich aber zu einem disharmonischen Charakterzug oder einer inneren Störung entwickeln kann. Wenn es so weit kommt, ist eine Menge Selbstdisziplin notwendig, um nicht heruntergezogen zu werden. Halten Sie an Ihren höheren Grundsätzen fest. Lieben Sie sich selbst bedingungslos, und zehren Sie von Ihrer inneren Kraft.

Um zusätzliche Hinweise zur Klärung Ihrer Situation zu erhalten, werfen Sie dreimal eine Münze.

3 x Kopf = 213	3 x Zahl = 26
1 x Kopf und 2 x Zahl = 4	2 x Kopf und 1 x Zahl = 70

241
Verantwortung

Verantwortung ist die Grundlage für jede Transformation. Karma akzeptieren heißt, die Verantwortung für vergangene Gedanken, Worte und Taten zu übernehmen, die Ihre derzeitige Realität erschaffen haben. Wenn Sie im Leben nicht erfolgreich sind, wenn Ihr Leben chaotisch, bedrückend oder voller Leiden ist, übernehmen Sie die Verantwortung dafür. Aber Sie sollten auch wissen, dass Sie Ihr Leben, das ja Sie selbst so geschaffen haben, nach Ihren Wünschen umgestalten können.

Verantwortung bedeutet außerdem, sich wie ein voll bewusster, wacher Mensch zu verhalten. Ein solcher Mensch ist bewusst aufmerksam und besonnen. Erfüllen Sie alles, was Sie tun, mit diesem Bewusstsein, selbst wenn Sie nur gehen, fahren, essen oder eine Dusche nehmen. Tun Sie auch das Nebensächliche voll bewusst, denn es ist wie ein Samenkorn, das in Ihrem Inneren Wurzeln schlägt, zu sprießen beginnt und schließlich zu Ihrem vollen Potenzial erblüht. Wenn Sie vollkommen bewusst sind, sehen Sie Ihr Leben mit anderen Augen.

Meditieren Sie darüber, was die beiden Arten der Verantwortung mit Ihrer Frage zu tun haben.

Um zusätzliche Hinweise zur Klärung Ihrer Situation zu erhalten, werfen Sie dreimal eine Münze.

3 x Kopf = 182	3 x Zahl = 67
1 x Kopf und 2 x Zahl = 48	2 x Kopf und 1 x Zahl = 193

242

Gebundener und befreiter Geist

Nachdem Sie die Transformation, die Selbstverwirklichung, Satori oder die Erleuchtung (es gibt verschiedene Ausdrücke, um das erweiterte Bewusstsein zu beschreiben) erlangt haben, stellen Sie vielleicht fest, dass Sie sich unter Ihren Mitmenschen als Fremder fühlen. Sie unterscheiden sich möglicherweise so sehr von anderen, dass diese Sie nicht mehr verstehen. Diejenigen, deren Geist gebunden ist und die durch diesen gebundenen Geist leben, betrachten Sie als Außenseiter, als verrückt oder als gefährlich, denn Ihr Geist ist frei – Sie leben also ohne Geist. Sie verstehen die anderen, weil Sie einst lebten wie sie.

Sie kennen beide Arten zu leben. Doch wie können Sie anderen einen Bewusstseinszustand vermitteln, der, wie Sie wissen, in Worten nicht ausdrückbar ist? Wie können Sie von anderen erwarten, dass sie einen Menschen verstehen, der aufgehört hat, ihnen Vorwürfe zu machen, sie zu verurteilen, Forderungen an sie zu stellen? Wenn Sie andere so akzeptieren, wie sie sind, ohne sie zu manipulieren, ohne ihnen Ratschläge zu erteilen, ohne zu erwarten, dass sie sich ändern, sind diese möglicherweise nicht mehr imstande, mit Ihnen Kontakte zu knüpfen. Ihr Verhalten ist ihnen so fremd, dass es sie nervös macht.

Dass Sie die Verantwortung für sich übernehmen, ist sogar noch schwerer zu begreifen, und Ihre Mitmenschen werden nicht verstehen, warum Sie es ablehnen, sich negativen Einflüssen aller Art auszusetzen. Ihre positive Einstellung und die Tatsache, dass Sie das, was ist, akzeptieren, vervollständigen das Bild eines Fremden.

Meditieren Sie darüber, was diese Erkenntnis mit Ihrer Frage zu tun hat.

Um zusätzliche Hinweise zur Klärung Ihrer Situation zu erhalten, werfen Sie dreimal eine Münze.

3 x Kopf = 9	3 x Zahl = 235
1 x Kopf und 2 x Zahl = 2	2 x Kopf und 1 x Zahl = 78

243
Akzeptieren Sie Ihre Natur

Es gibt keinen Weg, der für jeden richtig ist – keine vollkommene Diät, kein bestimmtes Schlafbedürfnis, keinen idealen Stresspegel. Osho sagt, manche Menschen seien Schildkröten, manche Hasen. Wenn man dem Hasen verbietet, seine Angelegenheiten schnell zu erledigen, leidet er an Stress. Er ist von Natur aus auf eine hohe Geschwindigkeit eingestellt und hat kein Interesse an Muße. Rasen macht ihm Freude. Wenn die Schildkröte versuchen würde, ein Hase zu werden, geriete sie allerdings in Schwierigkeiten.

Akzeptieren Sie Ihre Natur. Wenn es für Sie natürlich ist, ein Krieger zu sein, dann ist dies Ihr Dharma. Sie haben Ihre Freude daran, ein Krieger zu sein, doch das schließt nicht aus, dass Sie nicht auch ein erleuchteter Krieger sein können. Akzeptieren Sie Ihre Natur nicht zaghaft, sondern aus vollem Herzen. Seien Sie, wer Sie sind, und zwar ganz.

Wenn Sie wirklich verstehen, wer Sie sind, finden Sie sich damit ab. Das hilft Ihnen, Ihr Verhältnis zu anderen Menschen zu klären und zu verstehen, warum Kommunikation oft unnötig schwierig ist.

Meditieren Sie darüber, was Ihr wahres Wesen mit Ihrer Frage zu tun hat. Denken Sie darüber nach, dass Sie sich akzeptieren müssen, und ändern Sie Ihre Einstellung – zu Ihrem eigenen Vorteil.

Um zusätzliche Hinweise zur Klärung Ihrer Situation zu erhalten, werfen Sie dreimal eine Münze.

3 x Kopf = 229	3 x Zahl = 161
1 x Kopf und 2 x Zahl = 3	2 x Kopf und 1 x Zahl = 84

244

Ausdauer

Sie können Ihre derzeitige Situation nur beeinflussen, wenn Sie sich auf Ihr Ziel konzentrieren und allmählich darauf hinarbeiten. Versuchen Sie nicht, etwas zu erzwingen oder zu forcieren. Das wäre nutzlos und könnte die Verhältnisse komplizieren oder völlig umkrempeln.

Sie müssen herausfinden, was Sie wollen, und sich schrittweise und über einen längeren Zeitraum hinweg Ihrem Ziel nähern. Machen Sie es wie das Wasser, das einen Felsen in einem Fluss ganz allmählich abträgt. Falls Sie andere beeinflussen müssen, versuchen Sie, den Gruppengeist zu erkennen, und identifizieren Sie sich mit den Problemen, Hoffnungen und Träumen der Gruppe. Das kostet Zeit, aber Sie werden einen tiefen Eindruck machen. Für Ihre persönlichen Beziehungen gilt das Gleiche. Seien Sie geduldig und stellen Sie sich auf längere Bindungen ein.

Treffen Sie Ihre Entscheidungen, und halten Sie daran fest. Große Erfolge sind das Resultat anhaltender Bemühungen, die sich auf ein klar umrissenes Ziel konzentrieren. Denken Sie daran, dass Gedanken schöpferische Kräfte sind und Ihre Realität schaffen. Bleiben Sie also stets zuversichtlich, was die Erfüllung Ihrer Wünsche angeht.

Um zusätzliche Hinweise zur Klärung Ihrer Situation zu erhalten, werfen Sie dreimal eine Münze.

3 x Kopf = 97   3 x Zahl = 119
1 x Kopf und 2 x Zahl = 75   2 x Kopf und 1 x Zahl = 250

245
Mehr Stille

Von seltenen Ausnahmen abgesehen, zum Beispiel ein Tatsachenbericht oder eine Frage, die eine sachliche Antwort erfordert, dient alles, was Sie sagen, dem Zweck, Sympathie zu gewinnen oder sich mehr Geltung zu verschaffen. Das hören Sie zwar nicht gerne, aber ein wenig Selbstprüfung wird Ihnen zeigen, dass es stimmt. Wenn Sie das einsehen, fällt es Ihnen leichter, sich Ihres Schwindelns bewusst zu werden, weil Sie gezwungen werden, Ihre nach außen projizierte Unsicherheit zu beobachten.

Sofern Sie nicht mit anderen sprechen, führen Sie ständig Selbstgespräche. Wenn Sie Ihre Worte prüfen, um herauszufinden, ob Sie nach Sympathie oder Anerkennung streben, werden Sie feststellen, dass Sie zu neunzig Prozent wertloses Gerede von sich geben. Verzichten Sie auf diese neunzig Prozent und beschränken sich auf die restlichen zehn Prozent, werden Sie nicht nur ein besserer Gesprächspartner, sondern auch eine unnötige Bürde los.

Osho sagt, Stille bedeute, »direkt und unmittelbar in die Existenz zu blicken. Du bist eins mit der Existenz, zwischen dir und der Existenz gibt es nichts, das euch trennt«.

Warum hören Sie nicht auf, Unnötiges zu denken und zu sagen? Wenn Sie inneres und äußeres Geplapper reduzieren, können Sie einige Teile Ihres seelischen Mobiliars – Wünsche, Erinnerungen, Fantasien und Träume – beiseiterücken. Blicken Sie direkt in Ihre Existenz!

Um zusätzliche Hinweise zur Klärung Ihrer Situation zu erhalten, werfen Sie dreimal eine Münze.

3 x Kopf = 216	3 x Zahl = 24
1 x Kopf und 2 x Zahl = 122	2 x Kopf und 1 x Zahl = 225

246

Widersprüche

Verstandesmenschen fordern Beständigkeit. Doch jeder, der sein Leben lang beständig sein könnte, wäre so starr und so interessant wie ein Laternenpfahl. Um zu wachsen und sich zu entwickeln, müssen Sie sich oft widersprechen. Eines Ihrer Grundrechte ist, Ihre Meinung zu ändern. Was Ihnen heute nützt, kann morgen sinnlos sein. Was Ihnen voriges Jahr gefiel, spricht Sie heute vielleicht nicht mehr an. Oder Sie werden Ihres Lebensstils müde und ändern ihn.

Es ist gesund und normal, seine Meinung zu ändern. Manche werden Ihnen dieses Recht vielleicht absprechen. Sie verlangen Erläuterungen und Ihr Eingeständnis, dass Ihre erste Entscheidung falsch war. »Wie konnten Sie Ihre Meinung ändern, nachdem Sie sich so engagiert hatten? Sie sind verantwortungslos und werden wahrscheinlich wieder eine falsche Entscheidung treffen.« Nehmen Sie diese starre Denkweise, diesen unverfrorenen Manipulationsversuch, nicht hin.

Wenn Sie sich widersprechen und Ihre Meinung ändern, liegt es vielleicht daran, dass Ihr Geist groß genug ist, um Paradoxe zuzulassen.

Meditieren Sie darüber, was Ihre Frage mit widersprüchlichem Handeln zu tun hat.

Um zusätzliche Hinweise zur Klärung Ihrer Situation zu erhalten, werfen Sie dreimal eine Münze.

| 3 x Kopf = 218 | 3 x Zahl = 175 |
| 1 x Kopf und 2 x Zahl = 181 | 2 x Kopf und 1 x Zahl = 35 |

247
Unannehmbares

Wenn Sie sich über Unannehmbares aufregen, lässt sich das Problem lösen, indem Sie das scheinbar Unannehmbare annehmen, da es für niemanden außer für Sie inakzeptabel ist – nicht für die Gesellschaft und nicht für Gott. Denken Sie darüber nach, was für Sie unannehmbar ist, bis Sie verstehen, dass Sie nur deshalb dieses Problem haben, weil Sie es dadurch geschaffen haben, dass Sie die Dinge auf Ihre Weise sehen.

Natürlich zwingt niemand Sie, das vermeintlich Inakzeptable in Ihrem Leben zu akzeptieren. Aber wenn Sie daran haften, werden Sie darunter leiden. Alles, was Sie inakzeptabel finden, wird Sie so lange aufregen, wie Sie es festhalten oder bekämpfen.

Um sich davon zu befreien, brauchen Sie lediglich alles Inakzeptable zu akzeptieren. Der Versuch, etwas an der Situation zu ändern, ist meist Zeitverschwendung. Entweder schaffen Sie es nicht, oder Sie machen die Angelegenheit noch schlimmer. Akzeptieren Sie das, was ist – sagen Sie einfach Ja dazu.

Meditieren Sie darüber, was für Sie in Ihrem Leben unannehmbar ist und was dieses Problem mit Ihrer Frage zu tun hat.

Um zusätzliche Hinweise zur Klärung Ihrer Situation zu erhalten, werfen Sie dreimal eine Münze.

| 3 x Kopf = 145 | 3 x Zahl = 50 |
| 1 x Kopf und 2 x Zahl = 113 | 2 x Kopf und 1 x Zahl = 132 |

248

Inspiration

Jetzt können Sie andere anregen, kooperativ zu sein und mehr zu erreichen, als diese für möglich gehalten haben. Die kosmischen Kräfte begünstigen solche von Inspiration getragenen Bemühungen in dieser Zeit konzentrierter Energie. Sie brauchen sich nur der Wahrheit bewusst zu sein und liebevoll im Umgang mit anderen. Der Lohn Ihrer Bemühungen werden Treue, Bindungen und lang anhaltende Unterstützung sein.

Diese Energie weitet sich auch auf Ihre persönlichen Beziehungen aus. Sie werden intensiver kommunizieren können, als Sie es vielleicht selbst für möglich halten. Konzentrieren Sie sich weiter auf Ihre Ziele, wenn Sie Menschen begeistern, die Ihnen nahestehen, und sprechen Sie offen aus, wohin Sie sie führen möchten. Achten Sie darauf, dass Ihre Motive, Absichten und Wünsche positiv sind.

Was Ihre Frage betrifft, so hängt Ihr Erfolg davon ab, ob Sie fähig sind, eine vertrauensvolle, liebevolle und freundliche Atmosphäre aufrechtzuerhalten, die Sie sicher über den Strom wechselvoller äußerer Umstände trägt. Ihre Rechtschaffenheit und Ihr Einsatz für höhere Prinzipien bewahren Sie davor, durch Zerstreuungen, die Ihres Vorhabens nicht würdig sind, in Versuchung zu geraten.

Um zusätzliche Hinweise zur Klärung Ihrer Situation zu erhalten, werfen Sie dreimal eine Münze.

3 x Kopf = 27   3 x Zahl = 69
1 x Kopf und 2 x Zahl = 218   2 x Kopf und 1 x Zahl = 186

249
Tatsachen verändern Einstellungen nicht

Eine Sufi-Geschichte erzählt von einem Reisenden, der eine seltsame Welt durchquerte, das »Land der Narren«. Während er eine Dorfstraße entlangging, beobachtete er Bauern, die in panischer Angst flohen. »In diesem Feld ist ein Ungeheuer!«, rief ein Mann, der an dem Reisenden vorbeirannte.

Dieser schaute nach und fand eine Wassermelone. Also rief er die Bauern zusammen und erbot sich, das Ungeheuer zu töten. Dann ging er ins Feld, zog ein Messer aus der Tasche, schnitt die Melone mittendurch und begann sie zu verspeisen. Die Bauern waren starr vor Schreck und fürchteten den Reisenden mehr als zuvor die Melone. Sie vertrieben ihn mit Heugabeln aus ihrem Land, dabei schrien sie: »Wenn wir ihn nicht wegjagen, wird er uns als Nächste töten!«

Im folgenden Jahr wanderte ein anderer Reisender durch dasselbe Land und ihm widerfuhr die gleiche Geschichte. Doch er bot den Bauern nicht an, das Ungeheuer zu töten, sondern stimmte ihnen zu, dass es gefährlich sei. Indem er sich zusammen mit ihnen auf Zehenspitzen wegschlich, gewann er ihr Vertrauen. Er verbrachte einige Zeit in ihren Häusern, bis es ihm nach und nach gelang, ihnen beizubringen, dass eine Melone eine essbare Frucht ist und kein Ungeheuer. Sie überwanden ihre Furcht und lernten, Wassermelonen anzubauen.

Die Wahrheit allein macht die Menschen nicht frei. Meditieren Sie darüber und überlegen Sie, was diese Geschichte mit Ihrer Frage zu tun hat.

Um zusätzliche Hinweise zur Klärung Ihrer Situation zu erhalten, werfen Sie dreimal eine Münze.

| 3 x Kopf = 8 | 3 x Zahl = 102 |
| 1 x Kopf und 2 x Zahl = 243 | 2 x Kopf und 1 x Zahl = 127 |

250

Warum glauben?

Warum an Gott glauben, wenn Sie Gott erfahren können? Der Glaube ist ein armseliger Ersatz für Erfahrung. Sie sollten nicht einfach glauben, wenn Sie wissen wollen. Glauben können Sie nur, was Sie nicht wissen. Vielleicht glauben Sie, Ihr Ehepartner sei Ihnen treu. Sie glauben es von ganzem Herzen, aber Sie wissen es nicht, weil Sie mit Ihrem Partner nicht jeden Tag ununterbrochen zusammen sein können. Sie glauben an die Wiedergeburt, aber Sie können nicht sicher sein, dass Sie wiedergeboren werden. Sie glauben, Ihr Land sei in Ordnung, aber es kann durchaus sein, dass Sie sich irren. Vom Verstand her sind Sie davon überzeugt, weil Sie kein Argument akzeptieren können, das Ihren Glauben zerstören würde.

Doch der Glaube ist wie eine Medizin, und gesunde Menschen brauchen keine Medizin. Der Glaubende ist jener äußerliche Teil von Ihnen, der meint, Sie hätten etwas zu befürchten. Er erzeugt Ihren voreingenommenen Glauben, Ihren besitzergreifenden Glauben, Ihren gierigen Glauben, Ihren gehässigen Glauben, und alle sind auf Furcht gegründet.

Seien Sie auch nicht ungläubig, denn der Unglaube ist nur eine andere Form des Glaubens.

Meditieren Sie über den Glauben als Fessel, die Sie überwinden müssen, und denken Sie darüber nach, was der Glaube mit Ihrer Frage zu tun hat.

Um zusätzliche Hinweise zur Klärung Ihrer Situation zu erhalten, werfen Sie dreimal eine Münze.

3 x Kopf = 138	3 x Zahl = 31
1 x Kopf und 2 x Zahl = 18	2 x Kopf und 1 x Zahl = 154

Danksagung

Ich danke allen Autoren, Philosophen und Lehrern, die dieses Buch beeinflusst haben – vor allem Will Schultz, Stewart Emery, Alan Watts, D. T. Suzuki, J. Krishnamurti, Bhagwan Shree Rajneesh (Osho), Sheldon B. Kopp, Lajos Egri, Robert Anthony, Joe Hyams, Jess Stearn, Ruth Montgomery, Brad Steiger, Bruce Lee, Don Weldon, Jimmy Moore, William Glasser, Ed Ford, Shoma Morita, David K. Reynolds, dem Zentrum für zenbuddhistische Meditationspraxis sowie meinen Geistführern und -lehrern, die meine Kommunikation unterstützen, indem sie mir Ideen liefern.

Besonders möchte ich dem Minato-ku in Tokio für die freundliche Erlaubnis danken, aus dem Bukkyo Dendo Kyokai zu zitieren.

Mein ganz herzlicher Dank gilt Sharon Boyd, meiner Lektorin, meiner Agentin Susan Ginsburg und der Lektorin der »Pocket Books«, Claire Zion, mit denen ich schon viele Bücher gemacht habe. Sie finden immer etwas, was sich verbessern lässt.

Einige Worte und Ideen in diesem Buch sind Büchern, Zeitschriften, Ton- und Videoaufnahmen entnommen, die bei Valley of the Sun Publishing in Malibu, Kalifornien, veröffentlicht wurden.

Über den Autor

Der esoterische Forscher, Reinkarnationstherapeut und Seminarleiter Dick Sutphen ist Autor von mehr als vierhundert Selbsthilfekassetten und dreizehn metaphysischen Büchern – einschließlich der Bestseller *Past Lives, Future Loves* (Vergangene Leben, künftige Liebe), *Finding Your Answer Within* (Die Antwort liegt in dir), *You Were Born Again to Be Together* (Ihr wurdet wiedergeboren, um zusammen zu sein), *Unseen Influences* (Unsichtbare Einflüsse) und *Earthly Purpose* (Der Sinn des Irdischen). Dick Sutphen ist in mehreren großen Fernsehshows aufgetreten, und seit über 40 Jahren haben mehr als hunderttausend Menschen seine Seminare in den Vereinigten Staaten besucht. Dick und seine Frau Tara leben in Malibu, Kalifornien.

168 Seiten, durchegehend farbig, gebunden, mit auffälliger Spiegelfolie
ISBN 978-3-89845-559-6
€ [D] 18,95

Renate Kast
Runen als Spiegel des Selbst
Zeichen auf dem Weg der Selbsterkenntnis

Renate Kast lädt Sie ein, sich selbst mit den Runen einen Schritt näher zu kommen. Hier erfahren Sie, wie Sie mit den Runen umgehen, welche Bedeutung sie jeweils haben, wie sie gelegt werden und wie man sich Runen selber machen kann.
Diese schlichten Zeichen sind perfekt dafür geeignet, mit der eigenen spirituellen Dimension in Kontakt zu treten. Sie sind Hilfsmittel, um die persönliche Intuition wahrzunehmen und richtig zu interpretieren. Durch die jahrelange Erfahrung der Autorin ist das Buch ein guter Begleiter zur Persönlichkeitsanalyse.
Ein Buch, das jeden in seinen Bann zieht!

232 Seiten, broschiert
ISBN 978-3-89845-590-9
€ [D] 18,95

Birgit Rusche-Hecker und Annette Dorstijn
Fühlende Wesen
Tiere als Brücke zu unserer wahren Natur

Mit diesem Buch erkennen wir unser Bewusstsein für uns selbst und die Welt um uns herum. Wir erfahren, wie es gelingen kann, unsere Verbundenheit mit uns selbst und anderen fühlenden Wesen wiederherzustellen und zu spüren, welch wichtige, hilfreiche Begleiter unsere Mitgeschöpfe, die Tiere, auf diesem Weg sind.
Eine Inspiration für Menschen, die sich auf den Kern ihres Seins rückbesinnen und ihren Teil zum persönlichen sowie zum Wohl der Tiere beitragen möchten.
Mit gratis MP3 Download

416 Seiten, durchg. farbig, Flexocover
ISBN 978-3-89845-554-1
€ [D] 36,00

Indu Arora
Das große Buch der Mudrās
Heilende Übungen für Körper und Seele

Indu Arora ist eine Yoga-Meisterin, Yoga-Therapeutin, ayurvedische Klinikmedizinerin und Autorin mit langjähriger Lehrerfahrung. Mit diesem Buch eröffnet sie uns die Welt der Mudrās. Oder in ihren Worten: »Ich möchte mit Ihnen die Weisheit des Yoga und Ayurveda teilen, die Einfachheit in unser kompliziertes Leben bringt. In Harmonie mit unserer inneren Natur und der Natur als solcher zu leben, bringt uns Gesundheit. Nichts hat eine größere Macht, uns zu heilen, als das Selbst!«

176 Seiten, broschiert
ISBN 978-3-89845-412-4
€ [D] 12,65

Kurt Tepperwein

Nichts geschieht umsonst

Die Sprache des Lebens verstehen

Alles, was uns begegnet, und alles, was uns widerfährt, sind Botschaften des Lebens, die uns etwas Wichtiges mitzuteilen haben. Das Leben spricht ständig zu uns, allerdings müssen wir die Sprache des Lebens erst erlernen. Wenn Sie diese Sprache beherrschen, ist es Ihnen sogar möglich, die Botschaften des Lebens gezielt abzufragen. Sie können alle Erfahrungen und die verschiedensten Arten von Hinweisen optimal für sich nutzen, um ein erfolgreiches, erfülltes und gesundes Leben zu führen. Ein Buch, das sich mit allen Alltagsthemen auseinandersetzt und keine Fragen offenlässt.

184 Seiten, broschiert
ISBN 978-3-89845-446-9
€ [D] 12,95

Christian Scheurer

Wünsche wirklich wollen

Mythos und Praxis

Wir alle haben Wünsche, die wir gerne erfüllt sehen würden. Doch die wenigsten von uns bekommen, was sie beim Universum bestellt haben.
Erfolgscoach Christian Scheurer geht in diesem Buch auf die Nichterfüllung von Wünschen ein und zeigt, welche Elemente der Verwirklichung unserer Wünsche im Weg stehen. Auf einzigartig lockere Art und Weise zeigt er, wie jeder das Kunststück hinbekommt, diese Hindernisse auszuräumen – wenn er es nur richtig angeht. Mit Christian Scheurers leicht verständlichen Schritt-für-Schritt-Anleitungen gelingt es auch Ihnen, dass Ihr Wunschknoten endlich platzt!

224 Seiten, gebunden
ISBN 978-3-930243-73-0
€ [D] 15,80

Michael H. Buchholz

Die universellen Lebensregeln

Der Kompaß für Alles was du willst

Das Buch enthält 36 universelle Lebensregeln – uralte Regeln verschiedener Kulturen, die aufgrund ihrer universellen Prägung allgemein gültig sind: für jeden, jede Lebenssituation, für das Erreichen jedes Ziels. Sie zeigen auch auf, weshalb es im Leben zu Schwierigkeiten kommt und wie man diese umschifft. Dieses leicht verständliche Buch dient als praktischer Kompass, um erfolgreich durchs Leben zu navigieren.

168 Seiten, Klappenbr.
ISBN 978-3-89845-152-9
€ [D] 10,90

Franziska Krattinger

Ein Wort genügt!
... sich einfach umprogrammieren

Schalten Sie einfach um! – Manchmal genügt ein einziges Wort, um verborgene Haltungen ans Licht zu bringen oder Einstellungen zu ändern. Dabei gibt es spezielle Worte, die gleichsam eine magische Wirkung haben, da sie die Schlüssel zu unserem Unterbewusstsein sind: Schaltworte.
Schalten Sie einfach um! – und beobachten Sie die Veränderungen in Ihrem täglichen Leben, ohne dass Sie bewusst daran denken oder eine Vorstellung der Lösung haben müssen. Nutzen Sie die Kraft, eine Situation augenblicklich im besten und idealen Sinn zu verändern.

256 Seiten, gebunden
ISBN 978-3-930243-55-6
€ [D] 14,95

Michael H. Buchholz

Tu was du willst
Die persönliche Lebensaufgabe suchen und finden

Das »Tu-was-du-willst-Prinzip« hilft dem Leser seine Persönliche Lebensaufgabe (kurz Perle) zu finden und zu erfüllen. Vermittelt wird dieses Prinzip in 24 Universellen Einsichten. Die Quintessenz daraus lautet: »Das, was du am meisten magst, ist das, was du am besten vermagst. Kurz: Jedes Vermögen (ein Künstlerisches, ein Intellektuelles, ein Handwerkliches, auch ein finanzielles Vermögen) kommt von deinem Mögen. Und was unserem Wesen entspricht, mögen wir am meisten. ›Tu was du willst‹ meint daher: Tu, was dir wesensgemäß ist. Darauf wartet das Universum. Denn nur darum bist du hier.«

288 Seiten, gebunden
ISBN 978-3-930243-41-9
€ [D] 15,30

Jan Geurtz

Suchtfrei – Die Illusion durchschauen
Eine neue Methode ohne Entzugserscheinungen

Viele Menschen haben Selbstzweifel, ein Gefühl von Unzufriedenheit, Wertlosigkeit oder Leere und versuchen diesen zeitweilig zu entfliehen: mit Drogen, Medikamenten, Alkohol, Rauchen, Spiel-, Ess- oder Sexsucht und anderem. Jan Geurtz entlarvt die all diesen Phänomenen zugrunde liegende Illusion, erklärt überzeugend die Ursachen von Sucht und vermittelt eine tiefe Selbsterkenntnis, aus der heraus Abhängigkeit leicht aufgegeben werden kann.

240 Seiten, broschiert mit abgerundeten Ecken
ISBN 978-3-89845-550-3
€ [D] 11,00

Theo Fischer

Das Tao der Selbstfindung

Die heutige Gesellschaft verlangt dem Menschen viel ab: Leistungsdruck, Beeinflussung durch die Medien, Technologie im Überfluss, die schier überhandnimmt ... Und der Mensch entfremdet sich immer mehr von sich selbst, von seiner eigenen Natur.

Theo Fischer zeigt, wie wir aus dem schnell vorwärtsrasenden Zug unseres Lebens aussteigen und uns auf das Fließen des Tao einlassen können. So lernen wir, mit den Herausforderungen des Lebens leichter umzugehen, unserer Intuition zu folgen, stillzuhalten und den eigenen Kräften Raum zu geben.

160 Seiten, mit Farbteil, broschiert mit abger. Ecken
ISBN 978-3-89845-547-3
€ [D] 11,00

Mary Olsen Kelly

Wachse mit deinen Aufgaben
Die Magie der Perle

Die inneren Schätze entdecken
Wir sind alle wie Perlen – ein lebendes Vermächtnis der Natur, einzigartig und viel stärker als es scheint.
Mary Olsen-Kelly weist uns einen Weg, um wie eine Perlenauster an unseren Aufgaben zu wachsen. Sie zeigt, wie wir unsere verschiedenen Facetten erkennen und annehmen und uns über all die gewonnenen Schätze in unserem Leben freuen können.
Und so gelingt es uns, die Herausforderungen des Lebens zu meistern und gestärkt daraus hervorzugehen.

128 Seiten, broschiert, mit abgerundeten Ecken
ISBN 978-3-89845-566-4
€ [D] 11,00

Ramona B. Wagner

EFT – Klopftechnik für Gesundheit und Wohlbefinden

Klopf dich frei!
Entdecken Sie die Selbstheilungstechnik EFT, mit der Sie sich von emotionalen und physischen Problemen befreien können. EFT hilft bei Konflikten und Krisen, denn durch das Beklopfen bestimmter Akupunkturpunkte können belastende Emotionen neutralisiert und einschränkende Überzeugungen verändert werden. Auf diese Weise werden sowohl akute Beschwerden wie auch langwierige Probleme gelöst.
Dank anschaulicher Bebilderung können Sie auch ohne Vorkenntnisse sofort mit der Umsetzung von EFT beginnen.

Weiterführende Informationen zu
Büchern, Autoren und den Aktivitäten
des Silberschnur Verlages erhalten Sie unter:
www.silberschnur.de

Natürlich können Sie uns auch gerne den
Antwort-Coupon aus dem beiliegenden
Lesezeichenflyer zusenden.

Ihr Interesse wird belohnt!